Janine BOUSCAREN
Université de Paris VII

Jean CHUQUET
Université de Poitiers

Avec la collaboration de
Laurent DANON-BOILEAU
Université de Paris III

Grammaire et Textes Anglais

Guide pour l'analyse linguistique

Edition révisée

OPHRYS

1987

© Editions Ophrys, 1987

La loi du 11 mars 1957 n'autorisant, aux termes des alinéas 2 et 3 de l'article 41, d'une part, que les « copies ou reproductions strictement réservées à l'usage privé du copiste et non destinées à une utilisation collective » et, d'autre part, que les analyses et les courtes citations dans un but d'exemple et d'illustration, « toute représentation ou reproduction intégrale, ou partielle, faite sans le consentement de l'auteur ou de ses ayants droit ou ayants cause, est illicite » (alinéa 1er de l'article 40). Cette représentation ou reproduction, par quelque procédé que ce soit, constituerait donc une contrefaçon sanctionnée par les Articles 425 et suivants du Code pénal.

ISBN 10 : 2-7080-0569-3
ISBN 13 : 978-2-7080-0569-3

Editions OPHRYS, 27, rue Ginoux – 75015 Paris
www.ophrys.fr

AVANT-PROPOS

Ce livre s'adresse à tous ceux qui s'intéressent à l'anglais : enseignants d'anglais et étudiants à partir de la deuxième année d'université jusqu'aux concours (grammaire du CAPES ou commentaire linguistique de l'Agrégation) dans la mesure où la linguistique des opérations énonciatives fait partie des théories permettant de rendre compte du fonctionnement du langage.

Il se compose de deux parties qui peuvent être utilisées indépendamment l'une de l'autre.

La première partie, le guide pour l'analyse proprement dit, s'adresse à tous les anglicistes, spécialistes ou non de linguistique. Il comprend des analyses de formes grammaticales placées en contexte, précédées chaque fois d'un court exposé explicatif qui attire l'attention de l'étudiant sur les problèmes qui se posent à propos de ces formes. Les termes techniques sont peu nombreux et sont expliqués à mesure qu'ils apparaissent. On donne l'argumentation sans entrer dans des exposés théoriques. Toutefois, si le lecteur le désire, il peut se reporter au « glossaire analytique », qui donne des précisions théoriques. Des astérisques (*) suivent les termes qui sont développés dans le glossaire.

Tous les points de la grammaire ne sont pas traités : nous préférons nous en tenir à ceux qui ont fait pour nous l'objet d'une recherche particulière. Pour les autres, nous renvoyons aux ouvrages existants.

La deuxième partie, le glossaire analytique, définit et explique les concepts utilisés : il expose l'essentiel de la théorie sur laquelle s'appuient ces analyses et l'argumentation adoptée. Il s'adresse aux étudiants spécialistes de linguistique.

Ce glossaire, non alphabétique, qui est présenté en respectant la cohérence de la théorie, peut être utilisé de deux façons différentes :

— il peut être lu de façon suivie. Il constituera alors un exposé d'initiation à la théorie des opérations énonciatives.

— il peut être consulté, à l'aide de l'index alphabétique, lorsque le lecteur recherche la définition complète d'un terme rencontré au cours de la lecture de l'ouvrage.

Ce livre est un **GUIDE POUR L'ANALYSE LINGUISTIQUE**, c'est dire qu'il essaie de donner une méthodologie : quelles questions se poser devant une forme grammaticale ? Quel rapport établir entre tel phénomène et tel autre ? Quel rapport avec le contexte ? Comment réfléchir sur la langue ?

Les questions sont plus importantes que les réponses et permettent à l'étudiant d'avancer dans sa compréhension du système de fonctionnement de l'anglais en apprenant à se poser d'autres questions ou à modifier éventuellement les réponses. En effet, l'une des spécificités de cet ouvrage est qu'il **argumente** les réponses apportées dans les analyses.

On a trop tendance aujourd'hui à penser que la théorie des opérations énonciatives fait partie du domaine public, ce qui évite de définir les concepts utilisés et provoque un flou inquiétant.

Nous situant dans le cadre de la théorie des opérations énonciatives élaborée par Antoine Culioli, nous nous sommes efforcés de définir et d'expliquer les termes tels qu'ils sont utilisés dans cette théorie. Des termes tels que « repérage », « notion », « valeur aoristique » doivent être définis dans une théorie cohérente donnée, sous peine de signifier pour chacun quelque chose de différent.

Nous avons conçu ce livre pour qu'il soit à la fois un outil de travail et une initiation théorique. Nous espérons qu'il remplira cette double fonction.

Les auteurs
décembre 1986

N.B. Un livret d'accompagnement contient les textes dont sont tirés les exemples analysés.

REMERCIEMENTS

Que soient ici remerciés tous ceux qui, d'une manière ou d'une autre, ont participé à l'élaboration de ce travail :

Antoine Culioli dont l'enseignement et les travaux ont stimulé notre recherche et influencé toute notre démarche.

Tous les collègues qui font partie de notre équipe de recherche du Département de Recherches Linguistiques de Paris VII, en particulier Jacqueline Guillemin-Flescher, Marie-Line Groussier, Claude Rivière, Jacques Boulle; ceux de l'équipe parallèle, André Gauthier, Claude Charreyre, R. Huart, W. Half; ainsi que les collègues des autres universités qui travaillent en relation avec le D.R.L. ou Charles V, en particulier H. Chuquet et M. Paillard de l'Université de Poitiers : leurs travaux nous ont été précieux.

Françoise Demaizière de nous avoir permis d'utiliser sa rédaction ronéotée du cours de Janine Bouscaren (1979-1982) qui constituait une première ébauche de ce guide.

Frédérique Lab qui a assuré la lourde tâche de relecture du manuscrit : ses corrections et suggestions nous ont été d'un grand secours.

Christian Bouscaren qui par ses critiques et ses conseils constants a largement contribué à l'élaboration de ce livre.

Enfin Arlette Jacquin dont la patience et la compétence ont été mises à contribution tout au long de la préparation de ce difficile manuscrit.

J. Bouscaren
J. Chuquet
L. Danon-Boileau

P.S. Nous remercions tous les collègues qui, par leurs remarques nous ont permis d'apporter quelques amélioratioins dans la rédaction des explications, pour cette nouvelle édition.

INTRODUCTION

Analyser une forme grammaticale (un marqueur), c'est circonscrire le sens qu'elle a dans un contexte donné, puis rapporter ce sens à l'opération énonciative sous-jacente à ce marqueur.

La plupart du temps, le texte lui-même fournit des indices explicites qui doivent être intégrés aux explications linguistiques.

Nos analyses se situent dans le cadre de la théorie des opérations énonciatives élaborée par A. Culioli.

Cette théorie s'appuie sur deux concepts majeurs : 1) celui de **repérage*** ; 2) celui d'**intersubjectivité** (voir **modalité***).

C'est en termes de repérage et d'intersubjectivité que nous analyserons les marqueurs grammaticaux : cela nous permettra d'expliquer les catégories du temps, de l'aspect, de la modalité, de la quantification.

CHAPITRE 1 : LE SYSTEME VERBAL ANGLAIS

1.0. CONSIDERATIONS GENERALES

On peut, en simplifiant, classer les formes verbales en deux catégories :
— les formes simples : présent simple, prétérit simple.
— les formes auxiliées qui comprennent :
    a) les formes avec auxiliaires d'aspect : ***have-en*** ou ***be + ing***.
    b) les formes avec auxiliaires de mode : ***shall, will, may*** etc., + base verbale.

Chaque type de forme (simple ou auxiliée) traduit une opération faite par l'énonciateur par rapport au contenu de ce qu'il dit.

— Les formes simples indiquent que l'énonciateur livre une information comme si elle était indépendante de tout point de vue particulier. Il s'agit d'une information nue, « en soi ».

— Les formes auxiliées, au contraire, indiquent que l'énonciateur adopte un **point de vue** marqué sur le contenu qu'il propose; ce contenu ne peut se comprendre que par rapport à ce point de vue là. L'information, cette fois, est liée au repère que constitue le point de vue adopté.

— L'incidence du point de vue peut porter soit sur les conditions d'existence de ce dont il est question : l'énonciateur établit alors un commentaire modal portant sur la validation de la **relation prédicative**[1]; l'auxiliaire est dans ce cas un

---

1. Une **relation prédicative**, de façon simplifiée, résulte de la mise en relation d'un terme (nom) et d'un prédicat représenté généralement par un verbe : le **prédicat**, au sens large, désigne le verbe et ses compléments. Prédicat au sens étroit ne désigne que le verbe, qui est le vrai *relateur* utilisé pour mettre en rapport deux termes. Le choix du terme de départ de la relation prédicative donnera l'orientation (active ou passive) de cette relation; il constitue ce qu'on appelle une **opération prédicative** (par exemple, si le terme de départ coïncide avec l'agent déclencheur du procès, on aura une voix active).
Cette relation prédicative est la première étape dans la construction d'un énoncé, avant toute opération de détermination : choix du temps, d'un aspect, d'une modalité pour le verbe, choix d'un déterminant pour les noms. Ces opérations de détermination, qui permettent de repérer les termes par rapport à la situation d'énonciation définie par le sujet énonciateur et le moment de l'énonciation sont appelées des opérations énonciatives. L'énoncé final de surface est le résultat de ces opérations.
(Pour une explication théorique, voir Glossaire « **opérations constitutives d'un énoncé*** »).

auxiliaire de modalité (*do, shall, will, may, must*, etc.). Mais l'énonciateur peut également commenter la façon dont à ses yeux se déroule le procès. Il s'agit alors d'un **commentaire** aspectuel (formes en *have-en* ou *be + ing*). Dans tous les cas, les formes auxiliées constituent un **commentaire**[2] dans lequel l'énonciateur introduit ce qu'il dit à partir d'un point de vue. Il est très important de bien comprendre que le terme de **commentaire** utilisé ici n'a rien à voir avec une « intervention de l'auteur du texte ». Il s'agit ici uniquement d'un problème de **repérage*** par rapport à **un repère-point de vue** : ce dernier sert de point d'ancrage à partir duquel sont envisagés les procès. Ce point d'ancrage peut être :

— identifié au repère d'énonciation-origine

— identifié à un repère d'énonciation rapportée (discours indirect). (Voir surtout les cas de discours indirect libre. Voir I, 3 et analyse de « *The Searchlight* » - Voir aussi **Sujet***)

— construit dans le texte, lorsqu'un procès sert de point d'ancrage à un autre procès.

On comprend donc qu'à cause de cet ancrage, les formes dites de « commentaire » ne sont jamais autonomes mais *liées*.

C'est là toute la différence avec les formes simples dans lesquelles ce qui est dit apparaît détaché de tout point de vue. Ces formes simples ne sont pas repérées par rapport à un repère-point de vue : ce sont des **constats**. C'est ce que traduit le concept de « décrochage » ou de procès repéré par rapport à un autre plan. Ce décrochage est ce qu'on appelle aspect à valeur **aoristique***.

Dans le cas des modalités de l'incertain, de l'hypothétique, etc. nous retrouvons bien sûr un repérage des procès par rapport à un autre plan, celui du non-actuel. Nous aurons donc là encore un repérage de type aoristique. Mais la modalité fera également intervenir un point de vue (évaluation, appréciation, souhait...) qu'il faudra calculer par rapport à l'énonciateur origine, un énonciateur rapporté ou fictif. Nous serons donc encore en présence de « commentaires ».

1.1. PROBLEMES CONCERNANT L'ASPECT

1.1.0. Considérations générales

Le terme **aspect*** vient du latin *spex* qui signifie observateur. La catégorie de l'aspect est celle par laquelle l'énonciateur exprime sa façon d'envisager le procès.

Les formes simples (présent, prétérit) indiquent que l'énonciateur considère le procès comme indépendant en matière d'aspect de tout point de vue particulier.

---

2. Ce concept de commentaire opposé à constat a été largement développé par J. Guillemin-Flescher (1981). Dans le glossaire de son livre, elle précise sa position à la fois par rapport à la tradition (Weinrich 1964) et par rapport à une démarche qu'elle estime sensiblement parallèle à la sienne : C. Fuchs et A.M. Léonard (1979).

Les formes auxiliées en *have-en* ou *be + ing* indiquent au contraire que l'énonciateur considère le procès par rapport à un point de vue défini. Ce point de vue permet de commenter le procès en indiquant par exemple si, par rapport au repère défini, le procès est considéré comme accompli ou inaccompli.

Les formes simples traduisent donc un aspect « en rupture », « en décrochage », par rapport à un point de vue quel qu'il soit. C'est ce que traduit, ainsi qu'il a été dit précédemment, le concept d'aspect à valeur **aoristique***.

En revanche les formes auxiliées (de type *have-en* ou *be + ing)* commentent le procès en le rapportant à un certain point de vue situé dans le temps. C'est à partir de ce repère que le procès peut être défini et apprécié. L'information livrée n'est donc plus donnée « en soi ». Elle est liée, non autonome, et dépend étroitement du repère qui lui est associé. Ce repère doit avoir été institué par le texte ou bien être identifiable à la situation d'énonciation.

Quand le procès est rapporté à un repère, l'auxiliaire *be* marque une **identification*** [3], l'auxiliaire *have* une **différenciation*** par rapport à ce repère.

L'aspect lexical

Avant d'analyser ce que la forme grammaticale du verbe apporte d'information sur l'aspect, il faut d'abord prêter attention au type de procès auquel appartient le verbe de par son sens.
De ce point de vue, on distingue traditionnellement :

— les **verbes d'états** (*be, seem, know*, etc.). Ce sont des verbes qui marquent l'existence de quelque chose, ou bien expriment un contenu de perception, de savoir, ou de croyance. Ces verbes n'ont ni début, ni fin.

— les **verbes de processus** (*walk, speak*, etc.). Ce sont des verbes appelés **dynamiques** et dont les sujets sont **agents**; il est possible, à leur propos, de parler d'instants individualisables, ainsi que de début et de fin.

On verra que selon les problèmes qui se posent, on sera amené à faire encore d'autres distinctions plus fines à l'intérieur même de la classe des processus.

Cette classification a souvent été critiquée. Il paraît toutefois difficile, on le verra, de ne tenir aucun compte des différences de valeurs qu'elle souligne. Toutefois on la considérera non comme un réservoir d'étiquettes dont chacune pourrait être une explication en soi, mais plutôt comme des faits de sens que l'énonciateur a constamment le loisir de subvertir par telle ou telle opération. On rencontrera un problème analogue dans l'analyse de la **détermination du nom*** : les noms, on le sait, se laissent classer en dénombrables que nous appelons « discontinu » (ex. *table*), indénombrables quantifiables que nous appelons « continu dense » (ex. *butter*), indénombrables non quantifiables que nous appelons « continu compact », ou « prédicats nominalisés », (ex. *love*).

Mais, moyennant certaines opérations, des recatégorisations sont possibles. L'essentiel, dans chaque cas, est de prendre en compte l'existence de la répartition lexicale en la considérant comme un matériau sur lequel va porter le travail de l'énonciateur.

---

3. L'explication du « repérage » à valeur d'identification et différenciation est exposée de façon simple dans le glossaire analytique. Se reporter à ce terme **repérage***.

1.1.1. Le présent simple

A — **Fonction du présent simple**

Le présent simple est en anglais un temps qui marque que le contenu de sens correspondant au **prédicat** est **validé** (c'est-à-dire vérifié) pour le **sujet de l'énoncé**.

L'énonciateur se contente de **valider la relation entre le sujet et le prédicat**. Il présente ce qu'il dit comme une vérité en soi, indépendante de tout point de vue particulier. C'est ce que nous appelons souvent « **renvoi à la notion*** » dans la mesure où il s'agit d'un minimum de déterminations intervenant sur la relation prédicative. Mais dans la mesure où l'on a déjà des opérations de construction de cette relation (orientation passive ou active, choix d'un terme de départ, etc.), le terme de **notion** au sens strict est impropre (voir glossaire : notion*).

Cette validation présentée comme un fait peut se faire, selon le contexte, de deux façons différentes :

— le constat de fait peut être général (il s'agira alors d'un fait valable en toute situation, autrement dit d'une propriété du sujet dans l'énoncé) : nous dirons que c'est une « valeur indéterminée ou générique »

He buys his clothes at Harrod's.
(= *C'est un « adepte » de Harrod's*).

— mais le constat peut également être rapporté à une situation spécifique (il s'agira alors de l'établissement d'un événement)

Here comes our bus.

(la relation sujet-prédicat est validée dans une situation particulière).

Dans le cas des emplois spécifiques comme dans le cas des emplois génériques cependant, l'énonciateur donne les faits comme indépendants de tout point de vue. Ceci le conduit à ne rien définir du procès sinon qu'il est validé pour le sujet.

On peut montrer que la différence entre la **valeur générique** et la **valeur spécifique** dans un énoncé au présent simple tient à la façon dont l'énoncé lui-même est organisé. Quand le présent simple a une valeur générique, c'est l'élément sujet qui est **thématisé**[4], c'est-à-dire qui est considéré comme **point de départ*** de la **relation**

---

4. Nous rappelons que nous utilisons le mot « thématisé » dans un sens très précis : *thématiser* un terme, ou le prendre pour *thème* signifie qu'on le choisit comme terme de départ dans la construction de la relation prédicative (voir note 1). C'est de ce choix que dépendra l'actif ou le passif, et également le fait que l'énoncé aura une valeur de propriété ou générique (thématisation du sujet), ou une valeur d'événement spécifique (thématisation de la relation prédicative). Naturellement même quand c'est la relation prédicative qui est thématisée, à gauche du prédicat il y a le terme qui fait fonction de Co (sujet) du prédicat.

Lorsque nous considérons l'énoncé de surface, après toutes les opérations énonciatives de détermination (temps - aspect - modalité - quantification), le terme de départ de l'énoncé de surface (le « repère constitutif ») peut être le même que celui de la relation prédicative. S'il est différent, il y a re-thématisation. Ne pas confondre l'opération de thématisation, ou de re-thématisation avec une simple « mise en valeur » qu'on appelle « focalisation ».

Dans : a) *Pierre adore les pommes*, Pierre est à la fois terme de départ de la relation prédicative ⟨ *Pierre - adorer - pomme* ⟩, et repère constitutif au niveau énonciatif.

Dans : b) *les pommes, Pierre les adore*, Pierre est le terme de départ de la relation prédicative, mais au niveau énonciatif, *les pommes* est le repère constitutif : il y a re-thématisation.

Dans : c) *les pommes, c'est Pierre qui les adore*, le terme de départ est la relation *x adore les pommes* (c'est-à-dire le précédent au sens large) mais en plus on a focalisation par *c'est... qui,* du terme *Pierre*.

Pour une explication plus détaillée et plus théorique, voir glossaire « **opérations constitutives d'un énoncé*** » (commentaire 31). Pour les problèmes de thématisation voir également Danon-Boileau (1987).

prédicative (voir **opérations constitutives de l'énoncé***).

    John teaches.

    John enseigne.

    (*John est enseignant*) propriété attribuée à John.

En revanche, quand le présent simple a une valeur spécifique c'est le prédicat lui-même qui est thématisé : c'est l'événement qu'il représente qui est le point de départ de l'énoncé.

    Rocheteau kicks the ball.

    Coup de pied de Rocheteau.

    (il s'agit de l'événement)

B — Valeurs du présent simple

a) — Valeur indéterminée (ou générique)

    (1) *What do you do ? - I teach*

Ici, *teach* est proche de la notion « *be-teacher* ». On ne décrit aucune instance particulière (aucune occasion particulière) de ce procès *teach*. On n'évoque pas un événement singulier, on exprime un état du sujet. (Notez bien cette parenté entre *I teach* et *I am a teacher,* pensez aussi à « *il est professeur de son état* »).

On exprime quelque chose d'a-temporel, de permanent, dans lequel le prédicat n'est pas en situation.

En fait, dans un emploi de ce genre, on construit une propriété que l'on attribue au sujet de l'énoncé. Le sujet est **thématisé** : il sert de point de départ à la relation prédicative; c'est lui qui est repéré par rapport à la situation d'énonciation : de façon moins technique, c'est dire que le sujet de l'énoncé, dans ce cas, est le terme à propos duquel on dit quelque chose.

On voit que le présent simple ne renvoie pas à du présent actuel.

    (2) *I go to England every summer.*
        I often go to England.

Il s'agit ici, comme le dit la tradition, « d'habitudes », d'actions répétées; il n'y a ni ancrage dans une situation donnée, ni renvoi à un procès unique. On énonce une caractéristique du sujet comme on le faisait pour *I teach*. On est toujours proche de la notion « *an England-goer* ».

    (3) *The sun rises in the East.*
        Oil floats on water.
        Dogs bark.

On parle souvent ici de vérités générales. En fait on est toujours dans la même valeur : propriété, caractéristique du sujet. *The sun is an « East-riser ».* Pas d'ancrage temporel, pas de mise en situation, pas de renvoi à un procès unique.

Remarque : les verbes d'état, de par leur sémantisme, sont difficilement compatibles, sauf nuance spéciale, avec l'idée d'un processus n'ayant pas atteint son terme (voir forme *be+ing,* 1.1.2.). En effet, on ne peut distinguer « d'instants particuliers » dans un état par nature continu. On ne peut donc repérer un instant de cet état par rapport à une situation particulière. C'est la raison pour laquelle on trouve le plus souvent ces verbes au présent simple même quand ils décrivent un état dans le présent avec un repère temporel :

(4) *Now, he understands what I mean.*
I don't see Peter anywhere.

Avec les verbes d'état, c'est l'aspect lexical qui, d'emblée, exige la thématisation du sujet. Un verbe d'état est un verbe qui attribue une propriété à son sujet :

(5) *I love detective stories.*
I am a lover of detective stories.

Toutefois, un verbe d'état peut être recatégorisé comme verbe de processus. On le voit par exemple dans un échange comme :

(6) — « *Do you like it ?* ».
— « *I am loving every minute of it* ».

Ceci n'est pas un « contre-exemple » : le discours est une modulation constante des catégories définies dans le lexique.

b) Valeur spécifique

Ici la forme du présent simple conserve sa valeur de détermination minimale au niveau de la prise en charge par l'énonciateur, mais ce qui est thématisé dans l'énoncé c'est le prédicat : on n'attribue pas une propriété au sujet, on repère un événement.

(7) *I break four eggs. I mix with half a pound of flour...*
(Recette de cuisine donnée à la télévision)

On pourrait gloser : *pour faire ce gâteau, casser quatre oeufs, mélanger avec...*. Il n'y a pas de description de procès : c'est en cela que l'on reste proche de la notion, du contenu de sens du prédicat. C'est l'action de casser, l'action de mélanger qui est posée comme point de départ : que ce soit *I*, *you*, ou toute autre personne qui soit agent de cette action.

(8) *Smith shoots, the goal keeper diverts the ball.*
(Reportage sportif)

L'emploi du présent équivaut à *tir de Smith, détournement du gardien...*, formules le plus souvent utilisées en français. Le procès est envisagé sans relation à un point de vue particulier, c'est-à-dire avec une valeur **aoristique***, comme tout présent simple. Il est cependant, comme en (7), défini pour une situation particulière (valeur spécifique du présent).

(9) *George goes into the kitchen, fixes another round... When he comes out again...*
Christopher Isherwood, *A single man.* (cf. texte B).

Même valeur spécifique dans ce récit au présent où l'auteur, influencé par les scénarios de film, décrit les mouvements de son personnage. De même dans les indications scéniques, de même dans ce qu'on appelle le « présent historique » : c'est l'itération du phénomène observé en (8).

Remarques : Dans les cas d'emplois spécifiques du présent simple, il s'agit pour nous de saisir la différence entre forme simple et forme en *be + ing*. A cet égard, nous dirons par exemple que :

(10) *Here comes Linda.*

revient à dire *voilà Linda* ou *arrivée de Linda*. Alors que :

> *Look! Linda is coming,*

décrit Linda en situation (même si le processus reste ponctuel : nous précisons, comme nous le dirons plus loin que *be+ing* n'a rien à voir avec la « durée »).
De même, dans :

> (11) *I leave to-morrow,*

ce qu'exprime le présent simple est proche de la notion : ***départ demain***. La valeur de renvoi à l'avenir est donnée par le repère *to-morrow*. L'énonciateur livre de l'information brute, sans implication particulière, à la différence de ce qui se passerait pour *I'm leaving to-morrow* (cf. forme *be+ing*, 1.1.2.).
Quand vous rencontrez un présent simple, demandez-vous si un emploi en *be+ing* serait possible. Si oui, analysez la valeur de ce présent simple par rapport à ce qu'aurait signifié l'emploi d'un présent en *be+ing*. Sinon, cherchez à isoler les raisons pour lesquelles seule la forme simple est acceptable.
Notez enfin un emploi un peu particulier du présent simple :

> (12) *I bet you 5 dollars.*
> *I declare this meeting open.*

On a là affaire à des emplois **performatifs**[5] : on fait l'acte en le disant. Si on ne dit rien, l'acte n'a pas lieu. On peut « *teach* » sans le dire, on ne peut pas « *bet* » sans le dire. Il s'agit toujours d'emplois à la première personne au présent. Il s'agit également d'actes institutionnalisés dans une culture donnée.

La valeur des performatifs est un point très controversé et donne lieu à de nombreuses interprétations. Soyez prudents. Tout emploi de *promise* ou *bet* n'est pas performatif, ainsi *promising* dans *He is always promising things* n'est pas utilisé en performatif.

Au demeurant, l'emploi du présent simple n'est pas anormal avec les performatifs ; dans *I promise*, la valeur du procès est : ***voilà une promesse*** (comme dans les autres exemples de présent simple, on renvoie à la notion, c'est-à-dire la validation de la relation prédicative, sans aucun « point de vue » de l'énonciateur).

On peut avoir recours à un test[6]. On considère « *I promise* » comme des paroles prononcées dans un discours direct et on transpose cet énoncé au discours indirect :

> *He said : « I promise ».*
> = *He promised.*

Si, comme ici, les paroles transposées deviennent l'équivalent de l'acte lui-même, on a affaire à un performatif.
De même pour l'énoncé : « *I bet you 5 dollars.* », on aura :

> *He said to me : « I bet you 5 dollars ».*
> = *He bet me 5 dollars.*

En revanche, si on considère l'énoncé « *I speak French* », il n'est pas équivalent de :

> « *He spoke French to me* »,

---

5. La catégorie des verbes performatifs a été mise en évidence par Austin - *How to do things with words* - voir également Benveniste (P.L.G. t. 1).
6. Voir O. Ducrot dans l'introduction à J.R.Searle : *Actes de parole.* Hermann, Paris, 1972.

mais de :
> « *He told me he spoke French* ».

« parler français » n'est pas un acte institutionnalisé - « *speak French* » désigne une propriété du sujet : ce n'est pas un emploi performatif.

1.1.2. La forme *be + ing*[7]

A — Fonction

La forme en *be + ing*, on l'a dit, est une forme liée. Elle permet que le procès représenté par le participe présent soit repéré grâce à l'auxiliaire *be* par rapport à une situation définie.

La conjonction des marqueurs *be* et *ing* marque l'identification[8] entre le moment de l'événement et le moment associé au repère-point de vue.

Les opérations de repérage attachées à *ing* et à *be* véhiculent des valeurs de base assez diversifiées. Selon les types de verbe et les contextes d'emploi certaines vont être privilégiées. Avant de les étudier en contexte il convient de les énumérer.

B — Valeurs

1) Valeur aspectuelle d'inaccompli (se reporter à la note 15, et voir **aspect***)

Il est généralement admis que la valeur aspectuelle propre à la forme *be + ing* est une valeur d'inaccompli. Ce terme **n'implique en aucune façon une valeur de durée**.

Par rapport au point de vue-repère, si on associe au procès un intervalle, la borne de gauche a été franchie, la borne de droite n'est pas atteinte : on a une vision du procès comme non arrivé à son terme.

C'est de là que viendra qu'avec *be + ing* on s'intéresse à l'**activité** et jamais au résultat ou au terme de cette activité.

> *I'm trying to explain the « be + ing » form.*

ou
> *I've been cooking.*

Si cette valeur est attestée dans de nombreux emplois de *be + ing* il existe également certains contre-exemples clairs qui montrent que l'on ne saurait faire de l'inaccompli la **seule valeur** de l'opérateur *be + ing*.

2) Valeur d'actualisation

Cette valeur souligne le fait que le procès est considéré par rapport à un **point de vue bien défini**. C'est ce point de vue, en fait, qui est souligné par la forme en *be + ing*, ou plutôt la liaison entre le procès et le point de vue (parfois appelé

---

7. Sur des interprétations diverses de la forme *be + ing*, voir également Adamczewski (1976) et (1982), Gauthier (1981), Guillemin-Flescher (1981), qui ont toutes comme point de départ la théorie des opérations énonciatives de A. Culioli. Notre étude tient compte de façon variable de leurs travaux.

8. En fait, l'opération d'identification met en jeu d'autres éléments mais nous pouvons à ce stade nous contenter de cette simplification. Pour plus de précisions théoriques, voir **Aspect***.

« **situation repère** »). Cette situation repère peut se présenter sous diverses formes :

Listen! Peter is playing the concerto.

(situation repère : situation d'énonciation)

Peter was playing the concerto when I came in.

(situation repère : situation construite par la relation-repère : *when I came in*).

Peter is playing a lot these days.

(situation repère : situation d'énonciation élargie)

Peter is **always** *playing the violin when I go and see him.*

(situation repère : situation construite par la relation-repère, elle-même itérée : *when I go*).

3) Valeur de reprise - (opération d'**anaphore***)

On peut rapprocher l'opération en jeu dans la forme *be + ing* de l'opération de **fléchage** (fléchage situationnel ou fléchage contextuel). (Voir chapitre 2 sur la détermination nominale).

Soient les deux exemples :

Are you telling me you don't understand this problem ?.

When you drive too fast you're driving to your death.

Nous dirons que dans les deux cas l'énonciateur s'appuie sur un constat implicite ou explicite pour repérer un second énoncé qu'il propose comme un commentaire de ce constat. C'est en cela que la forme en *be + ing* est une forme dépendante ou liée (au constat initial).

Dans le premier exemple, le constat est implicite : il est lié à la situation d'énonciation. *« Are you telling me... »,* repose sur le constat implicite : *«* **Je vois bien** que tu me dis quelque chose »,* lié à la situation d'énonciation dans laquelle se trouvent l'énonciateur et le co-énonciateur.

Le constat implicite joue alors le rôle d'une première détermination (voir l'opération d'**extraction**), le repérage en *be + ing* celui d'une deuxième détermination liée à la situation d'énonciation (fléchage situationnel).

Dans le deuxième exemple, *when you drive too fast*, le constat est explicite, c'est-à-dire matérialisé dans l'énoncé. Il est lié à une situation définie dans l'énoncé, par *when (= whenever).*

When you drive too fast joue le rôle de première détermination et ***you are driving*** celui d'une deuxième détermination (analogue au fléchage contextuel).

Le fléchage met en évidence la relation sujet-prédicat en privilégiant, soit le sujet, soit le prédicat [9] par le jeu de marqueurs contextuels (repérage temporel, quantifieurs, adverbes, appréciatifs, etc.).

---

9. Le fléchage constitue une identification entre le terme organisateur de la relation prédicative (1ère opération) et le terme organisateur de l'énoncé (2ème opération) : tantôt c'est une identification des sujets (cf. c'est « a » qui. ..) tantôt c'est une identification des moments-repères (moment repère du prédicat et moment repère de point de vue) (cf. pour tel moment T il y a/il y avait « a » qui..). Voir Chapitre 2.2.3.

Etudions les exemples suivants pour illustrer la présence des trois valeurs véhiculées par la forme *be + ing* :

(1) *Listen! John is playing the concerto in A minor.*

— le procès correspond à une occurrence unique,
— cette occurrence est définie par rapport à une situation repère,
— cette situation repère est identifiée à la situation d'énonciation (représentée par *Listen!*),
— dans cette situation, le procès est considéré comme non arrivé à son terme (c'est l'inaccompli),
— en conséquence c'est l'activité en cours qui est décrite,
— enfin on a un commentaire : la forme *be + ing* ici privilégie l'événement.
— on remarque que cet énoncé pourrait répondre à : « *What is John doing ?* »

(2) *John is practising a lot these days/at the moment.*

— le procès est défini par rapport à une situation élargie, contrastée avec un état de fait permanent : *these days* ou *at the moment* marque un contraste implicite avec les habitudes de *John*.
— dans cette situation élargie, le procès est considéré comme non arrivé à son terme.
— le commentaire porte sur l'état de *John* en ce moment en contraste avec son **état permanent**. C'est *John* qui est privilégié : on lui attribue une activité ou état permanent (*John does not usually work a lot*) et on contraste avec l'activité ou l'état actuel.
— cet énoncé pourrait répondre à « *What is John doing ?* », mais surtout il pourrait répondre à « *How is John these days ?* », ce qui n'était pas le cas pour l'énoncé précédent.
— la quantification *a lot* n'est compatible qu'à cause de ce contraste. Un adverbe [10] de type *beautifully* porterait encore sur ce contraste : *he is playing the concerto beautifully now*, contrasterait avec la façon dont il jouait auparavant.

(3) *Every time I go to John's place, he is practising the violin.*

— à cause du marqueur *every time* on a affaire à une classe de situations-repères (situation itérée),
— la valeur de « procès non arrivé à son terme » est présente mais réitérée à chaque occurrence,
— le commentaire porte, comme dans l'exemple (1), sur le prédicat : on ne pourrait d'ailleurs pas quantifier le procès, et un adverbe pourrait se placer entre *is* et *ing* (contrairement à l'exemple (2)) : *everytime I go and see him, he is frantically practising the violin.*

Reprenons l'exemple cité précédemment :

When you drive too fast you are driving to your death.

— à nouveau *when (= whenever)* construit une classe de situations. Pour chaque occurrence de la classe, (pour chaque situation singulière), le segment *you drive too*

---

10. Ulrika Dubos (1983) soulève le problème de la compatibilité et de la place des adverbes avec la forme *be + ing*.

fast définit un événement. Le second segment *you are driving to your death* développe alors un commentaire de cet événement.

— les deux formes verbales désignent le **même événement**. En fait, la deuxième ne fait que reprendre, expliciter, commenter sa première mention. *When (= whenever)* permet d'itérer l'opération qui vient d'être décrite.

— la valeur de **procès non borné** se neutralise au profit de la valeur de **commentaire (opération d'anaphore)**.

— un tel énoncé pourrait répondre à quelque chose du genre de : « *What happens when you drive too fast ?* ».

— dans d'autres exemples, le premier procès peut rester implicite. La valeur anaphorique n'en reste pas moins présente :

(4) *Are you telling me that you want to drop me ?*
(Reprise de tout ce que « you » vient de dire).

— on remarque que la valeur de procès non arrivé à son terme n'est toutefois pas complètement neutralisée, malgré la valeur de commentaire.

— on pourrait gloser : « *es-tu en train de me dire que tu veux me laisser tomber ?* » aussi bien que « *ce que tu me dis signifie-t-il que tu veux me laisser tomber ?* »

Remarque : Si l'on a affaire à un même sujet mais à deux procès dont l'un ne peut être considéré comme un développement ou une explicitation de l'autre, c'est-à-dire si les deux procès ne **se réfèrent pas au même événement**, seuls les aspects à valeur aoristique sont possibles ; les deux procès sont indépendants : on ne peut pas avoir la forme *be + ing* :

When I go to Peter's place, I bring my cello, and we play sonatas.

(Bien sûr, les deux procès peuvent être concomitants sans référer à un seul procès : cf. *I was thinking while we were climbing*, (Texte C,11).

4) Valeurs annexes découlant des trois valeurs de base

(5) *He is always nagging at his wife*

— *always* définit une infinité de situations-repères. C'est par rapport à celles-ci que le procès *nagging* est repéré. A priori il y a une contradiction entre la valeur de *always* qui suppose une infinité de situations ponctuelles (donc aoristiques) et la valeur d'inaccompli inhérente à *nagging*. C'est la raison pour laquelle l'énoncé est inacceptable si *always* n'est pas accentué. En revanche si *always* est accentué, sa valeur cesse d'être strictement aspectuo-temporelle pour devenir appréciative, donc **modale**. C'est par hyperbole (exagération) que cette itération est donnée comme « constante ». On passe d'un point de vue **quantitatif** à un point de vue **qualitatif**. La glose *il n'arrête pas de harceler sa femme* a la même valeur appréciative par hyperbole. Elle montre aussi que la valeur de « non borné » n'est pas absente. Ici c'est la succession des procès qui n'est pas arrivée à son terme.

(6) *He is giving a concert to-morrow.*

— Avec un repère futur explicite, *be + ing* renvoie à une même valeur d'actualisation, mais celle-ci se raccroche à **ce repère futur**.

Même vision de procès non arrivé à son terme.
Même mise en valeur de la relation sujet-prédicat avec valeur de commentaire, d'où

la différence avec *he gives a concert to-morrow* où on a une simple information.

(6a) ***What are you playing next ?***
(Dans un concert). (exemple emprunté à P. Boucher)

La personne qui pose la question « reprend » un procès implicite : il flèche une relation prédicative implicite. Il va de soi que les interprètes vont jouer quelque chose (« ***they-play-something*** ») et qu'ils savent ce qu'ils vont jouer.

Cette forme n'indique donc ni que ce « futur » est proche, ni qu'il est lointain, mais qu'il est actualisé, c'est-à-dire repéré par rapport à la situation d'énonciation.

(6b) — « ***When are you getting married ?*** »
— « ***I'm not in a hurry...we want to wait for another five years.*** »

(Celui qui pose la question sait déjà que l'autre va se marier; peu importe le fait que ce soit proche ou non).

Remarques :

1) Tenir compte de l'aspect lexical du verbe (verbe d'état, verbe de processus, et parmi les verbes de processus, verbe ponctuel, résultatif, inchoatif,[11] etc.) : ***he is kicking*** (v. ponctuel) pourra désigner un coup de pied en train de se donner, ou une série de coups de pied (aspect itératif).

2) La forme ***be+ing*** peut porter sur un verbe d'état qui est normalement non compatible avec la vision d'un procès « non arrivé à son terme » (voir le présent simple (1.1.1.)). L'état alors se transforme en comportement particulier pour une situation particulière : ***he is being a fool*** = *il* **fait** l'imbécile. Il ne s'agit pas d'une propriété permanente.

3) Bien étudier les conditions d'apparition de la forme ***be+ing*** dans les principales et les subordonnées en ***when*** (procès successifs - ou se superposant).

4) ***Be+ing*** étant signe de commentaire, bien déterminer si l'origine du repérage, dans un texte, sera l'énonciateur-narrateur ou l'énonciateur rapporté (personnage). (Voir chapitre 3)[12].

5) Bien étudier l'influence de la négation (cf. analyse, dans le texte F,l.11 : ***I was not having this..***).

---

11. Exemples : résultatif : ***find, arrive***; inchoatif : ***begin, start***.
12. Voir également glossaire : **sujets et niveaux d'énoncé***.

ANALYSES D'EXEMPLES

Analyses d'exemples portant sur le présent simple (1.1.1.) et sur le présent *be + ing* (1.1.2.)

What are you looking at, Roddy ? (Texte A,l.8) (lire : Texte A, ligne 8)
On a une forme de présent en *be + ing* : le repérage a valeur d'identification entre le moment de l'énonciation et le moment de l'événement. L'énonciateur (ici Judith) envisage le procès *look* comme non arrivé à son terme. Il s'agit bien de l'aspect inaccompli : si on associe un intervalle au procès, la borne de droite sera ouverte. (Aucune notion de durée).

La relation ⟨ *Roddy - look at - something* ⟩ est repérée par rapport à la situation d'énonciation : cela signifie que l'énonciateur (Judith) actualise dans son présent cette relation prédicative implicite. On peut utiliser l'image d'une caméra placée par Judith sur Roddy en « pleine activité » (celle de regarder) : il s'agirait d'un « gros plan ». Voir l'énoncé précédent : « *Roddy's eyes were so bright...* ».

On notera qu'il est impossible d'avoir ici, en situation, un présent simple (forme non repérée en anglais).

* * * * *

Roddy, I remember you (Texte A,l.13)
Présent simple : on est en présence d'un verbe d'état (cognitif). Comme tous les présents simples, ce présent marque que la relation est validée. C'est la forme la moins déterminée d'un verbe conjugué. Le présent renvoie à un état, « l'état de souvenance ». Pas de repérage par rapport au moment de l'énonciation ou plus précisément, pas de repérage par rapport à un « repère-point de vue », même si l'état décrit se situe dans le présent. Il n'y a ni début, ni fin du procès : Judith dit quelque chose sur son état à elle (attribution de propriété).

On peut imaginer des contextes où *remember* se recatégoriserait en verbe dynamique : si, par exemple, on décrit quelqu'un souriant, en train de contempler des photos : « *he is remembering his holiday.. »*.

* * * * *

I never remember the past (Texte A,l.15)

Ce présent simple ici, proche du précédent, a cependant une valeur légèrement différente : il exprime bien l'état du sujet, mais non pas dans un instant donné ; c'est un état permanent qui caractérise le sujet (à cause de *never*, opérateur de **parcours** *).

* * * * *

When do you go back to Paris ? (Texte A,l.25)

On a un présent simple, interrogatif. A cause du repère *when*, allié à un processus spécifique : *go back to*, on interprète ce présent comme un futur, mais ce n'est pas le présent lui-même qui est un futur.

N.B. Dans un exemple du type *« When do you go to Paris ? » - « every summer »*, le *when* ne renvoie pas au futur.

On aurait pu avoir « *when are you going back to Paris ?* » Quelle est la différence ? La forme *be + ing* étant une forme repérée implique le sujet-énonciateur *et* le co-énonciateur (celui à qui il s'adresse). D'où une actualisation plus grande de la relation sujet/prédicat ⟨ *you - go back* ⟩ qui révèlerait un intérêt plus marqué de l'énonciateur.

Le présent simple, au contraire, renvoyant à la notion de « départ », est tout à fait neutre : « à quand le départ ? ». Or, dans le texte, Judith cherche à paraître « neutre » : *wondering what safe topic to propose...*; elle cherche à cacher l'intérêt qu'elle porte à Roddy.

Il y aurait contradiction entre l'effort pour trouver « *a safe topic* » et l'emploi de la forme *be + ing*.

* * * * *

Do you work very hard ? (Texte A,l.27)

Ici encore on aurait pu avoir « *are you working very hard ?* ». De nouveau, l'intérêt de Judith pour Roddy serait marqué. Mais pour des raisons différentes : en effet, ici nous n'avons plus de repère qui renvoie au futur (*when*).

Si on utilise « *are you working very hard there ?* », on met en valeur, à cause du repérage par rapport à la situation d'énonciation, la **valeur non permanente du procès**. L'énonciateur exprimerait : « *et alors, là-bas (en ce moment) tu travailles beaucoup ?* ». Ceci impliquerait que ce « là-bas », et que le travail qu'il y fait, est provisoire (ce qu'il est, en réalité, puisque Roddy est à Paris pour une année seulement et reviendra vivre dans son pays, l'Angleterre). Or Judith essaie à nouveau d'être le plus neutre possible : elle utilise donc le présent simple qui lui permet de faire comme si la **propriété permanente** de Roddy était d'être parisien.

* * * * * *

I've nothing here
I'm having a rest (Texte A,l.35)

Deux verbes *have*. L'un à la forme simple, l'autre à la forme *be+ing*. On sait que la fonction fondamentale de *have* est de **localiser** un élément par rapport à un autre. (voir *Have*, 1.1.9.). Selon ce qui est à gauche et ce qui est à droite de *have*, on aura toute une gamme de valeurs; le premier énoncé ne peut pas se mettre à la forme progressive car *have* est ici employé comme verbe d'état. En effet, à droite de *have* on a un nom qui représente un objet aliénable et *have* prend la valeur de possession (verbe d'état).

Au contraire, si à la droite de *have* on a un **prédicat nominalisé** (nominalisation de verbe) dont le verbe sous-jacent est un verbe de processus, l'ensemble *have* + prédicat nominalisé fonctionne comme verbe de processus et peut se mettre à la forme *be+ing*.

I'm having a rest; verbe sous-jacent : *to rest*.

Ici, le *be+ing* est indispensable puisque l'énonciateur repère le processus *have a rest* par rapport à la situation d'énonciation.

* * * * *

Yes, Charley. Aren't you trying to tell me... (Texte B,l.1)

Cette forme *be+ing* est particulièrement intéressante pour montrer la valeur de « commentaire » de cette forme : c'est-à-dire de « reprise » (opération de reprise anaphorique) de quelque chose qui est dit auparavant, ou bien sous-entendu.

La glose ici serait : *« quand tu me dis ce que tu me dis, n'essaies-tu pas de me dire que... »*, reprise, commentaire, de ce qui a été dit auparavant. On note que le procès en *be+ing*, (*trying*), explicite le procès précédent.

A noter que dans cette « reprise », c'est une relation prédicative pré-construite (implicite) que l'on reprend, et pas un terme identique réellement déjà prononcé.

* * * * *

George goes into the kitchen (Texte B,l.17)

Ce présent simple, non repéré par rapport à la situation d'énonciation, n'a pas comme les précédents une valeur d'état. C'est une valeur ponctuelle : il a la même valeur qu'aurait ici un prétérit si le récit était au passé.

Il n'y a pas de description de procès (pas de début ou de fin), mais si on associe des bornes à la représentation du procès, les deux bornes sont réunies : on a une vision globalisée du procès. C'est ce qu'on trouve dans les *« stage directions »*, ou dans les reportages de matchs à la télévision. Ce présent renvoie, comme les autres, à la notion (c'est-à-dire sans intervention d'un « point de vue-repère » d'énonciation), mais avec une valeur **spécifique** du procès. (On n'attribue pas de propriété à George; George n'est pas « thématisé », c'est le prédicat ⟨ *go* ⟩ qui est thématisé; voir le présent simple 1.1.1.).

* * * * *

I think I shall go back (Texte B,l. 20)

I think ici, sert à moduler l'assertion qui suit, et pourrait assez facilement être remplacé par un adverbe (*maybe, perhaps*) : c'est bien à la notion encore que ce présent simple renvoie. On ne décrit pas le procès **think**. Cet emploi est courant avec des verbes comme *I guess, I suppose*, etc.

* * * * *

Now we come... (Texte C,l.1)

Malgré le *now* il n'y a pas de repérage par rapport à la situation d'énonciation : on ne décrit pas le procès « d'arriver ». On énonce l'arrivée (notion d'arrivée) de la *« chose importante »* (*the most important thing*). On pourrait avoir *« here is the most important thing »*.

Le *now* qui précède, qui n'est pas uniquement un marqueur temporel mais marque toujours la frontière de départ vers un nouveau domaine[13], pointe bien vers une valeur du type : *« et maintenant nous voilà à l'essentiel »*.

We are coming to nous décrirait le processus en le repérant par rapport à la situation d'énonciation.

---

13. Cf. P. Boucher (1984) et M. Fryd (1984).

1.1.3. Le prétérit

Le prétérit, comme le présent, est une forme simple. L'aspect des formes simples est aoristique*. Cela veut dire que la définition du procès ne dépend d'aucun point de vue particulier. Mais le **-ed** du prétérit marque aussi quelque chose de différent du présent. Cette différence est d'ordre temporel. Elle indique que le procès, défini en lui-même, ne peut en aucune façon prendre place en $\mathscr{T}_0$, moment de l'énonciation ; entre $\mathscr{T}_0$ et le moment du procès, il y a **rupture**. Cette rupture peut être due à différents facteurs :

1) à l'institution d'un repère passé. C'est, en fait, le cas le plus fréquent et c'est ce qui fait qu'on associe généralement le prétérit à un temps du passé. Dès qu'un repère est posé dans le passé, le prétérit devient une contrainte et c'est à cause du repère que le prétérit renvoie au passé. Ce repère peut être un interrogatif, ou un adverbe (même s'il donne peu de précisions sur la date).

When did he arrive ?

I saw it long ago.

2) à l'institution d'un **repère fictif** (*if, suppose,*...) : valeur d'hypothétique. C'est ce qu'on appelle souvent le « prétérit modal ».

If you had a car, ...

I wish he didn't lie.

3) au discours indirect, explicite ou implicite, ou au style indirect libre (voir chapitre sur les niveaux d'énoncés, 3.1.1.).

4) au cadre de récit : la construction d'une fiction suffit à déclencher le passé. On se place d'emblée sur un plan autre que « l'actuel ».

5) dans un contexte présent, la forme désactualisée peut rendre la valeur de l'énoncé moins assertive (en anglais : « *tentative use* »). On dit habituellement que c'est une forme de politesse.

I wanted to ask you...

Did you want something ?

Remarque : Si en anglais le prétérit est toujours signe de décrochage, quand on traduit en français, il faudra choisir entre le passé simple, l'imparfait et le passé composé. (Voir à ce sujet H. Chuquet et M. Paillard, 1987, Chapitre 4).

Les différences vont concerner le passage d'une langue à l'autre : ces problèmes ne sont pas pertinents pour l'anglais.

Quand vous avez un prétérit, cherchez dans le texte, les repères, explicites ou implicites, qui justifient cette forme.

1.1.4. Prétérit + forme be+ing

Devant un prétérit à la forme *be+ing*, il faudra justifier à la fois le prétérit et le *be+ing* (se reporter à 1.1.3. et 1.1.2.).

It was raining hard when we met.
(La situation repère est posée par *when we met*).
They were living in Paris at that time.
(Situation repère posée par *at that time*).
They were having dinner with the Bakers the following day.[14]

(attention : *were* est dû au repère passé, dans le récit dont il fait partie. La forme *be+ing* a valeur d'actualisation par rapport au repère futur posé : *the following day*)

Were you looking for somebody ?
(dans une situation présente), valeur de « *tentative use* » du prétérit.

She was **constantly** *calling me on the phone*
(valeur modale appréciative, surajoutée à cause du *constantly* accentué : cf. forme *be+ing*, 1.1.2.).

1.1.5. La notion de *perfect*

On retrouve avec l'aspect *perfect*, le concept de forme liée : il s'agit en effet de **localiser** (voir **repérage***) par *have*, un procès envisagé comme accompli (participe passé), par rapport à un repère pris comme point de vue.

Avec *have*, on a une opération de différenciation entre le moment de l'événement et le moment servant de repère : mais on a en tout cas « mise en relation » des deux repères. On se rappelle qu'avec *be+ing* on avait aussi « mise en relation », mais avec une opération d'identification (voir **repérage***).

1.1.6. Le *present perfect (have-en)*

Le *present perfect* est l'aspect accompli[15] par rapport au présent. Sa valeur est celle **d'un bilan dans le présent** de quelque chose qui a eu lieu antérieurement au présent. Le repérage temporel est le moment de l'énonciation. Il n'y a pas, comme dans le cas du prétérit, de rupture avec le moment de l'énonciation.

Bien se rappeler que le *present perfect* n'est jamais un temps du passé, même indéfini.

---

14. Voir Sylvia Chalker (1984) pour les exemples dont nous nous sommes inspirés.
15. Bien que tout ceci soit expliqué dans l'exposé, nous tenons à repréciser les points suivants :
Les termes d'*inaccompli* et d'*accompli* ne sont pas satisfaisants. Nous les utilisons cependant car ce sont les termes qui sont le plus communément utilisés dans les ouvrages de linguistique. L'essentiel est de bien voir ce qu'ils recouvrent. Dire d'un procès qu'il a un aspect inaccompli ne signifie pas qu'on a affaire à un procès qui a une durée ou qu'il se « déroule » dans le temps réel.

Quand on dit *I have lived in London*, on n'a pas un passé indéfini ; ce qu'on exprime, c'est : « ***dans le présent, je fais le bilan de mon expérience d'avoir vécu à Londres ; j'ai été, à un moment, habitant de Londres*** ».

Quand on dit *I have been in London for 5 years*, le *perfect* garde exactement la même valeur. Cela peut signifier « ***j'ai habité Londres pendant cinq ans*** » ou « ***j'habite à Londres depuis cinq ans*** » (*for* signifie que la durée du procès est égale à cinq ans). Il s'agit toujours d'un bilan, c'est uniquement le contexte qui indique si l'expérience se poursuit ou non. Quand on dit *I have been to London several times*, le contexte *several times* indique simplement que l'expérience est faite de la répétition d'un procès, au lieu d'un procès unique.

Etant donné sa valeur, le *present perfect* est particulièrement compatible avec des termes qui expriment des parcours repérés par rapport au présent : ***Have you ever been... ? I haven't yet...***

Etant une forme composée avec auxiliaire, le *perfect* donne la vision qu'un énonciateur a d'un procès par rapport à un repère - point de vue. Le procès est accompli par rapport au repère. Si l'on associe le procès à un intervalle, le *perfect* sera représenté par une borne de droite fermée suivie d'un état résultant.

I have written a letter.

(= *A letter is written*).

On constate par ailleurs, pour le *perfect*, l'importance de la relation entre le prédicat et l'objet. Cela explique, si on veut parler de l'activité du sujet, qu'on ne puisse dire *I have run mais *I have been running*, *I have read, mais *I have been reading* ou *I have read a nice story : the nice story is read now*. (Voir le double aspect, 1.1.7.).

Le terme *inaccompli* signifie que l'énonciateur considère que le procès est repéré par rapport à une situation repère qui sert de *point de vue* et que ce repérage a valeur d'identification. (Si on a un inaccompli dans le présent, la situation-repère est la situation d'énonciation) - (Bien voir pour ce repérage le rôle de l'auxiliaire *be*) (voir exposé *be + ing*).

Le terme *accompli* ne doit pas être interprété avec le sens qu'il a dans la langue courante : il ne signifie pas « terminé », « achevé ». L'aspect accompli signifie que l'énonciateur considère que le procès est repéré par rapport à une situation qui sert de repère point de vue, et que ce repérage a une valeur de différenciation (c'est-à-dire de localisation). (Importance de l'auxiliaire *have* pour la valeur de ce repérage). Si on a un accompli dans le présent (*have-en*) la situation repère est la situation d'énonciation. L'énonciateur, dans le présent, opère un *bilan*, c'est-à-dire un calcul de quelque chose qui a été fait avant maintenant, quel que soit le moment où cela a été fait. La représentation en « borne fermée » peut s'interpréter métaphoriquement par : « faisons le bilan ».

Ne pas confondre le terme *accompli* avec le terme *révolu* qui signifie lui, qu'un procès n'est plus repéré par rapport à la situation d'énonciation. Un procès est dit « *révolu* », s'il est décroché de tout repère « point de vue », et situé dans le passé grâce à des repères posés (explicites ou implicites). (Voir l'exposé sur le prétérit).

L'aspect accompli (*have-en*) pas plus que l'aspect inaccompli (*be + ing*) ne signifie que le procès continue ou ne continue pas, qu'il est achevé ou non achevé. Ces informations viendront toujours du contexte.

Quand les deux aspects, *have-en* et *be-ing* se trouvent ensemble, (ce qui prouve bien qu'ils ne sont pas incompatibles et que les termes « inaccompli » et « accompli » sont impropres), les deux types de repérage se superposent : il y a alors *bilan*, dans le présent, d'une *activité*. (Ici encore, seul le contexte dira si le procès continue ou non).

Parfois, il y a collusion entre l'état résultant et le procès accompli, et on a un processus stabilisé, équivalent à un état dans le présent.

— *He's gone* qui peut être soit *he has gone* (processus accompli); soit *he is gone* (processus stabilisé)

— *I've finished* qui est souvent remplacé par *I'm finished*

— *I've got* qui n'a plus qu'une valeur de présent (= *I have*)

Bien noter que c'est à cause de sa valeur de bilan que le *present perfect* dans l'énoncé :

How long have you been in London ?

s'interprétera comme : *depuis combien de temps êtes-vous à Londres ?* Par opposition à :

How long are you in London for ?

qui n'exprime que l'état présent : *vous êtes à Londres pour combien de temps ?*

1.1.7. Le double aspect : *have-en* et *be+ing*

Si l'on utilise les termes d'aspect inaccompli et accompli, on peut se demander comment il se fait qu'ils ne soient pas incompatibles. Cependant, étant donné les valeurs de base que nous avons données à ces deux aspects, on ne voit pas pourquoi ils ne fonctionneraient pas ensemble. Rappelons ces valeurs : 1) valeur de bilan pour *have-en*; 2) valeur pour *be+ing*, d'un fléchage d'une relation prédicative par rapport à une situation donnée, mise en valeur d'une activité du sujet en rapport avec le procès, borne de droite non spécifiée (= borne de droite ouverte).

Bien étudier l'influence d'un aspect sur l'autre :

(1) *I have been thinking* (Texte C,l.1)

Le *have-en* indique bien un bilan dans le présent; mais il s'agit du bilan d'un processus repéré par rapport à l'origine du processus et non par rapport à l'objet transformé. Ici, il y a bilan de l'activité du sujet *I*. Voir dans le texte l'énoncé qui suit : *this is what I thought*; on pourrait avoir aussi *I have thought it over*, où le repérage se ferait par rapport à l'objet *it*.

Bien noter que rien n'indique dans ce double aspect que le procès est encore en cours au moment de l'énonciation. C'est le contexte qui l'indiquera.

L'origine du procès peut ne pas être l'agent du procès (même valeur de bilan et de fléchage situationnel) :

(2) *It's been snowing all day*

(2a) *It has been snowing for the last three days*

c'est le complément the *last three days* qui nous indique que cela continue, dans l'exemple (2a).

De même :

(3) *Some people have been fighting here,*

n'indique pas que la bataille continue. Seuls les indices de désordre peuvent révéler qu'il y a eu bataille.

Si l'origine du procès est agent et qu'il y a une forte relation inter-sujets, il peut se surajouter une valeur modale appréciative (souvent de reproche, mais pas uniquement : la glose étant du type : « *tu t'es livré à cette activité là* »).

(4) *You've been drinking, dear!*

Bien étudier les relations avec les déterminants [16] : incompatibilité des quantifieurs avec le *have-en/be + ing*, car alors on ne peut pas privilégier l'activité qui est représentée par une borne ouverte à droite. Le quantifieur privilégie l'état résultant :

(5) *I have run all the way here / six miles.*

mais

(5a) *I've been running, that's why I'm so tired.*

De même :

(6) *I've cooked this meal* (complément obligatoire).

mais

(6a) *I've been cooking* (processus)

Bien noter que certains verbes incompatibles avec *be + ing* au présent, deviennent compatibles au *present perfect* :

(7) *I've been wanting to tell you this...*
*I'm wanting to tell you this... [17]

1.1.8. Le *past-perfect* : had-en

Les grammaires traditionnelles présentent cette forme comme une translation dans le passé aussi bien du *present perfect* que du prétérit. En fait, il s'agit d'un procès repéré comme accompli par rapport à une situation repère, elle-même située dans le passé. Puisque c'est une forme avec auxiliaire, l'énonciateur choisit de présenter un procès par rapport à un repère-point de vue et cela indépendamment d'une chronologie véritable des événements dans l'extra-linguistique. Si l'énonciateur choisit de mettre en évidence la relation procès - point de vue repère, c'est pour rompre justement la chronologie et opérer un bilan : il s'agit d'un discours sur un discours, donc d'un commentaire, avec retour en arrière, ou explication, etc. [18]

(1) *I often go to the cinema : last week, I went to see 'Superman'; the week before I saw a 'James Bond'; tomorrow,* etc.

En (1), pas de *had-en* malgré une antériorité chronologique dans le réel.

(2) *The news of his death came to me as a shock. The week before, we had gone to the cinema together and everything seemed to be OK.*

---

16. Pour plus de détails, voir A. Gauthier (1980).
17. Encore que cette forme se rencontre fréquemment dans le nord de l'Angleterre et en Irlande.
18. Cette présentation reprend partiellement l'étude faite dans CRGA, Tome I, (1982) : J. Bouscaren, F. Demaizière, O. Herlin, « *Had-en* ou le *Past-Perfect* ». Cette étude s'appuie elle-même sur les travaux de J. Guillemin-Flescher. Voir pour une étude comparative *past-perfect/ plus que parfait* : J. Guillemin-Flescher (1981).

Ici, en (2), la forme *had-en* est bien un « commentaire », une sorte de parenthèse faite par l'énonciateur; (glose possible : *quand je pense que la semaine dernière nous étions allés au cinéma...*).

Bien entendu, dans un texte, l'énonciateur peut être soit le narrateur, soit un personnage qui est alors énonciateur rapporté. On a donc deux opérations : définition d'un procès comme accompli par rapport à un repère, et localisation de ce repère (avec *had*) comme décroché de la situation d'énonciation.

Remarque : Dans un texte, 1) cherchez la situation-repère (pas toujours marquée par un procès passé explicite); 2) cherchez sur quoi porte le « commentaire » : une durée, un parcours, une progression ou la réintroduction du processus, etc.

Bien montrer que la présence de l'énonciateur est marquée par d'autres indices qui accompagnent cette forme *had-en* : très forte détermination du C_0 (ou sujet) (presque toujours repris par fléchage, ou pronom personnel), compatibilité avec *be + ing*, et marques de modalité (par des adverbes).

Même si, dans de nombreux cas, l'énoncé peut rester grammatical avec un prétérit à la place du *past perfect*, bien montrer que la vision de l'énonciateur est différente.

1.1.9. *Have*[19]

Have est un opérateur de mise en relation. Il indique que le 2ème terme est repéré par rapport au premier : qu'il est **localisé*** par rapport à lui (donc qu'il est la trace d'une opération de différenciation). (voir **repérage***).

Les différentes valeurs sont dues à la nature du contexte (nature du sujet, des compléments, des propositions qui suivent).

1°) Possession. (Sujet animé, complément aliénable).

He has a cat

2°) Propriété. (Sujet animé, complément inaliénable).

a) permanente :

He has blue eyes

b) non permanente :

He has a cold

Le *have* est, dans ces énoncés, verbe d'état.

3°) *have* + prédicat nominalisé :

He's having a fight (a try, a good cry, breakfast, etc.)

Have est ici support du verbe d'où est issue la nominalisation.

Si on a affaire à un verbe dynamique, le tout a un comportement de verbe dynamique.

---

19. Nous reprenons partiellement l'étude faite dans CRGA Tome I (1982) : J. Bouscaren, J. Chuquet, Bénédicte Filhol-Duchet, « *have*, opérateur de localisation ».

4°) Re-thématisation au niveau énonciatif (= changement de **thème**, ou point de départ de la relation prédicative, voir note 4) :

I have a dragon-fly on my arm = a dragon-fly is on my arm.

I had my car break down on me = my car broke down.

C'est parce qu'on a *my arm* et *my car* que l'on peut centrer l'énoncé sur *I*, comme repère énonciatif.

5°) *Have*, dans un schéma causatif, ou *have*, opérateur de re-thématisation au niveau énonciatif. L'interprétation peut être ambiguë.

I had my friend paint my kitchen.

Première interprétation, causative : *I asked my friend to paint my kitchen*. Deuxième interprétation, re-thématisation : *My friend painted my kitchen for me.*

Pour que l'interprétation causative soit possible, il faut que le C_0 (sujet *) et le C_1 (objet) soient tous deux des animés pouvant jouer le rôle d'agent. Le C_0 est l'initiateur du procès, le C_1 le véritable agent du procès *paint*[20]. La valeur causative de *have* n'est pas contenue dans *have*, mais est due à la relation privilégiée entre le C_0 et le C_1 (l'un instigateur, l'autre exécuteur). Si le C_0 n'est pas instigateur mais bénéficiaire, on aura une relation de re-thématisation.

On a la même ambiguïté au passif :

I had my kitchen painted.

1) *J'ai fait repeindre ma cuisine.* (*je* = instigateur)

2) *On m'a repeint ma cuisine.* (*m'* = bénéficiaire)

Si les exemples donnés par les grammaires s'interprètent en général comme causatifs, c'est pour des raisons socio-culturelles uniquement.

I had my shoes repaired.

(En général, on **fait** réparer ses chaussures par un cordonnier. Donc, schéma causatif).

---

20. Pour une étude de la relation causative, voir Elisabeth Cottier, (1985), Thèse Paris VII.

ANALYSES D'EXEMPLES

Analyses d'exemples portant sur le present perfect, le prétérit, le past perfect (et leur combinaison éventuelle avec *be + ing*).

You've decided to go back (Texte B,l.1) (lire : Texte B, ligne 1)
   On est en présence de l'aspect *have-en*, valeur de bilan. Le repère est la situation d'énonciation ; (le *have* marque que la valeur de ce repérage est la « localisation » (ou différenciation).
Geo fait un bilan, dans son présent, du processus qui a eu lieu antérieurement à maintenant (aucun repère passé).
You've decided to go back peut se gloser ainsi : « ***dans le présent, ça y est, tu as ta décision : ta décision est prise*** » : il s'agit bien d'un « état présent ».

* * * * *

This is what I thought (Texte C,l.4)
   Ce prétérit simple marque bien la rupture avec le moment de l'énonciation (le moment du discours du garçon). Il a une valeur spécifique : si l'on associe des bornes au procès, les deux bornes seront confondues. Ce n'est pas le déroulement du processus qui est mis en valeur, mais la notion de « pensée ». Le procès *thought* sert ici à introduire *this*. Le petit garçon présente ses pensées, résultat de l'activité de réflexion qu'il a décrite précédemment. On est proche de : ***these are my thoughts***, ce qui montre une fois de plus que nom et verbe dans le renvoi à la notion, sont très proches.

* * * * *

I've been thinking (Texte C, l.1)

Double aspect, ***have-en*** et ***be+ing***. Deux formes repérées par rapport à la situation de l'énonciation (dans le texte, le moment où le petit garçon fait son discours). Glose : *j'ai l'expérience, moi, de m'être livré à une activité de réflexion*. Il s'agit bien d'un bilan (***have-en***), mais du bilan d'un processus de réflexion (***think*** est bien utilisé au sens de « réfléchir » et non « d'être d'avis que »...). Le ***be+ing*** exprime, en effet, ce processus dont *I* est l'agent privilégié.

En aucune façon ***I've been thinking*** ne signifie que l'activité continue. En fait, dans le texte, on nous précise même quand l'activité de pensée a eu lieu : *I was thinking while we were climbing*.

Il peut être intéressant de noter que le garçon se sert de ce bilan pour justifier son pouvoir.

* * * * *

I was thinking while we were climbing the mountain (Texte C,l.2)

I was thinking : prétérit dû au repère passé *while we were climbing the mountain*. Il y a bien une coupure entre le moment de l'ascension et le moment du discours. A présent, ils sont au sommet de la montagne, et tout le discours est repéré par rapport au moment présent de l'énonciation (voir forme précédente) : ***I've been thinking*** et ***this is (what I thought)*** qui suit.

La forme ***be+ing*** indique que le processus est vu par l'énonciateur (ici, le garçon qui fait ce discours) comme « en cours », c'est-à-dire non arrivé à son terme, **pendant l'ascension** de la montagne.

C'est l'**activité** et non la borne qui l'intéresse : « *Ce que je faisais moi, pendant que nous faisions l'ascension, eh bien, je réfléchissais* ».

L'opposition *I/we* explique qu'il mette bien en valeur son activité à **lui** par rapport à l'activité des **autres** : on a deux procès concomitants, avec commentaire mettant en valeur l'opposition des deux sujets (**moi**, opposé à **nous**).

* * * * *

Did you ever suffer the pangs... (Texte D,l.1)

Exemple de prétérit marquant la rupture sans repère exprimé dans le texte. Le *ever* n'est pas un repère mais un opérateur de parcours servant à parcourir les instants. On aurait pu avoir : *have you ever suffered the pangs... ?*.

Quelle est la différence ? Dans notre texte, la fille qui pose cette question à sa mère suppose que les histoires d'amour concernant sa mère n'ont pu avoir lieu que dans un passé révolu (sa jeunesse, ou avant son mariage), c'est pourquoi elle utilise un prétérit, signe de coupure avec la situation d'énonciation. Elle parle d'événements passés. Si elle utilisait le ***present perfect***, la question porterait sur un bilan actuel et laisserait entendre que cela est encore possible.

* * * * *

Lizzie had just finished her first reading of Madame Bovary (Texte D,l.1)

Le *past perfect*, comme le *present perfect*, est un aspect. Mais la marque de passé sur *had* indique que le bilan se fait par rapport à un moment repéré dans le passé. Ici, c'est le moment où Lizzie a posé la question.

Le *past perfect*, comme tout aspect, ne dénote pas une chronologie. Il est là pour mettre en relation les deux procès : ici, c'est l'explication de la question posée par Lizzie. C'est « **parce qu**'elle venait de finir Mme Bovary qu'elle a posé cette question ». Même si *when she asked this question* n'est pas explicite.

Noter que *just* n'est pas un repère temporel, mais précise la proximité de la fin de la lecture avec la question posée par Lizzie.

* * * * *

I felt as though he was trying (Texte D,l.24)

He was trying : le prétérit ici, toujours marque de rupture avec la situation d'énonciation, a comme repère le marqueur d'hypothèse : *as though*. La forme *trying* est une actualisation fictive du procès. La situation-repère est la photo par rapport à laquelle on construit une identification fictive (par *as though*). Superposition d'un marqueur du passé et de l'hypothétique.

* * * * *

Melissa was taking a few days' holiday (Texte F,l.4)

Cet énoncé fait suite à *Jeff handed me the letter*. La femme de Jeff, qui est la narratrice, fait donc part à ses lecteurs du contenu de la lettre. Sous-entendu, « elle disait dans sa lettre que... ». Donc *she was taking...* est au prétérit à cause du discours rapporté. Il est probable qu'elle disait (même si ce n'était pas exactement sous cette forme) : *'I'm taking a few days' holiday'*; la forme *be + ing* ici sert à marquer une actualisation dans le futur. Il serait d'autre part impossible d'interpréter ce *was taking* comme un procès « en cours » au moment de l'écriture de la lettre ou de la lecture de la lettre : *take* indique un changement d'état, à la différence de *she was having a holiday* qui pourrait s'interpréter comme : *elle était en train de passer des vacances*.

Remarque : on pourra remarquer enfin que l'interprétation de *she was taking* est liée à un contexte dans lequel foisonnent les marques de visée :

she wants to see...

she wants to come...

she wants to stay...

she would like to spend...

Dans ces constructions complexes (voir degré de détermination verbale* : Ø-BV, To-BV, BV-ING) la prédication à l'infinitif indique un décalage entre une validation éventuelle de *see, come, stay, spend* et le moment d'énonciation à partir duquel cette validation est visée. On sait que *want* est déjà d'une certaine manière orienté vers un « objet », un « projet », etc., et requiert la construction infinitive.

Mais *like* peut être également suivi du gérondif (*She likes spending her holiday with her daughter*). Or ici, avec la présence du modal *would* porteur de visée (entre autres choses) et la sélection d'une situation particulière (*a few days' holiday*), la forme *to spend it...* est alors l'extraction d'une relation prédicative **validable pour cette situation particulière**.

* * * * *

I wasn't having the woman in 'my' house (Texte F,l.11)

Prétérit dû au récit. Valeur de visée dans le passé, due au contexte : *le projet de vacances*.

Valeur modale de refus due :

1) à la re-thématisation par *have* de tout l'énoncé qui est ainsi construit par rapport à *I* (cf. *have*, 1.1.9.). *I* devient ainsi ce qu'on appelle le « **repère constitutif** » de l'énoncé de surface (voir **opérations constitutives de l'énoncé***).

2) à la présence de la négation surajoutée à la visée.

On est très proche de la valeur de refus, de visée négative présente dans « *I won't have...* » (cf. *will*, 1.2.11.).

Glose : *il n'était pas question que je reçoive cette femme dans ma maison*.

* * * * *

Where she now worked (Texte F,l.5).

Prétérit dû au discours indirect. La narratrice rapporte le discours qui se trouve dans la lettre (*Jeff handed me the letter*). *She worked* est repéré par *now* qui, lui, marque le présent (de celle qui écrit, aussi bien que de celle qui lit). On voit bien que ce prétérit n'est pas repéré dans le passé. Même valeur que le présent à valeur d'état ou de propriété permanente ; on peut gloser : *Her permanent work now is in this factory*. Si on associe une représentation par bornes, ce procès est représenté **sans** bornes, comme un **état**. Cela ne change rien à la valeur aoristique (rupture avec le moment de l'énonciation) de ce prétérit.

1.2. PROBLEMES CONCERNANT LA MODALITE

1.2.0. Considérations générales

Parler c'est prendre position sur un **contenu de pensée** devant celui auquel on s'adresse. Cette prise de position s'inscrit dans l'énoncé grâce à la modalité. La modalité n'est pas une opération figée. Il arrive que l'énonciateur propose un contenu de pensée comme une vérité dont il se porte garant, une hypothèse qu'il envisage, ou comme une question qu'il soumet à l'autre. Il peut se faire que ce contenu ne soit pas une information vraie ou fausse, mais conduise à l'expression d'un ordre, d'un devoir, d'un droit, d'un souhait, d'un désir adressé à celui qui écoute. Malgré ces variations deux données subsistent à chaque fois :

1) la relation de l'énonciateur au contenu de son « dit » (contenu propositionnel) : **relation de l'énonciateur à la relation prédicative**,

2) la relation de l'énonciateur au co-énonciateur : **relation intersubjective**.

Dans les faits, chaque expression de la modalité privilégie l'une de ces deux données, sans que l'autre soit totalement absente.

A. Culioli distingue quatre types de modalités [21] :

— **Modalité de type I** — **modalité de l'assertion**.

L'énonciateur définit son contenu propositionnel (représenté par la relation prédicative) comme validé, c'est-à-dire soit vrai, soit faux.

Si l'énonciateur valide ce contenu, il utilisera l'assertion (affirmative ou négative). Si l'énonciateur croit que le contenu de ce qu'il dit peut être validé, mais que pour sa part il n'est pas en mesure d'effectuer cette validation, il utilisera l'interrogation. Cette modalité lui permet :

1) de définir ce qu'il dit comme vrai ou faux (mais rien d'autre et nécessairement l'un ou l'autre).

2) de ne pas prendre « personnellement » position entre l'un et l'autre (d'où la valeur de **parcours*** associée à l'interrogation).

3) de proposer au co-énonciateur de trancher (de valider) : en quoi l'interrogation a clairement une valeur intersubjective.

Les marqueurs de surface de ce type de prise en charge sont essentiellement ***do*** (qui se combine avec les marqueurs de temps), ***have*** et ***be*** (qui font apparaître temps et aspect).

On peut déjà remarquer que, par rapport à l'assertion positive qui se passe de marqueur lorsque l'assertion peut être prise en charge par tout énonciateur (vérité générale, attribution de propriété, etc.), tout « travail » sur la relation prédicative

---

21. Voir A. Culioli (DEA 1983-84).

fait apparaître un marqueur spécifique : marqueur de négation, d'interrogation, de reprise, de contradiction, etc.

— **Modalité de type II** — elle établit une **relation entre l'énonciateur et le contenu propositionnel représenté par la relation prédicative** : on l'appelle souvent « modalité **épistémique** ».

Nous sommes ici encore dans la problématique du vrai et du faux. La valeur particulière de cette modalité est qu'elle exprime de la part de l'énonciateur une absence de certitude quant à la validation de la relation prédicative.

L'énonciateur ne choisit pas entre validé/non validé, mais évalue les chances de validation de la relation prédicative. Cette évaluation est essentiellement quantitative.

Avec le « très probable » l'énonciateur tend vers la validation, avec le contingent il se place à égale distance entre la validation et la non-validation; il les envisage toutes deux comme possibles.

Les marqueurs peuvent être soit des adverbes (***perhaps, possibly, certainly,*** etc.), soit des auxiliaires modaux.

Cette absence de certitude a très souvent une valeur argumentative voire polémique : elle s'inscrit dans un « dialogue implicite » avec ce que l'énonciateur suppose que son co-énonciateur pense.

— **Modalité de type III** — modalité **appréciative**.

Ici la question de la validation de la relation prédicative n'est plus en cause. On est hors de la problématique du vrai et du faux. Il s'agira par exemple de porter une appréciation sur le caractère bon, mauvais, normal, anormal, heureux, malheureux, etc., du contenu de la relation prédicative. Ce sera une modalité de type essentiellement qualitative.

— **Modalité de type IV** —

Elle concerne les **relations entre le sujet et le prédicat à l'intérieur de la relation prédicative**. Elle est assez proche de ce qu'on appelle souvent « modalité **radicale** ».

La question de la validation de la relation prédicative ne se pose pas non plus. Mais ce n'est pas parce qu'elle n'est pas à résoudre. C'est parce qu'on se situe ailleurs. Cette relation n'est pas à considérer dans une problématique de vérité : la validation de cette relation passe par les propriétés, la volonté du sujet de l'énoncé, ou encore la volonté, la pression, la demande que l'énonciateur fait peser sur le sujet de l'énoncé : on trouvera ici les valeurs **déontiques** (ordre, permission, souhait, suggestion, volonté, causation, possibilité, capacité...).

Remarques :

Il est bien évident que cette division est surtout commode car elle simplifie le problème : en réalité les modalités se chevauchent et appartiennent la plupart du temps à plusieurs types; on peut citer par exemple l'**injonction** qui appartient au type I et IV à la fois (position par rapport à l'assertion et relation inter-sujets).

Dans les types de modalité I et IV, la modalité s'organise davantage sur la relation entre l'énonciateur et le co-énonciateur : en effet, dans une question, on laisse au co-énonciateur la charge de valider ou non la relation. On sait toute la marge de manipulations possibles entre co-énonciateurs avec la modalité interrogative[22]. L'utilisation du *do* emphatique pour asserter ou ré-asserter tient compte du point de vue du co-énonciateur.

1.2.1. Les auxiliaires modaux : considérations générales

Les auxiliaires modaux appartiennent essentiellement aux modalités de type II et IV.[23]

1) **Modalité de type II — le modal établit une relation entre l'énonciateur et la relation prédicative** : par commodité, on l'appelle aussi le modal **épistémique**[24]. Avec ce modal épistémique, l'énonciateur **calcule les chances de validation d'une relation prédicative**.

He may be ill : it is possible that... [25]

(Autant de chances pour qu'il soit ou ne soit pas malade)

He must be ill = it is highly probable that...

(Il est très probablement malade)

La modalité affecte donc toute la relation prédicative et peut toujours être sortie de la relation ; en français par exemple, on aura : « *Il peut être malade* » dans le sens de « *il se peut qu'il soit malade* », (non dans le sens de « *il peut bien être malade* » = « *laissons-le être malade, ça ne lui arrive pas si souvent* »).

Les modaux épistémiques sont incompatibles avec les assertions, puisque dans les assertions, on a **une valeur et une seule** pour valider la relation.

On ne peut pas non plus les trouver dans des assertions fictives :

*If he may be ill...

*If he must have been ill...

Les modaux de type II (épistémiques) peuvent porter la marque du présent ou du passé : mais cette marque du passé sera due à de l'hypothétique, à du discours indirect, ou à du désactualisé (*tentative use*) : en aucun cas, elle ne renverra à du passé.

Si la relation prédicative doit être repérée dans le révolu, la seule marque possible sera une marque d'antériorité notionnelle* (infinitif perfect), dans la mesure où l'on n'est pas dans le validé ou le non-validé à cause, justement, du modal. C'est un marqueur de passé qui indiquera si la relation est repérée dans le passé : *He may have lost his keys yesterday.*

---

22. Pour les valeurs modulées dans les questions, voir J. Bouscaren (1987). Actes du Colloque Charles V.

23. Voir E. Gilbert (Thèse 1986) in CRGA. T. III (1987). Nous lui empruntons une bonne partie de ses analyses des modaux et de son argumentation.

24. Nous signalons que nous emploierons indifféremment « épistémique », ou modalité II pour le type de relation entre l'énonciateur et la relation prédicative tout entière et « radical » ou modalité IV pour le type de relation entre le sujet et le prédicat, à l'intérieur de la relation prédicative.

25. Voir J. Coates (1983). Nous lui empruntons ses gloses qui nous paraissent particulièrement éclairantes.

Sans autre marqueur, l'antériorité est repérée par rapport au moment de l'énonciation : *He may have lost his keys* est repéré par rapport à « *now* ». Avec un repère futur, l'antériorité peut être repérée dans le futur : *He may have finished by Tuesday week.*

La portée de la négation sera à étudier avec chaque emploi épistémique des modaux. Avec *may* la négation portera sur le prédicat; avec *must* on verra que la négation est plus rare (voir 1.2.4.).

Avec le modal de type II (épistémique), la relation prédicative est toujours repérée par rapport à **une situation d'énonciation spécifique**. C'est pourquoi avec *there*, représentant la situation d'énonciation, on aura tendance à interpréter le modal comme épistémique, en l'absence de tout autre marqueur de repérage temporel :

There may be...
There must be...

2) **Modalité de type IV** — si le modal sert à construire une relation prédicative, il se trouve à l'intérieur de cette relation et établit **une relation entre le sujet et le prédicat**. On l'appelle aussi, par commodité, **modal radical**.

La valeur de base du modal est la même que celle du modal épistémique, mais le modal n'établit pas le même type de relation.

It is possible for X to...
It is necessary for X to...
It is impossible for X to...

La modalité ne peut pas être en dehors de la relation prédicative.

Ce type de modalité peut supporter une opération d'ordre énonciatif du type assertion.

To save money, any scrap of cardboard may be used.
(J'asserte que) n'importe quel bout de carton peut être utilisé.
You can't find wild bears in France
(J'asserte qu')il est impossible de trouver des ours en France.

L'énonciateur asserte une possibilité ou une impossibilité, il n'évalue pas les chances d'occurrence du procès.

Ce type de modalité peut également supporter une opération du type assertion fictive :

If you can find a wild bear in France...

La négation devra ici aussi être étudiée pour chaque emploi du modal (avec *may, can, will* de volonté, la négation porte sur le modal; avec *must* et *should*, la négation porte sur le prédicat). Le problème de la négation met en lumière l'ambiguïté des valeurs épistémique et radicale.

La modalité de type IV supporte le repérage présent, passé, hypothétique :

In those days I could buy a proper meal and still have some money left

Lorsqu'intervient une relation intersubjective particulièrement dans le déontique, l'opération modalisante sujet-prédicat est repérée par rapport à **l'énonciateur et au co-énonciateur** (ou énonciateur rapporté) et aura souvent une valeur de **visée** : (voir p. 150).

May I smoke ?
You must/should stop smoking.

Remarques :

Quand vous analysez un auxiliaire modal, ***can, could, may, might, must, shall, should, will, would***, vous devez d'abord bien le comprendre dans le contexte (se reporter aux exemples analysés).

— Examinez la nature du sujet (animé humain/inanimé).

— Examinez le type de procès (état/processus).

— Déterminez la diathèse (voix active/passive).

— Dites sur quoi porte le modal : base verbale ou aspect ***be + ing*** de l'infinitif ou ***have-en*** (infinitif ***perfect***).

— Y a-t-il des repères temporels ? Quels effets ont-ils sur l'interprétation ?

— La forme du modal est-elle au présent ou au passé ? Si elle est au passé, dites ce qui provoque cette forme passée : contexte passé, contexte hypothétique, style indirect, désactualisation (***tentative use***). Justifiez votre analyse.

— S'il y a une négation, étudiez sa portée (sur le modal ?, sur le prédicat ?).

— Dites si le modal établit une relation entre l'énonciateur et toute la relation prédicative (valeur épistémique), ou une relation entre le sujet et le prédicat (valeur radicale). S'il y a une **ambiguïté**, et c'est souvent le cas, la mettre en évidence : justifiez votre analyse.

— Montrez bien qu'il y a un lien étroit entre les valeurs épistémique et radicale du même modal, qui vient de sa valeur fondamentale.

— Définissez le support de la modalité et le niveau de l'énoncé : récit « de l'auteur » ? « style indirect libre » ?

— En tout cas, **donnez des gloses** qui aident à mettre en évidence l'opération sous-jacente du type **« it is possible that »** ou **« it is possible for X to... »**.

1.2.2. *may*

A — *May*, modalité de type II : quand *may* établit une relation entre l'énonciateur et toute la relation prédicative, (c'est-à-dire quand il fonctionne en modal épistémique), il exprime l'éventuel ou plus exactement le **contingent** : l'énonciateur est dans l'incertitude totale quant à la validation de la relation prédicative. La validation et la non-validation de la relation prédicative sont donc présentées comme étant **équipossibles**.

He may arrive late.
(It is possible that he will arrive late).
(Il se peut qu'il arrive en retard, mais il se peut également qu'il n'arrive pas en retard).

Avec la négation, cette négation porte sur le prédicat et non sur le modal : il s'agit de présenter comme équipossibles la validation et la non-validation d'une relation prédicative négative.

He may not arrive at all.
(It is possible that he won't arrive at all).

a) *May* et les marqueurs de pondération

Cette valeur de contingent, ou équipossible, de *may* peut être pondérée par différents marqueurs. *Well* est l'un de ces marqueurs :

He may well be lying.
He may very well be lying.

L'équipossibilité parfaite est en quelque sorte détruite et l'énonciateur semble plus certain de la validation que de la non-validation, mais la valeur de base du modal épistémique, le contingent, est cependant bien présente.

b) *May* et les marqueurs de parcours

Avec les composés de *ever (whoever, whatever, however...)*, l'énonciateur opère un parcours sur la classe des termes qui peuvent instancier, à l'intérieur de la relation prédicative, la place occupée par le terme en WH— .

Whoever may have told you this is a liar.
Whatever he may have told you, I am not responsible.

La valeur d'équipossible de *may* ne porte plus simplement sur la validation ou la non-validation d'une relation prédicative mais sur toute une classe de relations prédicatives :

A, B, C... may have told you this.
(= it is possible that A, B, C... told you this, or that A, B, C... didn't tell you this).

Le parcours peut porter sur un adjectif avec *however* :

However poor he may be, he will never go to the Salvation Army

Le parcours se fait alors sur tous les degrés de pauvreté et l'équipossibilité porte sur chacun des degrés. Ce type d'énoncés prend souvent une valeur concessive : ils contiennent alors des marqueurs adversatifs.

c) *May* et les énoncés concessifs

L'interprétation concessive est fréquente : si on analyse l'énoncé concessif, on s'aperçoit que la valeur d'équipossibilité reste présente à la base. C'est la conjonction de *may* avec des marqueurs adversatifs (*but, all the same, still...*) qui donne à l'énoncé sa valeur concessive.

He may be famous but he isn't the kind of person I am interested in.
(It is possible that he is famous, but...).

L'énoncé modalisé, avec *may* dans ce cas-là, répond à un autre énoncé implicite ou explicite, qui est sous forme d'assertion : « *he is famous* ».
On a donc :

1) une assertion par un énonciateur; (celle-ci peut être implicite);

2) une réponse d'un co-énonciateur où l'introduction de l'équipossible avec *may* tient lieu de ce qu'il accorde ou concède à l'autre;

3) assertion par ce co-énonciateur du contraire de ce qu'implique la première assertion.

Dans notre exemple, le fait « *be famous* » entraînerait normalement le fait que « je m'intéresse à lui ». Je concède qu'il est célèbre, mais il n'en reste pas moins que je ne m'intéresse pas à lui.

May dans les schémas concessifs peut ne plus être interprété comme établissant une modalité de type II de façon évidente : en effet, d'une certaine manière, dans *whoever may have told you that* on peut considérer que l'on concède l'assertion de l'autre. Toutefois cette assertion est tout de même « désassertée » et l'équipossibilité est présente (à cause de *may*).

C'est un problème qui reste non résolu et qui montre une fois de plus que la distinction entre modal épistémique et radical n'est pas satisfaisante.

Remarque : Dans ces emplois de *may* et la concession, la désactualisation avec *might* est impossible (voir *might* 1.2.3.).

B — *May*, modalité de type IV : Quand *may* établit une relation entre le sujet et le prédicat, à l'intérieur de la relation prédicative, (c'est-à-dire quand il fonctionne en modal radical), il peut exprimer **le possible unilatéral** :

> *I may come to-morrow, everything is arranged.* (J. Coates)
> *(It is possible for me to come to-morrow).*
> *Only animal creatures may have « ability ».*
> *(It is only possible for animal creatures to have « ability »)*

On n'est plus ici devant l'incertitude du sujet énonciateur : ce n'est plus la valeur du contingent, c'est-à-dire l'évaluation à 50 % des chances de validation ou de non-validation. On ne peut plus gloser par « *it is possible that* ».

L'énonciateur prédique ici une propriété potentielle du terme qui sert de sujet de l'énoncé (on est très proche de *can*).

Ce que marque *may*, c'est qu'il existe une ou des occurrences de la relation qui peuvent être validées : la validation est possible.

Ce type d'énoncés se rencontre fréquemment dans le discours scientifique. On a des observations de type général qui indiquent que telle relation est - parfois, souvent, généralement - validée.

> — *Blood transfusions may be helpful.*
> *(It is possible for blood transfusions to be sometimes (often) helpful).*

On sait qu'un énoncé générique est un énoncé qui est validé pour toute une classe de situations. Le parcours sous-jacent à tout énoncé de type générique marque que la relation prédicative ne peut être repérée par rapport à une situation unique, comme c'est le cas pour tout modal de type épistémique ; cela bloque donc la valeur de contingent (équipossibilité).

De même, si dans l'énoncé on a comme sujet un « *one* » ou un « *you* » générique, la valeur de contingent sera bloquée et on aura affaire à la valeur de possibilité unilatérale (proche de *can*).

> *One may expect critics at least to see the films before they write about them.*

a) *May* et l'expression du but

Avec *so that, that, in order that,* on constate que *may* est compatible avec l'opération de visée que ces marqueurs sous-tendent.

He practises the violin eight hours a day so that he may become a great violonist.
(*so that it will be possible for him to become...*).

May établit une relation entre « *he* » et « *become a great violonist* ». Pas de valeur de contingent ici, mais de possible unilatéral (attribution de propriété, proche de *can*).
C'est la visée qui fausse l'équipossibilité en privilégiant une valeur de possible au détriment de l'autre : l'énonciateur **vise** une seule possibilité.

b) *May* et l'interprétation déontique : la permission

You may take a seat...

(= *You are allowed to...*) ou *(I allow you to take a seat)* (selon le contexte).
La glose par « *it is possible that...* » est impossible. Il s'agit bien sûr d'une valeur de *may* radicale ; *may* sert de lien entre le sujet et le prédicat à l'intérieur de la relation prédicative. La valeur de possible prend la valeur de **permission** à cause de **la relation inter-sujets** : ici entre « *I* » et « *you* ». La source déontique (celui qui permet ou ne permet pas) peut être identifiée à l'énonciateur, mais elle peut l'être à toute autre personne.

— *You may go.*
— *How do you know ?*
— *He said so.*

ou :

Cameras may not be used in the museum.

Remarques :

— La négation dans le cas de *may* à valeur de permission porte sur le modal, non sur le prédicat.

— Dans les autres cas, toujours bien étudier la portée de la négation.

— La frontière entre les deux valeurs radicales de *may*, le possible et la permission, est parfois bien mince et seul le contexte (par exemple, une source déontique) fera pencher vers l'une ou l'autre interprétation.

1.2.3. *might*

Toute occurrence de *may* ou de *might* marque fondamentalement l'équipossibilité des deux valeurs (validation, non-validation) de la relation prédicative.

Mais alors qu'avec *may* l'équipossibilité des deux valeurs est repérée directement par rapport à la situation d'énonciation, avec *might* elle l'est par rapport à un repère « décroché » de cette situation d'énonciation.

Nous savons en effet que la marque de passé ne porte pas en elle-même la valeur de renvoi au passé, mais marque une **désactualisation** soit due à des repères passés, soit due à des repères fictifs (hypothétiques par exemple).

On se pose souvent la question de savoir si *might* exprime plus ou moins de chances de réalisation du procès que *may*. Ceci est un faux problème.

Might est simplement repéré par rapport à des situations qui sont en rupture avec l'actuel, en particulier des situations fictives.

A — **Might, modalité de type II**, relation entre l'énonciateur et toute la relation prédicative.

Valeur de contingent, mais désactualisé. Si dans certains de ces contextes, on peut aussi bien trouver *may* que *might*, bien se rendre compte que la valeur n'est pas tout à fait la même. Soit les deux exemples :

(I) — *And the time's correct ?*
— *Well it must have been about then. I can't say exactly. It might have been later.*

(II) — *Was the dagger in its place when you were looking over the contents ?*
— *I don't know. I can't say I remember noticing it. But, of course, it may have been there all the time.*

Il s'agit d'une même enquête policière. Alors que dans l'exemple (I) la personne interrogée pose comme plus vraisemblable que l'heure indiquée était bien celle-là (*it must have been...*), elle réintroduit l'autre valeur comme étant fictivement possible.

Dans le deuxième exemple, la personne veut garder l'équipossibilité stricte et adopte une position complètement neutre quant à la validation de la relation prédicative (on sait, après coup, qu'il s'agit de l'assassin et que cette « neutralité » est voulue).

Remarques :

Bien étudier les contextes où la forme de passé est une contrainte :
— discours indirect :
He said he might be delayed.

(Ceci n'est pas toujours automatique : si l'énoncé rapporté reste repéré par rapport à la situation d'énonciation on trouvera *may* : *he said she may be wrong*).
— avec des repères fictifs :
If he knew about it, he might help you, who knows...
(It is possible that he would help you = perhaps).

Etudier la combinaison avec la négation :
he might tell me, or he might not... I don't know.

Etudier les combinaisons avec les adverbes *perhaps, probably,* etc., et les expressions : *I don't know, I suppose, I think, I'm not sure,* etc.

---

26. Voir S. Gresset (1986), pour une étude détaillée de la différence *may/might*. Nous lui empruntons les exemples qui suivent et leur commentaire.

B — **Modalité de type IV** — *Might* établit une relation sujet-prédicat; la valeur de possible est intérieure à la relation prédicative. Glose : *It would be possible for X to*.

L'exemple *If he knew about it he might help you*, peut s'interpréter avec cette valeur : *It would be possible for him to help you*, valeur proche de *could*; on ne peut pas gloser ici par **perhaps*).

De même, *He might have done quite a few things for her (but he didn't)*, ne peut se gloser par **perhaps*).

On n'a pas la valeur de contingent, c'est-à-dire de choix entre validation ou non-validation. Une seule valeur est validée et on reconstruit fictivement la valeur non-validée.

La valeur de possible peut, dans certains contextes, prendre les valeurs suivantes :

a) **Valeur de suggestion**, à cause de la relation intersubjective due au contexte (presque déontique) :

> *You might try this first...*

On pose « *not try* » comme le plus vraisemblable et on réintroduit l'autre valeur « *try* ».

(*It would be possible for you to try this* d'où : *I advise you to*). On voit bien qu'ici on n'a pas **Perhaps you will try, perhaps you won't*

b) **Valeur de reproche** :

> *You might have told me*

Le reproche ne vient que de la relation intersubjective et du contexte; la valeur de base est bien celle de « possible » : *It was possible for you to tell me, but you didn't*. Partant de *not tell*, à cause de *have-en*, l'énonciateur reconstruit l'autre valeur, *tell*, fictivement, comme si elle était validable.

c) **Valeur de permission** :

A cause des relations intersubjectives, dans le discours indirect :

> *I asked him if I might smoke and he said I might not*

d) **Valeur de but** :

Bien étudier les combinaisons de *might* avec **les subordonnants** *so that, in order that, that* etc., pour marquer **le but**.

> *Maureen was encouraging her to go on, simply so that she (Gwen) might make herself a nuisance to everyone.* (E. Blyton)
>
> *(...it would be possible for her to make herself a nuisance).*

Bien étudier le jeu des **relations intersubjectives et les types de procès** : même dans la catégorie des verbes d'état par exemple, les différents contextes détermineront des valeurs différentes pour *might* :

> *What weather! We might be in California!*
>
> *(we are not)* : (valeur de possible)
>
> *You might be more courteous!*
>
> *(you are not)* : (valeur intersubjective : suggestion - déontique)

Attention à la combinaison de *might* + *have-en* :

Elle peut soit établir une relation entre l'énonciateur et toute la relation prédicative, type II) :
> *It is possible that it was...*
> *I thought it was possible that it was...* (contexte passé)
> *It is possible that... would (+ have-en)* (hypothétique)

Elle peut aussi établir une relation entre le sujet et le prédicat (type IV) :
> *It would have been possible for X to...* (hypothétique)

Bien noter les **problèmes de traduction** que ces différences de valeur engendrent ; en particulier la possibilité de traduire certains *might have-en* par « *c'était comme si...* »[27].

Remarques :

May et *Might* ne sont pas interchangeables.
> *Ah, how about bottles ? From what I see bottles may be a problem.*[28]
> *I hear there may be life on Mars.*

Avec *may*, l'énonciateur **pose des observables** dans la situation d'énonciation avec des marqueurs tels que : *I see, I hear...*
> *Who knows, he might want to make a trip in a time machine some day.*
> *(= suppose he wanted to...).*

L'énonciateur se place **directement sur un plan fictif** : le contexte comporte soit des marqueurs de supposition, soit ce que Benveniste appelle des « indicateurs de subjectivité ».

Dans les contextes scientifiques cette différence est très marquée : avec « *may* on avance une possibilité parmi d'autres à partir des observations ou expériences (it is possible for X to.. » ; « avec *might* on est d'emblée sur le plan des hypothèses théoriques »[29] : (*Perhaps it would be possible that...*).

Dans les **concessives**, *may* ne pourra généralement être remplacé par *might*; (sauf bien sûr, si l'on a une transposition au discours indirect).

Dans un énoncé concessif en effet, on peut dire de façon simplifiée que l'énonciateur admet un fait, soit dans un préconstruit, soit de façon explicite; avec *may*, il suspend l'assertion, mais il concède cette assertion : *to concede = to admit as true* (Webster's New World Dictionary). S'il emploie *might*, étant donné que l'énonciateur se place sur un plan hypothétique il ne peut « concéder » la validité de la proposition, et le *might* a une valeur épistémique de contingent « décroché ».

---

27. Voir C. Charreyre (1985).
28. Voir Azine Farzami (1986); nous lui empruntons ces exemples et les remarques qui s'y rapportent.
29. Voir Marie-Hélène Culioli (1985) pour une étude de la spécificité de l'anglais scientifique.

1.2.4. *must*

A — *Must*, modalité de type II : quand *must* établit une relation entre l'énonciateur et toute la relation prédicative (c'est-à-dire quand il fonctionne en modal épistémique), il exprime le **nécessaire** qui s'interprète comme le **très probable**. On évalue à **très probable** la validation de la relation prédicative.

> *He must be in love*
> *(It is highly probable that he is in love)*
> *(It is necessarily the case that he is in love)*

On peut, de façon imagée, dire que l'on évalue à 90 % les chances de validation de la relation prédicative.

Comme pour *may*, c'est avec **have-en** et **be+ing** que cette valeur est la plus fréquente :

> *He must have stolen the money*
> *He must be working*

La relation est complète et repérée par rapport à la situation d'énonciation.

Si on a un repère explicite,

> *He must have seen her on that day*,

on a une valeur de notion d'accompli à cause de l'infinitif « perfect », et on rattache cette notion d'accompli au repère de la relation prédicative = « *on that day* ». Il n'est pas courant de négativer le *must* dans cette valeur épistémique. Si l'on veut asserter une impossibilité, on utilisera *can't*; bien noter qu'alors on n'opère plus une évaluation : on emprunte en quelque sorte le *can't* « radical ». Ne pas négliger qu'on trouve cependant des exemples de plus en plus fréquents de *must not* à valeur épistémique, et pas seulement en anglais-américain :

> *There must not be anything interesting going on in the world.*[30]
> *The reporters said they were virtually certain that Sloan must not have given testimony about Haldeman..*
> *All the President's Men,* Bernstein & Woodward.

C'est d'ailleurs peut-être à cause de la valeur « d'impossible » de *can't* (qui relève du « certain ») que le *must + not* est maintenu lorsque l'énonciateur tient à préciser qu'il s'agit d'une forte improbabilité (on reste alors dans la modalité II, voir 1.2.6., *can't*).

B — *Must*, modalité de type IV : quand *must* établit une relation sujet-prédicat, il prend une valeur de **déontique** (obligation) :

> *You must tell me everything*
> *(Il faut que tu me dises tout, tu dois tout me dire)*

Forte relation intersubjective; cette valeur est incompatible, le plus souvent, avec les aspects **have-en** et **be+ing**, sauf dans les cas où un repère explicite donne une valeur de visée et fait ainsi basculer la relation dans le validable, c'est-à-dire une modalité de type IV, ici, une valeur déontique : *You must have finished when I come back.*

---
30. Corpus oral recueilli par M. Fryd.

Remarques :

1) Bien étudier les différents types de procès (verbe d'état; verbes dynamiques).

You must learn this.

(Il faut que tu apprennes ceci) (déontique : modalité IV)

You must know this.

(tu sais sûrement cela) (très probable : modalité II).

Entre ces deux valeurs, le très probable et le déontique, on peut trouver toute une série d'exemples plus ou moins ambigus qui incitent à la prudence sur le type de relation établie par le modal[31].

2) *must* et *have to* :

Have to, dont la valeur est souvent proche de celle de *must*, n'est pas un auxiliaire modal. C'est le *have* opérateur de localisation suivi de *to* opérateur de prédication qui indique une visée, c'est-à-dire une projection et/ou une intention. Ce *to* est la seule modalité contenue dans *have to*.

Have to indique que quelque chose est à faire et que ce quelque chose est repéré (localisé) par rapport au sujet de l'énoncé. L'énonciateur ne fait que constater une contrainte objective, il ne l'assume pas, à la différence de ce qui se passe avec *must*. **Must** appartient au domaine de la modalité, du jugement, *have to* au domaine des faits. Dire que l'un est plus « fort » que l'autre n'a pas de sens : avec *must*, on a un **jugement** de nécessité; avec *have to* on a un **constat**.

A remarquer que *have to* fonctionne sur les deux domaines : radical et épistémique (surtout en anglais américain).

Vous trouverez des exemples pour lesquels la nuance entre *must* et *have to* vous semblera difficile à établir, mais vous devez toujours vous rappeler que le point de vue de l'énonciateur n'est pas le même.

Must étant rarement utilisé dans un contexte passé, sauf dans le style indirect (ou dans les subordonnées), vous rencontrerez *had to*, ce qui se justifie bien par le fait qu'on est alors dans le domaine du certain.

A la forme négative montrez la différence entre une contrainte objective : « *you don't have to worry* », et une contrainte prise en charge par l'énonciateur : « *you needn't worry* ».

1.2.5. *need*

Il est difficile de déterminer si la valeur de *need* correspond à une relation modale de type II ou à une relation modale de type IV. Sa compatibilité avec les aspects *have-en* et *be+ing* tend à faire penser qu'il s'agit d'une relation entre l'énonciateur et la relation prédicative (bien que cette déduction ne soit pas automatique, comme on l'a vu pour les autres modaux). Mais le fait qu'il soit surtout utilisé pour nier l'obligation présente dans la valeur déontique de *must*, suggère qu'il s'agit d'une relation entre le sujet et le prédicat.

John needn't tell her.

(It isn't necessary for John to tell her) : (relation radicale)

---

31. Voir M.L. Groussier (1985).

It needn't be true.

(It isn't necessarily the case that it is true) : (relation épistémique)

Quand vous étudiez des énoncés avec ***need***, mettre en évidence les éléments négatifs ou interrogatifs presque toujours présents ; (pas toujours cependant : « ***There's a lot to be done internally... before they need do the external part*** »)[32].

I don't think he need read this book (négation)

Need I tell you ? (interrogation)

I hardly need tell you (valeur négative de ***hardly***)

Notez bien qu'avec ***need*** la négation porte sur l'auxiliaire modal. Quand ***need*** porte sur du révolu, n'oubliez pas la différence entre :

You needn't have done it

(You did it, and it was not necessary for you to do it)

(d'où parfois glissement vers une valeur de reproche).

et :

You didn't need to do it

où ***need*** n'est pas auxiliaire modal et se comporte comme les autres verbes. Dans ce cas, on ne sait pas si cela a été fait ou pas, on constate simplement qu'il n'y avait pas à le faire. Notez qu'alors il n'y a pas de jugement de la part de l'énonciateur, seulement constat d'une non-nécessité.

Bien voir tous les emplois de ***need*** non modal :

He needs this book

He needs to see her

He doesn't need to see her

He will/would/may, etc., *need to see her*

1.2.6. *can - can't* [33]

Le possible et l'impossible appartiennent au domaine du certain. *Can* ne peut établir qu'une relation de type sujet-prédicat. En effet il ne sert pas à évaluer les chances de validation d'une relation prédicative. Avec *can*, l'énonciateur **asserte une possibilité** ; avec *can't*, **une impossibilité**.

Can intervient à l'intérieur de la relation prédicative pour poser une propriété du sujet ou de l'objet, ou pour établir une relation inter-subjective concernant le sujet de cette relation prédicative.

I can come to-morrow, everything is arranged.

(It is possible for me to come... (cf. une des valeurs de *may*)).

Winters can be cold in Paris

(It is possible for winters to be cold in Paris)

---

32. Exemple cité par J. Coates (1983).
33. Cette interprétation de *can* et *can't* est développée par E. Gilbert. Pour une démonstration complète se reporter à sa thèse (1986) ou à CRGA. Tome III (1987).

Il s'agit ici d'une propriété « sporadique »[34]; cet emploi est fréquent avec le générique, ou avec un adverbe itératif (*sometimes, often,...*).

> *Winters can't really be very cold in Greece*
> *(It is not possible for winters to be very cold in Greece)*
>
> *I can swim.*
> *(It is possible for me to swim because I have the ability to swim).*

Il s'agit ici de la propriété du sujet : sujet animé et verbe exprimant une propriété susceptible d'être acquise.

> *From my room I can see the church.*
> *(The church can be seen from my room).*
> *(= the church is visible from my room).*

Il s'agit de la propriété de l'objet. Tenir compte de l'influence des verbes de perception.

> *Can I park here ?*
> *(Is it possible (for me) to park here ?)*

Il s'agit ici de la permission. Mais on est plus orienté vers la possibilité objective qu'avec *may*, qui marque davantage la relation intersubjective.

Remarque 1 : *can't*, forme négative de *can* : le *not* porte sur le modal et marque l'impossible. On a souvent tendance à présenter ce *can't* comme ayant une valeur épistémique, c'est-à-dire marquant une relation entre l'énonciateur et toute la relation prédicative :

> *You can't have seen him in London, I know he was in Paris then.*

La compatibilité avec **have-en** (comme avec **be + ing**) tendrait à confirmer cette analyse. Mais le fait que la négation porte sur *can*, à l'inverse des emplois négatifs de *may* et *must* épistémiques, prouverait le contraire. Il s'agit bien ici d'une relation concernant le sujet de la relation prédicative : *It is not possible for you to have seen him...* Il n'y a pas d'évaluation sur la validation de la relation prédicative : l'énonciateur **asserte** une **impossiblité**.

Il semble donc plus correct de considérer qu'il s'agit d'une relation entre le sujet et le prédicat.

On présente en général cette forme comme « la négation » du *must* épistémique : mais alors, comment expliquerait-on la forme *must not* que l'on trouve assez fréquemment (malgré ce qu'en disent les grammaires) :

> « *Come back and shut that door* », *Kate called after her. Stacy mustn't have heard.* « *Stacy! come back and shut this door* », *Kate shouted.*
> Mary Levin, Lilacs.
>
> *It mustn't be very pleasant to be the daughter of a great man.*

Ici on **évalue** vraiment une **forte probabilité que... ne pas...** (cf. *must* 1.2.4.).

---

34. Terme emprunté à L. Boyd et J.P. Thorne (1974).

Remarque 2 : *can* ou *can't* + *have-en*, peuvent être soumis à une analyse semblable :
> *How can you have done such a thing to Alice ?*

Cette question qui porte sur le modal implique qu'il y a choix possible entre *he can* et *he can't*; cet énoncé montre que le modal *can* est compatible avec l'opération énonciative qu'est l'interrogation : donc qu'il ne représente pas lui-même une opération de type relation entre l'énonciateur et toute la relation prédicative comme *may* ou *must* (type épistémique), et que du même coup il fait l'objet d'une assertion dans les énoncés déclaratifs.

1.2.7. *could*

Forme passée de *can* (c'est-à-dire « désactualisée »), *could* peut renvoyer à une possibilité révolue, (c'est-à-dire que l'énonciateur asserte la valeur positive du possible : il y a une possibilité et une seule; on est donc dans le domaine du certain), sans pour autant renvoyer à une validation révolue.

On le trouve dans l'hypothétique, dans le discours indirect, et pour désactualiser (« *tentative use* »). Même valeur de possible que *can* : justifiez ce qui contraint à utiliser la forme passée.

Could et les repères passés :
> *I could speak German when I was a little boy.*

(*could*, ici, renvoie à une capacité potentielle passée)
> *I could come yesterday. Why didn't you ask me ?*
> *(It was possible for me to come...)*

Si on veut renvoyer à un passé factuel, on n'utilise pas de modal, mais une assertion simple avec un verbe non-modal, *I managed (was able) to come last night, I came last night, I was allowed to come*, selon les valeurs et les contextes.

Remarque : le raisonnement qui semble indiquer que *can* appartient au certain peut être refait à propos de *could* : on ne donnera donc pas de valeur épistémique à *could*. *Could*, comme *can*, est compatible avec l'opération d'assertion; l'interrogation et la négation portent sur *could*.
> *What other reason could there have been...*

(se reporter à l'analyse de l'exemple (Texte D, l.39)).

1.2.8. *shall - will - should - would*

Certains linguistes ne classent pas *shall* et *will* parmi les modaux. Etant donné que *shall* et *will* renvoient à l'avenir, c'est-à-dire au non-certain, il ne nous semble pas possible de ne pas les considérer comme des modaux. D'autres estiment que *shall* et *will* - comme les autres auxiliaires modaux - peuvent soit mettre en relation l'énonciateur avec toute la relation prédicative (valeur épistémique), soit mettre en relation le sujet et le prédicat à l'intérieur de la relation prédicative (valeur radicale). Nous adopterons une position légèrement différente en disant que pour ces auxiliaires modaux, les deux valeurs se trouvent réunies (Modalité II et IV)[35].

Ils ont tous une valeur de **visée** qui peut, d'une certaine façon, relever de la Modalité II, et qui en tout cas révèle une opération qui est une **prise de position de l'énonciateur par rapport à la relation prédicative** : le sujet énonciateur n'asserte pas, n'évalue pas, mais vise la validation (ou la non-validation, si on a une forme négative) de la relation prédicative.

Mais il précise, dans le cas de *shall* et *should*, que le sujet de la relation prédicative **n'est pas autonome** : en effet, il n'est pas à l'origine de cette visée de l'énonciateur; pour *will* et *would*, l'énonciateur fonde sa visée sur **la volonté, la bonne volonté**, ou **la propriété**, du sujet de la relation prédicative. Cette deuxième valeur, de *shall* et de *will*, relève de la Modalité IV (ou radicale).

Si les deux types de modalités (II et IV) peuvent se trouver ensemble, alors qu'elles sont contradictoires pour d'autres modaux, c'est que la visée, à la différence de l'évaluation contenue dans le *might* à valeur épistémique, est une modalité beaucoup plus proche de l'assertion. En effet, en disant que telle relation sera validée, l'énonciateur choisit déjà la valeur positive, de préférence à la valeur négative, ou vice-versa si la relation est négative. Il privilégie une des deux valeurs, sans rejeter complètement l'autre. (S'il y avait rejet de la deuxième valeur, on aurait une assertion pure et simple).

Remarque : Bien déterminer les valeurs issues des deux types de relations. Dégager les indices (types de procès, de sujet, présence ou non de la négation, etc.) qui font que, dans tel ou tel cas, une des valeurs est particulièrement mise en évidence et que l'autre reste sous-jacente.

1.2.9. *shall*

A — **Relation entre l'énonciateur et toute la relation prédicative** (c'est la modalité de type II ou épistémique) : avec *shall*, l'énonciateur prédit la réalisation du procès, c'est ce qu'on appelle la **visée**.

B — **Relation sujet-prédicat** (c'est la modalité de type IV ou radicale) : avec *shall*, cette relation correspond toujours à une valeur de « contrainte » au sens de non-autonomie[36]. L'énonciateur dit que le sujet n'est pas autonome. Il ne dit rien d'autre : aucune référence n'est faite à la situation. Il n'y a pas d'argumentation : la contrainte vient uniquement des paroles prononcées; la source **déontique** (c'est-à-dire l'origine de l'obligation) n'est pas identifiée à l'énonciateur, celui-ci dit que le sujet de la relation-prédicative n'a ni autonomie, ni choix pour décider ou non de ce qu'il fera.

You shall marry him.

---

35. Nous avons vu les cas fréquents d'ambiguïté entre ces deux types de modalité pour les autres modaux. Il semble bien que pour *shall* et *will*, ces deux types de modalité soient pratiquement toujours présents. Se reporter aux analyses.

36. M.L. Groussier (1986) attire notre attention sur le fait qu'à l'origine *shall* signifiait « être lié par une dette », d'où sont issues les valeurs d'engagement, de promesse, de contrainte, etc.

(Tu l'épouseras parce que je dis que tu l'épouseras; tu n'as pas le choix).
Fascism shall not pass.
(Il ne passera pas, parce que nous disons qu'il ne passera pas).

Au contraire, avec ***must***, la contrainte est établie par rapport à une situation et il y a argumentation : la source déontique est identifiée.

You must marry him.
(Il faut que tu l'épouses parce qu'il y a de bonnes raisons pour que tu l'épouses).

Remarque :

Etudiez bien les relations inter-sujets (*I, you,...*). Notez en particulier la valeur de ***I shall*** où, du fait que l'énonciateur et le sujet de la relation prédicative sont identiques, la non-liberté du sujet de la relation prédicative est souvent neutralisée : c'est ce qui fait dire qu'à la première personne ***shall*** a uniquement une valeur de « futur ». En fait, même si la valeur de prédiction est la plus forte, c'est exactement le même ***shall*** : l'énonciateur dit que le sujet de la relation prédicative est **lié** par la prédiction de l'énonciateur.

I shall find the truth about this.
(Je découvrirai la vérité; implicitement : *parce que je dis que je le ferai).*
I shall talk to you about modals.
(Je vais vous parler des modaux; implicitement : *je m'engage à le faire).*

C — Les diverses valeurs de *shall*

Montrez bien dans vos analyses que tout l'éventail des valeurs de ***shall*** données dans les grammaires se ramène à cette double valeur de base.

You shall have your money.
(Tu l'auras parce que je dis que tu l'auras).
(d'où valeur de promesse).
Shall I open the window ?

(Je me mets en état de dépendance par la question, d'où : *Voulez-vous que je le fasse ?)*

Notez bien la différence que l'on peut avoir dans un dialogue :

Shall I get a cup of coffee ?
Will I get a cup of coffee ?

Dans le premier cas, je me mets à votre disposition, donc : *Voulez-vous que j'apporte du café ?* Dans le deuxième cas, je me renseigne *pour savoir si j'aurai une tasse de café, pour savoir s'il est prévu que j'aie une tasse de café.*

Emploi fréquent dans les règlements, les contrats, les lois; « *les choses se passeront ainsi parce que le document le stipule* » :

Pupils shall stay in the classrooms during breaks.

Dans des exemples du type :

I shall be 25 next month,
I shan't get the results until Wednesday,

la première personne, le repère temporel posé, et le type de verbe non-agentif, font que la valeur de non-autonomie est pratiquement neutralisée au profit de la prédiction. Dans ce type d'exemples, on parle souvent de simple futur; toutefois, il faut bien voir qu'on est toujours dans le domaine modal : d'une part, l'énonciateur prédit que la relation sera validée (ou non validée) à telle date, mais, même s'il en est certain, ce n'est qu'une prédiction; d'autre part, la volonté du sujet de la relation prédicative n'entre pas en ligne de compte.

Dans l'exemple suivant :

This time next week I shall be swimming in the Pacific.

on a aussi une neutralisation presque complète de la valeur sujet-prédicat au profit de la valeur de visée, à cause du **be + ing** qui, comme on l'a vu avec les autres modaux, filtre généralement la valeur épistémique.

Shall est plus rare en anglais américain contemporain : on le trouve surtout à la première personne mais pas uniquement, comme l'attestent ces trois exemples dans Amanda Cross, *Sweet death, kind death*, 1984.

We shall never know...
I shall be ladylike and not probe.
Have you any thoughts what you shall do ?

1.2.10. *should*

Should est la forme désactualisée de **shall**. On y retrouve les deux mêmes types de relations modales, mais fortement désactualisées : la prédiction dans l'avenir, ou visée (plus hypothétique), et la non-autonomie du sujet de la relation prédicative.

Avec **should**, la « contrainte », au sens de non-autonomie du sujet, reste présente. La relation sujet-prédicat est souvent neutralisée, comme pour **shall**, dans les exemples à la 1ère personne qui sont interprétés comme de simples « conditionnels ».

Bien voir que la volonté du sujet en tout cas n'est pas prise en compte.

But in my view we should be better employed in embarrassing the government in the matter[37]
I shouldn't worry (if I were you).
If anything happened I should let you know.

A — *should* déontique

La plupart du temps **should** entre dans des contextes où les relations inter-sujets sont très marquées et la non-autonomie alors prend une vraie valeur déontique.

Cette valeur de **déontique**, qui vient de la relation inter-sujets, n'est cependant pas d'une autre nature que celle contenue dans **shall**. En effet, le sujet de l'énonciation n'est pas à proprement parler la source déontique mais il énonce une

---

37. Exemple emprunté à J. Coates (1983).

obligation **d'après ses propres critères**. Au lieu de dire « *ce sera comme ça parce que je dis que ce sera comme ça* » *(shall)*, il dit « *ça serait comme ça si les choses obéissaient à mes critères* ».

Cette valeur déontique peut s'appuyer soit sur des critères de jugement d'ordre moral, soit sur des jugements d'ordre logique : normalité/non normalité[38].

C'est par glissement de sens que le sujet-énonciateur devient souvent la « source déontique ».

Bien analyser ces deux valeurs, prédiction et contrainte, et tenir compte du type de relations inter-sujets :

a) **relations inter-sujets fortes** : déontique = ce qui est jugé « bien », ou « mal ».

You shouldn't drive so fast.

La désactualisation atténue l'ordre et en fait un **conseil**. C'est d'après ses critères à lui que l'énonciateur porte ce jugement.

I/You should have done it.

A cause du *have-en* la relation prédicative n'est plus validable[39] : il n'y a plus conseil, mais **regret** ou **reproche**.

b) **relations inter-sujets neutralisées** : critères de logique = ce qui est jugé « normal », ou « non normal ».

He should be there by now.

La valeur de prédiction est atténuée et la contrainte, ici, est d'ordre logique. L'énonciateur dit que selon ses critères de normalité, le « il » *devrait être là à l'heure qu'il est*. On retrouve bien les deux mêmes valeurs, mais c'est la neutralisation de la relation inter-sujets qui fait disparaître la valeur de conseil au profit de cette valeur logique.

Notez l'ambiguïté de l'énoncé suivant :

He should be there when the Minister arrives.

(Je juge qu'il serait bon qu'il soit là quand le ministre arrivera) (relation inter-sujets).

(Je juge qu'il devrait normalement être là quand le ministre arrivera) (relation inter-sujets neutralisée).

Comparez avec *he must be there by now* : valeur d'évaluation de très forte probabilité. Aucun critère de « normalité » dans l'esprit de l'énonciateur.

B — *should* et *must* dans l'argumentation

Il a été montré[40] que les emplois dans l'argumentation de *should* et *must* entre deux propositions sont tout à fait caractérisés en ce qui concerne l'**inférence** et la **causalité**.

(a) *You live in Oxford.*
(b) *You know Prof. Fen*

---

38. Nous utilisons le terme « logique » au sens de ce qui est « attendu logiquement » et non dans son acception scientifique.
39. Voir CRGA, Tome II, J. Bouscaren, J. Chuquet, E. Cottier : « *have-en* après les modaux ».
40. Voir Claude Rivière (1981). Nous résumons ici ce qui fait l'objet de son article en conservant ses exemples.

— (a) est la cause de (b),
— de (a) l'énonciateur infère (b),
— *must* et *should* peuvent tous deux être employés :
> *You live in Oxford, you must know Prof. Fen then.*
> *You live in Oxford, you should know Prof. Fen then.*

Si on présente l'argumentation en sens inverse : de (b) l'énonciateur infère (a) — seul *must* peut être employé :
> *You know Prof. Fen, you must live in Oxford.*
> **you should live in Oxford.*

Donc, avec *must*, on peut aller **de la cause à la conséquence et de la conséquence à la cause**.

Avec *should*, on va uniquement **de la cause à la conséquence**.

Il nous semble que les valeurs fondamentales de *must* et *should* expliquent ce phénomène. En effet, *must* est une évaluation de très forte probabilité :
> *Vous vivez à Oxford, vous* **devez sûrement** *connaître le professeur Fen.*
> *Vous connaissez le professeur Fen, vous* **devez sûrement** *habiter à Oxford.*

Should indique à la fois une visée et une nécessité logique selon les critères de normalité de l'énonciateur, il n'y a pas d'évaluation :
> *Vous vivez à Oxford, vous* **devriez normalement** *connaître le professeur Fen.*

On comprend alors qu'il soit impossible de dire :
> **Vous connaissez le professeur Fen, vous* **devriez normalement** *habiter à Oxford.*

Should ne se repère que d'après les critères de l'énonciateur et ne s'appuie pas sur la situation, ou sur **quelque argumentation que ce soit**.

C — *should* dans les subordonnées en *that*[41]

Quand *should* est utilisé dans les subordonnées, on retrouve les fonctions de base du modal déjà analysées :
— établir le lien entre l'énonciateur et la relation prédicative (modalité II)
— établir le lien entre le sujet et le prédicat (modalité IV).

Mais se trouvant dans une subordonnée, c'est-à-dire dans une proposition dépendante (= imbriquée), c'est la modalité du verbe de la principale (l'imbricante) qui va passer au premier plan.

Plusieurs cas peuvent se présenter :

1) Si la principale contient une modalité à la fois de visée et de déontique, le *should* garde ses deux valeurs de base et on aura un renforcement de ces deux valeurs.
> *It is advisable that he should (not) play this concerto.*
> *It is necessary.....*
> *He suggested that...*

---

41. Pour d'autres interprétations possibles voir Gauthier (1981) et Adamczewski - Delmas (1982). Nous empruntons à M. Paillard (1984) une partie de l'argumentation qu'il développe dans sa comparaison avec le subjonctif français.

The suggestion that...
Il est souhaitable qu'il joue (ne joue pas) ce concerto.
Il est nécessaire... etc.

Remarques :

— La modalité de la proposition imbricante peut être exprimée par un adjectif, un verbe ou un nom.

— Dans de tels cas, le ***should*** peut être remplacé par la base verbale simple et on obtient alors ce qu'on appelle généralement le subjonctif[42] : ***They suggest that he play this concerto***[43].

— On peut dans ces cas où les modalités de l'imbricante et de l'imbriquée en *that* vont dans le même sens, supprimer l'imbricante sans modifier de façon appréciable la valeur de l'énoncé :

They suggest that he should play this concerto.
(They told him) he should play this concerto.

2) Si la modalité de la principale (proposition imbricante) est de type appréciatif pur (modalité de type III) les deux valeurs de base de ***should*** dérivent vers des valeurs annexes (mais qui gardent cependant le même caractère de modalité II et IV).

It is surprising that he should play this concerto.
It is surprising that he should have played this concerto.

La modalité IV qui établit le lien entre le sujet et le prédicat marque toujours la non-autonomie du sujet.

On peut gloser ainsi : *il est surprenant qu'il* **ait été amené** *à jouer ce concerto.*

Pour ce qui est de la modalité II, si elle ne prend pas ici une valeur de visée (du fait que la principale ne « projette » rien dans l'avenir et reste donc dans le « factif »), elle joue un rôle de décrochage, de **mise à distance** de cette relation prédicative[44].

Ce qui importe ici, ce n'est pas la validation du prédicat de la subordonnée en *that*, mais le jugement sur une relation pré-construite, que ce soit : *he plays this concerto, he played, he has played*, ou *he will play this concerto.*

Dans *it is surprising that he should play this concerto*, le jugement *it is surprising* porte sur la relation ⟨ *he - play this concerto* ⟩.

---

42. Voir P. Rothstein (1980).
43. M. Paillard montre que les anglophones ne donnent pas comme totalement équivalents ces deux types d'énoncés : la base verbale est interprétée comme un ordre plus que comme un conseil.
44. Sur un plan plus théorique, on remarque que lorsqu'on a les valeurs de visée et de déontique comme en 1), on vise p dans (p,p') mais on garde le domaine (non certain); en 2), comme ce n'est plus la validation qui importe, on garde la possibilité d'avoir une appréciation négative ou positive : ***should*** est là pour maintenir la relation au niveau d'un construit notionnel (p,p'). Voir **notion***.

Remarques : *should* ne porte pas lui-même une modalité appréciative mais ses valeurs II et IV sont compatibles avec l'expression de la modalité III, appréciative, dans la principale[45].

Il faut noter que la modalité appréciative peut aussi bien être positive que négative; la valeur du *should* reste identique :

> *It is not right that he should.*
> *It is bad that...*
> *It is marvellous that...*

Il faut remarquer que le *should* des subordonnées n'est pas un autre modal que le *should* que nous avons étudié dans des propositions indépendantes.

On passe sans solution de continuité apparente, de l'exemple 1 à l'exemple 7 :

1) *It is (not) surprising that he should play this concerto.*
2) *There is no reason why he should (not) play...*
3) *Why should he (shouldn't he) play...*
4) *Should he play this...*
5) *He should play this...*
6) *It is important that he should play...*
7) *They demand that he should play...*[46]

D — *should* après des marqueurs du type *so that*, pour exprimer le but négatif

> *I telephoned so that he shouldn't worry.*

Le *so that* est porteur de la valeur de visée et déontique (ici validation); le *should not* aura donc sa valeur de base, de visée et sa valeur de déontique équivalente à *he should not worry*. On peut gloser : *he may worry but he shouldn't, so I'll telephone.*

E — *should* après des marqueurs de type hypothétique :

> *I telephoned in case he should worry.*
> *If he should worry, tell him to phone me.*
> *If you should meet him, don't forget to warn him.*
> *Should you meet him,...*

On dit généralement que *should* désactualise, c'est-à-dire rend l'énoncé plus hypothétique qu'avec un simple prétérit modal (*if you met him...*). Il semble bien que cela soit dû au fait que les valeurs de base du modal sont conservées : visée hypothétique (relation modale de type II et non-autonomie du sujet de la relation prédicative, modalité de type IV).

> *If he should worry...*

---

45. M. Paillard (1984) montre que d'autres modaux, **might, could,**, sont également compatibles avec une modalité appréciative dans la principale. La série d'exemples qui suit est calquée sur celle qu'il donne p. 72 de son article.

46. On remarque que dans les exemples 2,3,4,5 on a aussi un passage par (p,p') pour poser le contraire d'un préconstruit, ou émettre une hypothèse, ou indiquer ce qui est souhaitable (déontique) par rapport à ce qui est constaté. Voir **notion***. Voir également Gauthier (1981).

S'il était amené à s'inquiéter...
Suppose he worries, although he may not worry.

F — *should* vs *ought to*[47]

Ought to a une valeur proche de certaines valeurs de ***should***, mais ils ne sont pas interchangeables (voir aussi 1.2.14.).

Ought to serait impossible dans certains énoncés à la place de ***should***, en particulier dans les subordonnées ; ainsi dans :
Should you change your mind, nobody would blame you.
ou bien
I was surprised that your wife should object.

Quand ***ought to*** serait grammaticalement possible à la place de ***should***, il n'a pas la même valeur.

Ought to, habituellement classé dans les auxiliaires modaux n'est pas un modal du même type que les autres : il a, comme ***have*** dont il est une ancienne forme de passé, une fonction d'opérateur de **localisation***. La modalité présente dans ***ought to*** vient d'une part de la désactualisation apportée par la marque de passé (mais qui ne renvoie pas à du passé), et d'autre part de l'opérateur de prédication en visée : ***to***.

Alors qu'avec ***should***, comme nous l'avons vu, la valeur déontique est soumise à l'appréciation des ***critères de l'énonciateur***, avec ***ought to*** l'énonciateur s'appuie sur des règles extérieures de type institutionnel, conventionnel, pour constater un état de fait. Les critères sont extérieurs à l'énonciateur.

Montrez bien ce qui, dans le contexte, justifie ***ought to*** plutôt que ***should***. Etudiez les oppositions fréquentes ***should/ought to*** dans un même texte.

I felt that I ought to be showing these people where to find food. But should I ? If I were to lead them...

J. Wyndham - *The Day of the Triffids* (contexte : l'humanité est devenue aveugle, sauf le narrateur qui témoigne du désastre).

Avec ***ought to*** le narrateur explicite la valeur de contrainte venant de la morale établie. Avec ***should I ?*** le narrateur s'interroge sur le bien-fondé de cette obligation selon ses critères à lui.

Les règles établies sont très évidentes dans les énoncés suivants :

A novel ought to have a beginning and a middle and an ending. No question.
Writer's Digest, 1977.

— Why shouldn't you tell me, father ? Why did you say it ought to be Mum ?
— It's a subject women keep very much to themselves... to mention menstruation...
C. Mc Cullough.

---

47. Voir CRGA, Tome I, J. Bouscaren, F. Demaizière, A. Mayer : « should/ought to ».

1.2.11. *will*

Dans *will*, comme dans *shall*, les deux types de relations modales que nous avons définies sont présents.

A — **Relation qui établit un lien entre l'énonciateur et toute la relation prédicative** (c'est la modalité de type II, ou épistémique) : on trouve la même valeur de prédiction ou de visée qu'avec *shall*. L'énonciateur vise, dans le présent, la validation de la relation prédicative pour un moment situé dans l'avenir.

B — **Relation sujet-prédicat** (c'est la modalité de type IV, ou radicale) : selon que le sujet est animé et doué de volonté, ou inanimé, selon que le verbe est un verbe de processus ou un verbe d'état, cette relation correspondra à une valeur de volonté, de bonne volonté, ou de caractéristique (être enclin à - avoir la propriété de). Bien voir l'élément commun à ces valeurs : un sujet veut, veut bien, est enclin à, a la propriété de...

C — **Diverses valeurs de** *will* : étudier la nature du sujet, le type de procès, la présence ou non de la négation et son influence sur la valeur de *will*, afin de dégager le poids respectif de chacune des deux valeurs, et de déceler les cas où l'une des deux valeurs se neutralise au profit de l'autre.

Vous devez essayer d'analyser tous les emplois de *will* à l'aide des deux types de relations indiqués ci-dessus.

(1) *He will be 30 next month.*

Comme pour *shall*, un certain nombre de termes neutralisent pratiquement la valeur de la relation sujet-prédicat, au profit de la valeur énonciateur-relation prédicative, c'est-à-dire de visée (appelée souvent le futur); bien mettre en évidence ces termes, par exemple ici le repère explicite « *next month* », le verbe non-agentif « *be-thirty* », etc.

Dans de nombreux cas où l'on ne croit voir qu'un « futur », bien noter que, de façon sous-jacente, la volonté ou la caractéristique est là, pour justifier la prédiction :

(2) *If I see him tomorrow, I will tell him.*
 (= *parce que je veux bien le faire*).

(2') *If I see him tomorrow, I shall tell him.*
 (= *je le ferai parce que je dis que je le ferai*).

Dans l'exemple qui suit :

(3) *Will you be coming too ?*

c'est la forme *be+ing* qui filtre la valeur épistémique, c'est-à-dire la valeur de visée, et neutralise la valeur sujet-prédicat, c'est-à-dire la volonté. (C'est une tendance que l'on retrouve dans la plupart des modaux). Si on avait : *will you come for the week-end ?*, ce serait une invitation, à la différence de notre exemple où il y a une simple demande de renseignements.

(4) *Will you do it for me ?*

La forme interrogative combinée avec la valeur de volonté et de visée donne ici une nuance de « requête polie » à l'énoncé.

(5) *If he comes, I will* (ou *I'll) stay.*

Ce *will* a valeur de visée : la condition une fois posée avec *if,* l'énonciateur vise, à partir de la situation d'énonciation, la validation de la relation ⟨ *I - stay*⟩; mais, à la différence d'une assertion véritable, il ne rejette pas l'autre valeur : ⟨ *I - not stay*⟩; il y a parcours entre les deux valeurs puisque la validation de la proposition principale dépend de la validation de la proposition qui pose la condition.

Toutefois, même si la valeur de visée est la plus forte, la valeur de volonté reste sous-jacente : *I will stay = je resterai parce que je veux bien rester.*

Si le tout était désactualisé : *if he came I would stay,* on serait dans l'hypothétique (voir *would,* 1.2.12.).

(6) *If he will stay, I won't go.*
(= *S'il veut rester*).

Dans les subordonnées où *will* suit *if,* il y a une neutralisation de la visée. Ce *will* ne peut avoir qu'une valeur radicale de volonté. En effet, on sait qu'un modal épistémique est incompatible avec une autre opération énonciative : or le repère fictif, par définition, sert de repère énonciatif pour une assertion fictive.
Dans *will* la valeur de visée est la valeur qui correspond au modal épistémique : donc cette valeur de visée est écartée. Il ne reste que la valeur de volonté.

La visée demeure, bien sûr, dans les cas de « reprise-écho » où *if* n'a pas la même valeur.

(7) *If the lava will come down as far as this, all these houses must be evacuated at once*[48].
(S'il est vrai que « the lava will come down... »)

Dans un exemple du type :

(Three knocks on the door)
(8) *This will be the man upstairs again!*

l'énonciateur se trouve confronté à un événement qui déclenche de sa part une opération de prédiction un peu particulière que l'on peut gloser par : *il est prévisible que...* L'énonciateur, se fondant sur des situations analogues (parcours de cette classe de situations) attribue une caractéristique de comportement au sujet de la relation prédicative, et il se fonde sur cette opération pour effectuer une prédiction. On trouve ainsi imbriquées les valeurs liées à la relation sujet-prédicat et à la relation entre l'énonciateur et la relation prédicative (modalités IV et II).

Bien noter la différence d'opération avec *this must be the postman* où l'énonciateur ne fait qu'évaluer comme **très probables** les chances d'occurrence du procès.

Dans l'énoncé :

(9) *Boys will be boys,*

l'opération est de même type que celle décrite ci-dessus. La différence est qu'ici l'opération de parcours se fait non plus à partir d'un **élément unique**, comme « **the man upstairs** », et d'une classe de situations construite implicite, mais à partir d'une **classe toute entière** : la classe des « *boys* ».

L'énoncé suivant où le *will* est toujours accentué,

(10) *He will talk nonsense !*

---

48. Exemple cité par Close (1980).

est proche des précédents (opérations sous-jacentes analogues); mais la valeur de volonté y est plus nettement présente, ce qui donne une nuance appréciative de reproche à l'énoncé.

1.2.12. *would*

On retrouve pour *would* les deux types de relations indiquées pour *will*.[49]
Etudier l'influence de la marque du passé sur les valeurs de base *will*.
Would, qui est la forme passée donc désactualisante de *will*, peut renvoyer à des valeurs diverses :

1°) *would* à valeur hypothétique :

(1) ***He would buy this house if he had the money.***

La condition peut être explicite ou implicite. Ici, le repère fictif est *if he had the money (if* + passé désactualisant). L'énonciateur envisage la validation de la relation ⟨ *he - buy this house* ⟩ dans un avenir qui dépend de la validation de la proposition en *if*. On a donc une visée hypothétique. Contrairement à ce qui se passe dans une opération d'assertion, on ne rejette pas complètement la non-validation de la relation; il y a donc parcours entre les deux valeurs : validation/ non-validation.
Cette prédiction désactualisée est la valeur privilégiée des *would* qui suivent des propositions qui posent des conditions, et c'est ce qui fait qu'on appelle souvent ces emplois de *would* de simples « conditionnels ».
Toutefois, la prédiction désactualisée opérée par l'énonciateur s'appuie sur la possibilité qu'il a de se référer à sa connaissance du sujet de la relation prédicative. Il peut lui attribuer une caractéristique ou même une volonté. Même si ces valeurs sont souvent neutralisées par les contextes (types de verbes, types de sujets, etc.) on retrouve bien ici sous-jacente, imbriquée dans la relation de type énonciateur/ relation prédicative, la relation de type sujet-prédicat. En employant *would* et non *could* par exemple (qui indiquerait **le possible**), l'énonciateur attribue une propriété ou une volonté au sujet de la relation ⟨ *he - buy this house* ⟩.

2°)*would* à valeur d'atténuation (« *tentative use* ») :

La marque de passé peut servir à désactualiser (« *tentative use* ») dans des formes dites de politesse où elle atténue la nuance de requête signalée pour *will*.

(2)***Would you pass me the salt ?***

3°)*would* et la forme dite « fréquentative » :

La marque de passé peut également signaler que l'opération dont *would* est la trace se place dans un cadre passé : c'est la forme dite « **fréquentative** ».

(3) ***He was a reporter... he was a quantity as well as a quality producer and sometimes would let himself go for whole pages about a fight.***

---

49. Voir CRGA, Tome I : J. Bouscaren, J. Chuquet, F. Demaizière, le « would dit fréquentatif ». L'article est partiellement repris dans cet exposé.

Dans cet emploi, la relation de type énonciateur/relation prédicative reste proche de la prédiction hypothétique, mais il s'agit d'une prédiction portant sur une classe de procès, et non plus sur un procès unique. Il y a parcours par l'énonciateur d'une classe de situations, marqué dans l'énoncé ci-dessus par « *chaque fois qu'il écrivait un article* ». Ici on peut parler d'une valeur de **prédictabilité** de *would*.

Quant à la relation de type sujet-prédicat, elle est également proche des cas déjà étudiés : l'énonciateur attribue au sujet une caractéristique de comportement (« *c'est comme cela qu'il était* »), ce qui lui permet d'énoncer une prédictabilité.

Pour qu'on puisse avoir une valeur **fréquentative** avec *would*, il faut donc :
— que l'on ait un cadre, un contexte passé,
— que l'on ait la possibilité d'opérer un parcours soit sur les sujets, soit sur les situations.

Remarques :

1) Le type de procès (état ou processus) n'est pas pertinent.
   When I was a little boy, there would be a church here.

Cet énoncé est impossible parce qu'on a une situation unique, et non parce que c'est un verbe d'état. En revanche l'énoncé suivant est acceptable :

   (4) *In all the villages they built in those days, there would be a church in the middle...*

Ici, on a un parcours de la classe des situations (= *chaque fois que l'on construisait un village*).

2) *would* et *used to*; on rapproche souvent *used to* des emplois du *would* « fréquentatif ». On trouve en effet souvent les deux formes associées dans un texte, mais leur valeur est différente. *Used to* n'est pas un modal; il n'a qu'une valeur temporelle (passé + valeur éventuelle d'itération) il appartient au domaine du descriptif, ou du constat alors qu'avec *would* il y a intervention de l'énonciateur (donc commentaire) qui attribue une caractéristique de comportement au sujet. Dans un récit, *used to* (ou un prétérit) sert à établir le cadre passé puisqu'il indique le révolu sans avoir besoin de repères, et *would* apparaît quand le narrateur veut mettre en évidence une caractéristique ou un comportement du personnage sur lequel est centré le récit.

Analysez bien ces contrastes quand vous les rencontrez.

4°) *would* à valeur de commentaire :

On peut reprendre les éléments qui ont été donnés, pour analyser des énoncés comme :

   (5) *You **would** catch a cold on our wedding day!*[50]
   (Te connaissant comme je te connais, je pouvais prévoir que tu attraperais un rhume le jour de notre mariage.)

On retrouve les deux types de relations présentes dans la forme fréquentative; prédictabilité, et caractéristique du sujet de la relation prédicative.

---

50. Cet exemple et les suivants sont empruntés à C. Bouscaren, A. Davoust, C. Rivière (1984).

(6) — *Sorry I am late again.*
— *You* **would** *be.*
(= te connaissant, c'était à prévoir.)

Noter la nuance appréciative fréquente dans ce type d'énoncé quand *would* est accentué.

(7) *According to the forensic pathologist's report, she would be about 35.*

D'après le rapport du médecin légiste, elle devait avoir environ 35 ans.

(*D'après nos connaissances des femmes de cet âge, on pouvait prédire que...*)

Contrastez un tel énoncé avec : *she must be 35*, où est seule présente la relation de type énonciateur/relation prédicative (évaluation des chances de validation), alors qu'avec *would*, à la prédiction s'ajoute une valeur d'attribution de caractéristique au sujet de la relation prédicative.

5°) *would* à valeur de volonté :

En fonction du contexte, ou de la situation, la valeur de volonté pourra éventuellement être privilégiée :

(8) *I wish he would help me.*

Implicitement, on dit : il ne *veut pas* m'aider. A opposer à : *I wish he could help me*, où il ne *peut pas* m'aider. Remarquez que ce *would* est désactualisé et ne renvoie pas au passé.

(9) *He wouldn't eat last night.*

A cause du repère passé, ce *would* se situe dans le passé. La négation (ainsi que le type de procès) favorise le filtrage de la valeur de volonté (attention, ce n'est pas automatique).

Toutefois, bien remarquer que la visée n'a pas complètement disparu. En effet, on est en fait dans une sorte de discours indirect : il y avait au moment de l'événement, volonté et visée de la part du sujet « *he* » (même s'il n'y a pas report effectif de paroles). Voir la différence avec un verbe non modal comme dans : *he refused to eat*, qui ne fait que constater un état de choses.

1.2.13. *be going to*

Be going to, bien que servant à renvoyer à de l'avenir, a une valeur bien différente du modal *will*.

Dans *be going to* il y a une valeur qui vient de l'aspect *be + ing*, donc ancrage dans la situation d'énonciation ; *go to*, d'autre part, donne à l'expression une valeur de projection dans l'avenir. Avec *be going to* il y a toujours certitude de l'énonciateur : on est dans le domaine du certain ; *be going to* en effet n'est pas un vrai modal, à la différence de *will*, où on a toujours un décrochage par rapport à la situation d'énonciation, par une hypothèse implicite ou explicite.

Avec *be going to*, un repère temporel futur pour indiquer la projection dans l'avenir n'est pas nécessaire.

C'est dans la situation d'énonciation ou dans la certitude du sujet-énonciateur que se situe le repère sur lequel s'appuie l'énonciateur pour prédire quelque chose

qui découle de ces indices (un repère futur ne donne qu'une précision annexe).
I'm going to faint.
(= *Je le sens bien*).
mais : *If he starts again, I'll faint....*
I'm going to buy a car (* I'll buy a car)
mais : *If I get this money, I'll buy a car.*
She is going to have a baby.
(*J'ai vu qu'elle était enceinte ou je le sais*).

Aux valeurs de base de certitude de l'énonciateur et de projection dans l'avenir peuvent se surajouter des valeurs d'intention ou d'injonction. Etudiez les types de procès, et dégagez les relations intersubjectives mises en jeu pour expliquer les valeurs annexes que peut prendre *be going to* :

— *I'm not going to tell you this again* (intention)

— *You are not going to say that again* (injonction)

Contrastez l'emploi de *be going to* et de *will*, en vous rappelant que *will* est un modal. Les deux formes ne sont pas interchangeables. Avec *will* la projection dans l'avenir se fait par rapport à des repérages, explicites ou implicites, et contient toujours une hypothèse, ce qui n'est pas le cas pour *is going to*. Remarquer que cette hypothèse peut n'être pas explicitée mais rester implicite : l'énonciateur réagit à son environnement en l'interprétant **comme une hypothèse.**

Par exemple, si mon amie s'écroule dans un fauteuil pour indiquer qu'elle est épuisée, je dirai : « *All right, I'll make some tea* ». La glose implicite étant : *si tu es fatiguée, je vais faire le thé*. On peut dire qu'il s'agit d'un phénomène « d'ajustement à une situation »[51].

L'expression *be going to* sert souvent elle-même à établir un repérage futur et, dans ce cas, on constate que les formes qui suivent ne peuvent être que *will* : *I'm going to call you to-morrow and I'll tell you then.*

Rapprochez ces emplois des contrastes que l'on trouve au passé entre *used to* et le *would* dit « fréquentatif » (voir *would*, 1.2.12).

Remarque :

Pensez à établir un parallèle entre le futur français, *je partirai*, et l'expression *je vais partir* où se posent des problèmes du même ordre (soit visée, soit repérage par rapport à la situation d'énonciation)[52].

1.2.14. Quelques remarques sur *do, be, have* : aspect et modalité

Do, be, have de même que *must, may*, etc., sont, comme on l'a vu, des auxiliaires. On doit également tenir compte des cas où l'on a une absence de marque

---

51. Expression utilisée par F. et B. Dubreuil. Document OPE. Paris VII.
52. Voir J.J. Franckel (1981).

d'auxiliaire en surface que l'on peut noter Ø (par exemple les énoncés au présent ou au prétérit à l'affirmative).

La comparaison avec le système nominal permet d'envisager les auxiliaires comme des marqueurs de **détermination** sur le prédicat, ou sur toute la relation prédicative.

Cette détermination se fait, comme nous l'avons vu, selon quatre axes :

— **Temps** : il s'agit de situer le procès auquel renvoie la relation prédicative par rapport à un repère qui le valide.

— **Aspect** : il s'agit de situer le même procès par rapport à un point de vue privilégié, s'il existe (c'est le cas des formes *have-en* et *be+ing*).

— **Modalité** : il s'agit de situer la relation prédicative par rapport à celui qui la prend en charge.

— **Voix** : il s'agit d'indiquer l'orientation de la relation, c'est-à-dire de décider de l'organiser à partir de tel ou tel terme.

— Avec **Ø, do, be et have**, on s'intéresse au repérage de la relation prédicative (et du prédicat en particulier) par rapport aux différentes coordonnées qui permettent de lui donner un statut d'énoncé : repère de validation, repère de point de vue, repère énonciatif entre autres.

— Nous ne verrons pas ici le détail de ces opérations[53] mais nous rappelons brièvement comment elles se situent par rapport aux quatre axes mentionnés plus haut.

— **Ø, do, be et have** concernent globalement la prise en charge de la relation prédicative par un énonciateur et par rapport à **un point de vue qui est à la fois modal et aspectuel** :

— 1) **Modal** parce que l'on est dans la modalité de type I, c'est-à-dire la modalité qui concerne l'assertion et les jeux sur l'assertion (voir chapitre 1.2. et **modalité***).

(1) *Planetrees Ø grow in the south of France.*

(2) *Kangaroos don't live in the wild in France.*

On voit que Ø correspond à une **indétermination** relative du repérage par rapport à un énonciateur particulier : dans ce cas, l'énoncé (1) pourrait être pris en charge par n'importe quel énonciateur et la validation de la relation prédicative ne dépend pas d'un repérage particulier non plus. Nous voyons donc qu'au niveau temporel et aspectuel, nous avons affaire à un présent simple sans marqueur supplémentaire.

Do intervient dès qu'il s'agit de « travailler » sur la relation prédicative, autrement dit dès que l'on sort de l'affirmation non marquée. La **négation** construit une assertion complémentaire par rapport à l'assertion positive : bien qu'il se situe toujours dans le domaine des vérités générales, l'énonciateur en (2) est amené à marquer explicitement qu'il construit (ou asserte) **à propos de ce qui n'est pas**[54].

---

53. Voir glossaire : temps*, aspect*, modalité* et repérage*. Voir également le chapitre sur *have* (1.1.9.). Pour des analyses qui vont dans le même sens, voir pour *do*, J. Lavédrine (1978), A. Gauthier (1980) et J.C. Souesme (1986); pour Have, voir J.L. Duchet (1973), J. Boulle (1980) et CRGA, Tome I; pour *être* et *avoir*, se reporter à E. Benveniste (1966), A. Culioli, J.P. Desclés et al. (1981).

54. Il doit donc tenir compte de ce qui est *et* de ce qui n'est pas, et de ce fait passer par le domaine notionnel construit à partir de la relation prédicative envisagée comme une notion (notée p,p'). Voir Notion*.

Cette démarche se retrouve de façon encore plus évidente dans les **questions** (l'énonciateur s'en remet au co-énonciateur pour prendre en charge, d'une manière ou d'une autre, la relation prédicative et se prononcer sur sa validité), les **assertions polémiques, contradictoires** dont l'**emphase** n'est qu'un cas particulier. Pour contredire, confirmer, réaffirmer la validité (ou la non-validité) d'une relation prédicative (ou en changer par exemple un des termes - le « sujet » ou le « complément »), l'énonciateur repasse par la relation non assertée et sa prise en charge est explicitement marquée par *do* (ou *do*+négation).

(3) *Do you like chocolate ? I don't.*

(4) *He* **does** *like chocolate, but he is on a diet.*

2) **Aspectuel**, dans la mesure où le repérage explicite par rapport à un point de vue (sur l'« événement » auquel renvoie la relation prédicative) constitue une détermination supplémentaire et une prise en charge explicite par l'**assertion** de ce point de vue (voir **sujets et niveaux d'énonciation***)[55].

On peut considérer que *be* et *have* sont des marqueurs spécifiques qui « recouvrent » ∅ ou *do*, au niveau temporel-aspectuel, ils prennent le relais d'un ∅ ou d'un *do* de modalité de l'assertion, implicite ou explicite. Nous sommes en effet dans l'assertion ou le jeu de l'assertion : *be* et *have* serviront à construire l'affirmation, la négation, l'interrogation, l'accent contrastif, etc.

(5) I've *seen him before.*

(6) *You* **have** *met Peter,* **haven't** *you.*

(7) *He* **is** *working hard these days.*

(8) *But he* **is** *leaving tomorrow!*

On remarquera que *be* et *have* opèrent un repérage (respectivement par **identification** et par **différenciation**) d'une forme de procès ouverte (+ *ing*) ou fermée (-*en*), c'est-à-dire qui a déjà reçu une détermination : il s'agit donc avec *be* et *have* d'une détermination **seconde** par rapport aux formes simples, de même que *do* était une détermination supplémentaire au niveau de la prise en charge de la relation prédicative.

1.2.15. Les pseudo-modalités : *be to, have to, ought to*

A plus d'un titre, ces trois constructions se trouvent à la charnière des opérations énonciatives concernant l'aspect et la modalité. Si on les classe parfois parmi les autres modaux, c'est essentiellement à cause de la valeur de visée présente dans *TO* + Base Verbale qui suit *be, have, ought* : nous avons en effet à ce niveau une relation prédicative posée non comme validée, mais comme validable pour un repère envisagé comme décalé par rapport à l'actuel, donc comme appartenant au domaine du non-certain. La relation est donc un construit notionnel (voir **notion***) présenté comme « *à valider* ».

Le phénomène est particulièrement sensible avec *have to* et est à rapprocher de ce que l'on trouve en français (*avoir à...*) ou en espagnol (*haber de...*). Ne pas oublier

---

[55]. La relation non assertée sera donc notée (p,p'). Voir **notion***.

non plus la formation du futur dans ces deux langues, à partir de l'infinitif et du présent du verbe avoir.

Pour le reste de ces constructions, il s'agit bien des opérateurs de repérage *be,* *have* et *ought* qui mettent en relation le construit notionnel avec un terme de départ pris comme repère privilégié.

Les valeurs d'« obligation », de « contrainte », ou de « conseil » (pour *ought to*) viennent parfois s'ajouter suivant les contextes, mais ne découlent pas de relations inter-sujets : il s'agira toujours d'une contrainte, d'une règle extérieure rapportée par l'énonciateur et qui entraîne la mise en relation évoquée plus haut : on est dans **le domaine des faits, non dans le domaine des jugements.**

Every evening he has to ring for the porter if he wants to get back to his room.

Remember, you are to make a short inaugural speech next Saturday : that ought to give the needed encouragement to win the elections.

On notera, comme dans les énoncés ci-dessus, que cette « contrainte » peut très bien sortir du domaine du déontique strict et s'apparenter à une contrainte logique, dictée par un raisonnement.

L'utilisation « épistémique » de *have to* est fréquente en anglais américain où on peut remarquer une tendance à rester dans le « factuel », ce qui explique qu'on le préfère à *must* (voir *must, have to,* 1.2.4.).

Considering the climate in Portland, that trailer had to be damp.

(N. Mailer, *The Executioner's song*)

Rappelons ici quelques caractéristiques importantes de ces trois constructions que l'on devra toujours avoir à l'esprit lors d'une analyse :

a) Les deux opérations de repérage, symétriques, de *be* et *have* :

— **identification** (*be*) du repère privilégié avec le terme de départ de la relation présentée sous sa forme non-finie (infinitif). Cette opération seconde est tout à fait comparable, pour le non-actuel, à celle effectuée par *be + ing* pour l'actuel. De là découle l'idée de « plan arrêté d'avance », de « planification antérieure », etc., souvent évoquée pour *be to* qui suppose en fait que la relation entre sujet et prédicat est préconstruite :

You are to make a short speech : you are the one who... / that's what you will do.

— **localisation** (*have*) de la relation présentée sous sa forme non-finie (et sans terme de départ défini) par rapport au repère privilégié. Ici encore, il faut remarquer le parallélisme avec l'aspect *have-en*[56] : avec ce dernier, il s'agissait de localiser un procès accompli par rapport au terme privilégié, alors que pour le cas présent nous avons affaire à un procès non encore actualisé. Pour paraphraser E. Benveniste, il s'agit donc plutôt d'un sujet « possesseur de l'inaccomplissement ».

b) *Ought to* est beaucoup plus proche de *have to* que de *should* dans la mesure où il peut être analysé comme le désactualisé de *have to* (au sens où nous avons une hypothèse, un décalage opéré pour différentes raisons, dont la plus courante est l'atténuation - d'où la marque *-ed* dite « modale »). Ne pas oublier non plus les premiers sens de *ought*, prétérit d'un verbe signifiant *avoir, posséder.*

---

56. Voir J.L. Duchet (1973).

La localisation de la relation présentée comme « souhaitable » ou simplement « vraisemblable » viendra ensuite se colorer de valeurs modales plus ou moins explicites :
> *That ought to be enough.*
> *There ought to be a dictionary somewhere on the top shelf.*
> *You ought to be more careful.*

Remarques :

Etant donné les remarques qui précèdent, il faudra toujours étudier avec soin le jeu des personnes, les types de procès, les formes aspectuelles rencontrées avec ces trois constructions.

Bien remarquer le caractère très restreint des emplois de *be to*[57] : pas d'infinitif (**to be to*); seuls le prétérit et le présent simple sont rencontrés. Au contraire, la locution avec *have* peut supporter tous les types de marqueurs de temps, d'aspect et de modalité. On comprend pourquoi *have to* se retrouve comme marqueur d'une contrainte pesant sur le sujet lorsque cette dernière est repérée dans le révolu, indépendamment de tout énonciateur origine.
> *I've had to spend two hours reorganizing the plan.*
> *You'll have to come back one of these days.*
> *He had to go to bed at 10 every evening.*

Enfin, il conviendra d'étudier la valeur des constructions *be to, have to* et *ought to* lorsqu'elles apparaissent avec un parfait. Comparez, par exemple, le repérage dans le révolu de :
> *He had to go to bed...*

à celui, par rapport au présent d'énonciation, de :
> *I've had to spend a lot...*
> *(je suis actuellement dans l'état résultant d'avoir été obligé...)*

D'autre part, bien remarquer la valeur contrafactuelle résultant d'une construction du type *be to* (au passé) + *have-en* :
> *He was to have met his girlfriend at the station*

où il semble que la visée d'un accompli notionnel (*have met*) repérée dans le révolu implique la non-validation de l'état résultant.

Même valeur également pour *ought to* + *have-en* :
> *You ought to have done it much earlier.*

Mais il faut aussi tenir compte des pondérations dues à des marqueurs annexes intervenant avec ces constructions. Un **repérage explicite par rapport au moment d'énonciation** n'aura pas nécessairement cette valeur contrafactuelle :
> *They ought to have reached the summit by now*

(*Logiquement ils devraient avoir atteint...* et non *ils auraient dû atteindre...*).

Noter la construction de *have to* avec l'infinitif parfait encore peu courante en anglais britannique :
> *It had to have been brought in from outside.*
> *(= it was highly probable that it had been brought in...)*

---

57. Voir « is to », J. Bouscaren, B. Byramjee, J. Chuquet (1982) in CRGA, Tome I.

ANALYSES D'EXEMPLES

Analyses d'exemples portant sur les modaux

I think I can dance now (Texte E,l.14)

Glose : ***It is possible for me to dance***. Valeur radicale. Plus précisément ici, valeur de capacité. En effet, on a un sujet animé et un type de procès « *dance* » qui est un processus. C'est parce que l'énonciateur dit quelque chose à propos du sujet de la relation prédicative, c'est parce qu'il le prend pour thème, que cette capacité est mise à jour (même si l'énonciateur et le sujet de la relation prédicative est le même).

I can dance now = je sais danser maintenant, j'ai la capacité de. De même dans ***But you can dance*** (mais tu sais danser), quelque chose est dit sur *you*. Il y a attribution de propriété. C'est seulement si l'on parle de la propriété du sujet que l'on peut avoir la valeur de « capacité ».

* * * * *

I told you I could. (Texte E,l.43)

Forme passée de *can*. Ici, elle est due au discours indirect explicite : « *I told you I could* ». Il n'y a pas de repère passé. Judith ne fait que reprendre ce qu'elle a dit plus haut : « *I can dance now* ». Même valeur de capacité que dans l'exemple précédent.

* * * * *

I can see your eyes. (Texte A,l.10)

On a ici un *can* toujours radical, mais devant un verbe de perception.

Il ne s'agit pas, à proprement parler, d'une capacité ou propriété du sujet, comme dans *I can dance*. Ce que l'on dit c'est que, dans la situation donnée, il est possible au sujet « *I* » de voir les yeux de Roddy. C'est une qualité de l'objet « *eyes* » que l'on donne : ils sont « *visibles* » (possibilité d'être vus), et c'est la relation entre « *I* » et ces « yeux visibles » qui est mise en évidence. Le texte nous donne une série d'indices qui justifient le « *I can see your eyes* » : « *the spring night* » et « *his eyes were so bright that she could see them shining* ».

Chaque fois que l'on a *can* et un verbe de perception, c'est sur le caractère visible, audible, etc., qu'on insiste pour mettre **en relation le sujet et cet objet** visible ou audible. « *I can't see your eyes* » ne signifierait pas que le sujet est aveugle, mais que pour elle, les yeux de Roddy ne sont pas visibles.

On dit souvent que le *can* devant un verbe de **perception** remplace la forme progressive incompatible avec le verbe de perception. Cela ne semble pas très satisfaisant, car dans la forme be+ing, c'est bien la relation entre **le sujet et le prédicat** qui est mise en valeur par l'opération de « reprise » qu'implique la forme be+ing. Mais en revanche, c'est le caractère singularisant de la relation qui pourrait évoquer les effets de la forme progressive. « *I can see your eyes* » met en valeur le caractère actuel et unique de l'occurrence. « *Tes yeux sont visibles pour moi* » **dans la situation donnée**. Ce qui n'est pas le cas lorsque *can* n'est pas utilisé avec un verbe de perception : « *Can your baby walk yet ?* ». Ou bien quand le verbe de perception est utilisé sans complément et indique la propriété du sujet ; il s'agit alors de capacité : « *I can't see very well, I'll need new glasses* ».

Que se passe-t-il si le verbe de perception est employé sans *can* ? « *Do you see what I see ?* », expression bien connue où la question ne porte ni sur la capacité du sujet à voir, ni sur le caractère « visible » de l'objet : on a alors seulement une question sur la validation de la relation ⟨ *see / not see - what I see* ⟩. On est dans le domaine de l'assertion sans modalisation à l'intérieur de la relation prédicative. Ce qui nous intéresse c'est *voir* ou *ne pas voir* l'objet en question.

* * * * *

Suddenly she could do it (= move her legs = dance) (Texte E,l.39)

On dit souvent que, au passé, la capacité, ou le possible, coïncide avec un passé « factuel ». On a bien un renvoi à un passé, (ici, il s'agit de style indirect libre dans un récit au passé, mais cela ne change rien au problème), mais il s'agit du passé de la possibilité et non de la validation de l'énoncé.

Nous pensons qu'il existe une différence entre *she moved her legs* et *she could move her legs*, même si **dans les faits** il y a peu de différence. L'exemple du texte illustre bien cette différence : *after a few moments of anguish, suddenly she could, after all* vient après le paragraphe *she was not going to be able to do it; the rhythm had gone out of her limbs*. Bien sûr quand on dit *she could*, c'est bien parce qu'elle le fait, qu'elle peut sentir qu'elle a la capacité de le faire ; mais inversement, c'est parce qu'elle a senti soudain qu'elle avait la capacité de le faire qu'elle s'est mise à danser ; et le style indirect libre met bien en évidence que c'est le personnage de

Judith qui pense : elle sentit que, soudain, son incapacité à danser avait disparu.

Voir les indices de style indirect libre :

— **modalité (prévision)** à mettre au compte de Judith : *He was going to be too good...*; *She was not going to...*; *He would get disgusted...*;

— **utilisation du past perfect** : *the rhythm had gone out...*;

— les termes qui appartiennent au **discours** : *after all*;

— et l'utilisation d'**appréciatifs** venant du personnage; *too good for her...* (voir Chapitre 3 sur les niveaux d'énoncé).

* * * * *

Before he could make them hear him. (Texte C,l.10)
We can help them to find us. (Texte C,l.26)

Le *could*, contrairement à l'exemple précédent, se trouve dans du récit et non plus dans du discours rapporté. La valeur de propriété *potentielle*, dans ces conditions, est-elle toujours évidente ? La possibilité ici est repérée par **he had to wave the conch**, qui, comme on l'a vu, exprime une valeur de contrainte factuelle, objective. Comme on est dans du récit, **he had to wave the conch** correspond à un événement validé : **he waved the conch**. Donc **before he could** est interprété comme **before he was able to**, c'est-à-dire ne reste plus une possibilité *potentielle* (on a donc l'enchaînement suivant : **he couldn't speak for the noise → he had to wave the conch → he waved the conch → then it was possible for him to speak → he spoke**.

En revanche dans l'exemple *We can help them*, à cause du style direct, on reste dans la valeur de possibilité potentielle. Toutefois cette possibilité n'est pas plus inhérente au sujet que dans le « *could* » de l'exemple précédent : elle est repérée par le *projet* exprimé par l'énonciateur avec « *so we must make a move* ». Il faut noter que cette possiblité prend une certaine valeur déontique du type « suggestion », grâce à la construction **help them to** qui introduit une visée qui n'existe pas dans le modal *can*.

Remarques :

Nous venons de remarquer au passage deux constructions de type « causatif » (voir **« degré de détermination verbale », BV, TO-BV, BV-ING***).

Dans les deux cas il s'agit de repérage d'une relation prédicative ⟨ *they - hear -him / they - find - us* ⟩ par rapport à un autre prédicat du type : *make, help* (comme *force, invite*, etc.). Les prédicats de cette relation mettent en présence, en position de C_0 et de C_1, un sujet agent-déclencheur et un sujet-patient : nous avons donc une localisation modalisée (**modalité*** inter-sujets) entre ces deux sujets. On remarquera que le second, représenté par un pronom (*them*) est marqué comme « objet » dans cette relation repère et se trouve ainsi « dégradé » (l'expression est de M.L. Groussier (1980)) en tant qu'agent de la relation repérée. La relative dépendance de la relation repérée par rapport à celle qui l'introduit sera ensuite fonction du prédicat dit « causatif ».

Pour *make* (à l'actif du moins) il n'y a pas de choix. On peut dire que *make* est un véritable opérateur dont la fonction est justement de repérer l'objet d'une modalité inter-sujet par rapport à la source de cette modalité. La relation repérée sera alors réduite à un contenu notionnel indéterminé : *he could make them hear him*, où on a Ø (*to*) *hear* (c'est-à-dire Ø + base verbale).

Pour *help*, le choix est possible entre un repérage de dépendance « serré » de type *make* et un repérage qui laisse à la relation repérée son caractère d'événement particulier visé (*to*); nous avons alors deux procès distincts : *help* et *find*. Dans le premier, *them* est sujet-patient, dans le second il est sujet-potentiel d'une relation validable.

* * * * *

I can't imagine what it was... (Texte D,l.18)

A nouveau, un *can* de possible, radical. La négation porte sur le modal *can* (= *it is not possible for me to imagine*). C'est le complément (*what is was...*) qui n'est pas imaginable pour moi.

* * * * *

What other reason could there have been. (Texte D,l.27)

On a *could*, forme passée de *can*, + *have-en*. Si on adopte l'hypothèse que *can* et *can't* ne peuvent avoir que des valeurs radicales, il en est de même pour *could* : on a assertion que quelque chose est possible ou impossible.

Ici, on a une forme interrogative qui porte sur *could* : donc on a à nouveau la preuve que les opérations de type assertion ou interrogation sont compatibles avec le modal *can - could*, alors que ce n'est pas le cas avec *may* et *must* strictement épistémiques.

La question rhétorique posée ici implique : *there could not have been another reason*, ou *the reason couldn't have been anything else*, c'est-à-dire : *j'asserte que la raison ne pouvait pas être autre*. La modalité est bien intérieure à la relation prédicative, comme c'est le cas pour toutes les modalités de type IV. Dans *what other reason could there have been ?* il n'y a pas d'évaluation des chances de validation : il y a une question sur **la possibilité d'existence** ou pas d'une *« autre raison »*.

La forme passée *could*, d'ailleurs, est pratiquement une contrainte dans la mesure où c'est une question **rhétorique** qui suppose en fait un repère fictif et une construction hypothétique : « *Would it have been possible for another reason to exist ?* »

On peut comparer d'une part à ce qui est dit plus haut : *I can't imagine what it was*, où le *can't* est un jugement présent, le *what it was* se référant au passé et d'autre part à *I must have been in love*, ou plus haut *it may have been Cologne*, où les deux modaux à valeur épistémique *may* et *must* sont bien au présent, l'évaluation (car ici les deux modaux ont une valeur d'évaluation) ayant lieu au moment où la narratrice raconte.

* * * * *

They may not notice us. (Texte C,l.27)

Glose : *It is possible that they won't notice us.* Il se peut qu'ils ne nous remarquent pas. Valeur épistémique de contingent. L'énonciateur évalue à 50 % les chances de validation de la relation prédicative ⟨ *they - not notice us* ⟩. On ne sait pas s'ils vont nous remarquer ou pas; mais comme ce qui nous importe c'est qu'ils nous remarquent, c'est à partir de la relation négative que nous posons les deux possibilités. *Comme ils peuvent ne pas nous remarquer, faisons quelque chose pour qu'ils nous remarquent.*

Bien sûr, la négation porte sur *notice* et non sur *may*, comme toujours avec la valeur épistémique de contingent.

* * * * *

It may have been Cologne. (Texte D,l.12)

Glose : *It is possible that it was Cologne.* Valeur épistémique de *may* qui marque le contingent. Le *have-en*, comme presque toujours, filtre cette valeur. Cet infinitif parfait est de l'accompli par rapport au repère posé dans le texte : le moment où cette photo a été prise. Mais le *may* est au présent, car l'évaluation se fait maintenant dans le présent de la narratrice. Elle ne sait pas actuellement s'il s'agissait de Cologne ou de Berlin.

Elle aurait pu dire *It might have been Cologne* en désactualisant le *may*. Au lieu d'évaluer à 50 % les chances que ce soit l'une ou l'autre ville, elle aurait rompu l'égalité absolue en suggérant que, bien qu'elle dise d'abord que c'était Berlin, il pourrait se faire aussi éventuellement que ce soit Cologne. C'est-à-dire que l'équipossibilité serait repérée sur un plan fictif.

* * * * *

It might even be Daddy's ship. (Texte C,l.15)

Ce *might* établit une relation entre l'énonciateur et toute la relation prédicative. Valeur épistémique de contingent. Dans le discours du garçon, cet énoncé fait suite à l'énoncé *Sooner or later a ship will put in here*, c'est-à-dire un contexte de visée. Ce contexte hypothétique entraîne la forme désactualisée *might*. (*Il se pourrait même que ce soit le bateau de Papa = Perhaps it would be Daddy's ship.*). Dans un contexte présent : *there's a ship sailing in; it may be Daddy's ship*, l'évaluation peut se faire avec *may*).

La valeur du *might* est bien une évaluation de non-certain : la relation ⟨ *it - be Daddy's ship* ⟩ peut être ou ne pas être validée; toutefois, le *even* montre que le garçon privilégie la solution qui validerait la relation.

* * * * *

You must dance with Roddy. (Texte E,l.1)

Must a ici une valeur déontique, c'est-à-dire une valeur de nécessité appliquée à un sujet, (*It is necessary for you to dance with Roddy* = *Il faut que tu danses avec Roddy*), avec la présence d'une forte valeur de relation inter-subjective. On remarque que le type de procès est ici dynamique.

Must est ici dans un contexte de discours direct au présent. On le trouve également dans un contexte au passé comme dans l'exemple ci-dessous.

* * * * *

He looked at her with amusement : she must remember not to ask Roddy. (Texte E,l.33)

Le passé *looked* nous montre qu'on est dans le récit mais de nombreux indices nous indiquent que nous sommes dans **le style indirect libre**. Le s.i.l. est, comme on le sait, un style ambigu qui appartient à la fois au récit et au discours. Du récit, il y a le temps passé et les pronoms de troisième personne. Du discours, il a souvent les déictiques (*now, here, this*, etc.) et les modalités qui sont à mettre au compte du personnage et non du narrateur, c'est-à-dire qu'elles ont le personnage comme origine.

L'une des marques du s.i.l. est justement l'emploi de *must* en contexte passé : c'est le personnage (Judith), qui juge qu'elle doit se souvenir... Si on avait eu *she thought she must remember...* on aurait du discours indirect explicite. Ce que nous avons ici, c'est un enchaînement entre l'appréciation *with amusement* et la conclusion ou le développement de cette remarque : *she must remember*, sans explicitation par un verbe introducteur (voir chapitre 3, les niveaux d'énonciation).

* * * * *

We must make a fire. (Texte C,l.28)

We must : valeur radicale de déontique (absence des aspects *have-en* ou *be-ing*); relation intersubjective forte; verbe de processus, et contexte avec marqueur de conséquence : *so*; l'énonciateur reprend l'état de choses précédemment constaté : *they may not notice us*, et en tire une conséquence : il faut que nous fassions du feu.

* * * * *

I must have believed. (Texte D,l.27)

Must suivi de l'infinitif perfect; *it is highly probable that I believed* : j'ai sûrement dû croire que j'étais amoureuse. Ce *must* a ici une valeur épistémique. L'énonciateur évalue à du presque certain la validation de la relation prédicative; modalité de type II (épistémique); la nécessité est d'ordre logique et non d'ordre intersubjectif.

Le *have-en* qui suit, comme tous les *have-en* qui suivent les modaux, marque l'accompli par rapport au repère : ici, l'époque où elle cachait la photo sous son oreiller.

C'est dans le présent que la journaliste commente (appréciation de quasi-certain) ce qui s'est passé à cette époque-là.

On se rappellera que le *have-en* ne renvoie pas forcément à un passé ; on pourrait avoir ***he must have told him by now*** où l'accompli se repère par rapport au présent : *il a dû le lui dire à l'heure qu'il est.*

Il faut noter qu'une des valeurs du *have-en* après les modaux est de singulariser une occurrence (il s'agit bien de ce cas particulier où elle cachait la photo) non de marquer un état permanent. Le *have-en* dans l'énoncé, ***for what other reason could there have been,*** marque de la même façon la singularité de l'occurrence.

* * * * *

We shall be rescued. (Texte C,l.7)

Shall + passif ; (*Nous serons sauvés parce que je dis que nous serons sauvés = je prédis que nous serons sauvés, j'en suis sûr*).

Dans son discours aux autres petits garçons, celui qui parle s'instaure en chef : en utilisant ***shall,*** il exprime que cette prédiction ne s'appuie en aucune façon sur une argumentation ou sur la volonté de « *we* » ou de l'agent du passif non précisé. *Shall* indique qu'à ses yeux il ne peut en être autrement. Le contexte, d'ailleurs, développe comme une glose la valeur de *shall* : « ***the simple statement unbacked by any proof but the weight of Ralph's new authority***».

Donc ***shall*** a bien à la fois une valeur de visée (qui correspond à la relation entre l'énonciateur et toute la relation prédicative), et une valeur de non-autonomie (qui correspond à la relation sujet-prédicat).

* * * * *

And sooner or later a ship will put in here. (Texte C,l.15)

Tôt ou tard, un bateau accostera. Valeur de visée, renforcée par ***sooner or later,*** preuve de la certitude de l'énonciateur quant à la validation de la relation ⟨ *ship -put in here*⟩ : c'est sur la date qu'il hésite.

La valeur établie par la relation sujet-prédicat (Modalité IV) est-elle complètement absente ? *A ship,* sujet inanimé, n'est pas compatible avec l'idée de volonté, mais certainement compatible avec la « **caractéristique** ». C'est en effet **parce que** son père est dans la marine, et **parce que** la reine connaît toutes les îles, qu'un bateau a toutes les caractéristiques qui permettent au petit garçon d'en prédire l'arrivée.

Bien entendu, la valeur de visée est la plus nette et certains grammairiens diront qu'ici il ne s'agit que d'un « futur ». Mais on voit bien la différence avec *a ship shall put in here* qu'il aurait pu utiliser et qui aurait signifié : ***un bateau viendra parce que je dis qu'un bateau viendra, envers et contre tout.***

* * * * *

Do you want to go ? If you want to go, you should go. (Texte B,l.15)

On a dans ***should*** les deux mêmes valeurs que pour ***shall,*** mais désactualisées :

visée désactualisée et relation sujet-prédicat (de non-autonomie de « *you* », c'est-à-dire que c'est le choix de l'énonciateur et non le choix de « *you* »).

Ici, à cause de la relation intersubjective (*I/you*), c'est la valeur déontique qui est privilégiée. (*Si tu veux partir, à mon avis, tu devrais partir*).

Le *should* répond toujours aux critères de l'énonciateur, et non à ceux du sujet de la relation prédicative. Ces critères peuvent être d'ordre moral, ou logique, (c'est-à-dire répondre à ce qu'il considère comme « normal »). De toute façon, c'est toujours une visée de ce que l'énonciateur considère comme étant, à son avis, le « bon choix ».

A noter que le *If you want to go* ne sert qu'à expliciter les critères de l'énonciateur (George). C'est George qui pense que le désir de Charley est ce qui devrait la faire partir ; l'avis de Charley n'est pas donné dans cet énoncé.

* * * * *

Is there anyone I ought to feel guilty about leaving behind ? (Texte B,l.11)
Y-a-t-il quelqu'un que je devrais me sentir coupable de quitter ?

On voit bien ici la différence de valeur entre **should** et **ought to** : c'est bien sur des critères de morale institutionnelle que le personnage s'appuie pour se demander s'il y a des gens qu'elle ne devrait pas quitter, aux USA - des gens dont elle devrait « normalement » se sentir responsable. C'est à la suite de ces critères de morale institutionnelle que son ami lui répond, explicitant cette valeur : *feeling guilty is no reason for staying or going. If you want to go, you should go*, où il donne ses propres critères.

Remarque : *Feeling guilty...*

Le gérondif ici est un exemple caractéristique à la fois de reprise anaphorique (cf. *I ought to feel guilty*) d'une première prédication et généralisation vers une classe d'occurrences de procès du type *feel guilty* (voir BV-ING*).

On remarquera que dans ce processus de généralisation, la référence à un agent (ou du moins un sujet « affecté » par le procès) a disparu : on peut évidemment la reconstruire (*you*) mais on s'aperçoit qu'elle a perdu de sa détermination et que cela peut très bien devenir un *you* générique. De fait, *feeling guilty* est devenu une nominalisation dépendante de la relation plus large dans laquelle elle s'inscrit (...*is reason for...*).

* * * * *

I think I shall go back. I dread it... but... I shall. (Texte B,l.26)

La valeur privilégiée ici est la visée (le « futur ») ; en effet il s'agit de la première personne. Toutefois, de façon sous-jacente, on peut dire qu'à la visée s'ajoute, dans ce contexte, une « nécessité » qui s'exerce sur le sujet : « *cela me terrifie mais je ne pourrai faire autrement... je crois que je vais y aller* » (presque malgré moi). *Je prédis que j'irai, (indépendamment de ma propre volonté).*

* * * * *

You wouldn't have to live with her - (Texte B,l.24)

Le contexte sous-entend : *if you went there*, qui pose l'hypothèse; le *would* a bien sa valeur de visée hypothétique. Ce *would* porte sur *have to* qui a la valeur d'obligation factuelle, objective : *tu ne serais pas obligée de vivre avec elle.*

La présence de l'hypothèse explicite et du *have to* neutralise ici la valeur radicale (volonté ou caractéristique), mais neutraliser ne veut pas dire faire disparaître complètement. Preuve en est la réponse à cette question.

* * * * *

I wouldn't have to. But I would. I'm sure I would. (Texte B,l.25)

Cet énoncé fait ressortir très clairement pour *would*, à côté de la valeur de visée hypothétique, celle de caractéristique : valeur sujet-prédicat; *je ne serais pas obligée, mais je suis sûre que je le ferais (= telle que je me connais, je sais que je le ferais; je suis comme ça).*

Si les valeurs peuvent émerger selon les manipulations et contextes, il faut bien qu'elles soient déjà là. Le « *I'm sure* » qui accompagne « *I would* », une fois de plus, montre combien l'énonciateur, avec les modaux de visée, est proche de la certitude (assertion dans l'avenir).

* * * * *

Shall we ? (= shall we dance). (Texte E,l.35)

Shall a de nouveau sa double valeur : visée de l'énonciateur + non-autonomie du sujet de la relation prédicative. Il ne s'agit pas d'un simple « futur ».

La réponse habituelle à « *shall we ?* », marquant une invitation à faire quelque chose, est « *let's* » qui met bien en évidence l'idée de contrainte contenue dans *shall.* De même, le *tag* normal de « *let's go* » est « *shall we ?* » : même notion de non-liberté du sujet.

Dans « *shall we ?* », l'énonciateur se met à la disposition de l'autre (ici, l'autre + lui-même, à cause du « *we* ») pour qu'il lui dise de « faire » ou de « ne pas faire ».

Comparez avec le français : « *On y va ?* », « *On danse ?* ».

* * * * *

They would go out two or three times a week. (Texte G,l.2)
She would clean up quickly after supper...

Ces *would*, dans un énoncé qui suit « *my mother began to accompany my father* », s'interpréteront comme des *would* dits « fréquentatifs ». Comme nous l'avons dit plus haut (1.2.12.), le *would* de la forme fréquentative est bien le même *would*, auxiliaire modal.

Si ce *would* peut être interprété comme fréquentatif, c'est d'abord parce qu'il y a un cadre passé : *later that winter...* Il y a également la possibilité d'effectuer un parcours sur une classe de situations (ici, toutes les fois où elle accompagnait le père).

Retrouve-t-on les deux valeurs de *would* ? La visée, ici, se présente sous forme de prédictabilité à partir de chacune de ces occasions séparément ; la mise en place de ces occasions a déjà, d'une certaine façon, été préparée par le contexte : « *my mother began to accompany...* » ; voir remarque en fin d'analyse. *Ils allaient sortir*, et à chacune de ses sorties, *elle allait faire la vaisselle rapidement après le souper...* Chaque fois, ils étaient dans une situation où on pouvait prédire qu'ils allaient faire telle chose.

La deuxième valeur, celle de caractéristique, est tout à fait présente également ; en effet, ce que veut dire l'auteur c'est : *c'est comme cela qu'ils étaient..., c'est cela qu'ils faisaient.* Et si l'auteur emploie le *would*, ce n'est pas pour marquer la fréquence (un prétérit la marquerait aussi bien), mais pour attribuer une caractéristique particulière aux personnages décrits. C'est une sorte de « gros plan » sur les personnages.

Il est à remarquer que c'est toujours sur les personnages centraux que porte la forme avec *would*, et non sur ce qui joue le rôle d'information ou de cadre.

Remarque : *My mother began to accompany...*

La construction d'une classe d'occurrences de situations pour *go out... clean up... put Alex...* se fait à partir de l'extraction d'une occurrence particulière - grâce à l'opérateur TO (voir Degrés de détermination verbale*) de la classe des occurrences du procès *accompany my father*. Cette occurrence est donc distinguée en tant que premier **événement** (c'est le prédicat principal - *began* - par rapport auquel *accompany* est repéré, qui le spécifie comme premier). Puis de cet événement distingué, on repasse à une généralisation d'occurrences et une caractérisation des personnages par la modalité *would*.

CHAPITRE 2 : LA DETERMINATION NOMINALE

2.0. CONSIDERATIONS GENERALES

Analyser le fonctionnement d'un nom, c'est faire surgir deux types de questions :
1. Pourquoi tel degré de détermination (*Ø, a, the*) plutôt que tel autre ? On s'appuiera sur le fonctionnement des substantifs et de leurs déterminants.
2. Quelle est la valeur de la référence (générique ou spécifique, classe ou individus) ? On analysera le nom dans son rapport avec la relation prédicative.

Ces deux problèmes sont distincts : l'article zéro « Ø » traduit une indétermination, mais la référence du nom qui lui est associée peut être générique ou spécifique. Il en est de même pour « *a* » et « *the* » : l'interprétation du nom associé sera générique ou spécifique. Cela va dépendre :
— de la position du nom dans l'énoncé (s'il est sujet (C_0) ou complément (C_1)).
— de la valeur attribuée au prédicat : il faudra voir si ce prédicat renvoie lui aussi à du générique ou du spécifique.

Ce qui signifie que pour comprendre les opérations faites au niveau d'un nom, il faut d'abord voir celles qui se passent au niveau de l'ensemble de l'énoncé, puis comprendre les renseignements complémentaires que fournit l'article.
Exemples :

    a) ***You must put oil in the saucepan first.***

situation particulière ; (cf. en français : *de l'huile*)

    b) ***Olive oil makes cooking more tasty.***

attribution d'une propriété : renvoie à du général ; (cf. en français : *l'huile d'olive*)

    c) ***There are foreigners standing in a queue, waiting for their passports.***

there are... et **be + ing** : marquent une situation particulière ; « *foreigners* » s'interprète comme du particulier (cf. *des étrangers*) ;

    d) ***I love cats.***

love : attribution d'une propriété ; renvoie à du général (cf. *les chats*) ;

    e) ***I saw cats in the garden yesterday.***

en situation (cf. *des chats*) ;

81

f) *I have a dog and I like him.*

en situation, *a dog* est particularisé ;

g) *A dog is a faithful animal.*

attribution de propriété : *a dog* est le représentant de toute la classe ;

h) *I saw the dog you told me about.*

en situation ; « *the dog* » désigne du particularisé ;

i) *The dog is a mammal.*

générique : (cf. *le chien* est un mammifère).

Nous allons rappeler le fonctionnement des noms, puis prendre les articles les uns après les autres pour montrer comment c'est en contexte, et en contexte seulement, que l'ensemble **article** + **nom** peut être interprété.

2.1. LE FONCTIONNEMENT DES NOMS[58]

Il n'y a pas de coïncidence terme à terme entre la réalité extra-linguistique et le terme linguistique qui s'y réfère. Le fonctionnement des noms correspond à des découpages que l'énonciateur fait de la réalité, de même qu'il fait un découpage des événements à l'aide des temps et aspects. Il est bien connu que le même tas de bagages sera vu par des anglais comme un tas insécable (*luggage*) et comme un tas d'unités séparées par un français (*des bagages*).

Pour le même énonciateur, un même nom pourra tantôt avoir les propriétés du **discontinu** (*countable*) tantôt du **continu dense** ou du **continu compact** (*uncountable*) selon son contexte.

I don't like rabbit. (continu dense)

(le lapin comme nourriture)

She has a rabbit as a pet. (discontinu)

En effet, la plupart du temps, les noms n'ont pas un fonctionnement unique : bien sûr, selon leurs propriétés physiques (découpage en unités ou non), ils auront tendance à fonctionner plus selon une catégorie que selon une autre. Mais rien n'empêche un énonciateur de choisir de le faire fonctionner autrement dans un contexte particulier :

A woman, two women, many women...

mais aussi :

Like it or not, we were built tough,

Because we are woman. (Kate Bush)

---

58. Voir A. Culioli, en particulier « A propos de quelque » (1983). Nous devons beaucoup, pour l'étude des déterminants, à M.L. Groussier (1973) et J. Boulle (1978).

On distingue trois types de fonctionnement :

1) les noms qui fonctionnent **en discontinu**, ou unités discrètes : c'est-à-dire de l'individuable ; on peut compter les occurrences. Le prélèvement est alors possible sur la classe construite : ***a dog, two dogs.***

2) **le continu dense**, c'est-à-dire du non-individuable mais sur lequel on peut cependant opérer un prélèvement à l'aide d'un dénombreur : ***I like whisky/a glass of whisky/a drop of whisky.***

3) **le continu compact**. On a affaire alors à des **prédicats nominalisés**[59] (ou nominalisation de prédicats : ***clearness = be clear; pity = to pity***). Ici aucun prélèvement n'est possible.

Toutefois, si l'on introduit une propriété différentielle, on pourra mettre en évidence une occurrence particulière de cette prédication sous-jacente, ou plusieurs occurrences, à l'aide de « *a* » ou de « Ø-*s* » (voir ces déterminants).

Pour analyser le nom, on ne doit pas le séparer de son déterminant : c'est en effet le déterminant qui indique dans un contexte donné, c'est-à-dire selon la valeur du prédicat, à quelle opération sous-jacente on a affaire.

2.2. LES DETERMINANTS ET LES OPERATIONS ENONCIATIVES DONT ILS SONT LA TRACE

2.2.1. Ø + nom singulier ou Ø + nom pluriel[60]

L'article zéro (Ø) (ou absence d'autre marqueur), suivi soit du singulier soit du pluriel renvoie toujours à la **notion***, c'est-à-dire à la prédication sous-jacente du **domaine notionnel** construit. Ex. *oil* = « ce qui est huile » par opposition à « ce qui n'est pas huile ». Il s'agit de la **valeur qualitative** du nom sans aucune spécification de quantité.

Selon le contexte, on interprétera le nom comme renvoyant à une généralité, ou comme renvoyant à des individus (spécifiques mais indéterminés), mais dans les deux cas, Ø garde toujours sa valeur fondamentale de renvoi à la notion, une valeur qualitative.

A — Hors situation ou pour toute situation, donc de façon généralisante (cf. en français « *le, la, les* »). Il convient de rapprocher de la forme de présent simple qui peut renvoyer aussi à du général :

Olive oil makes cooking more tasty.

B — en situation :

a) ou bien le nom a été défini précédemment :

---

59. Prédicat nominalisé : voir aussi p. 23.
60. Voir J. Bouscaren, S. Hériau, P. Lebleu : « Ø et le renvoi à la notion » in CRGA, Tome II.

> *British passports, this side, please!* (à la douane)
> *(ceux qui sont Britanniques...)*

b) ou bien le nom est dans un contexte qui implique qu'il y a prélèvement (ou extraction multiple) :
> *I bought books.*
> *I bought butter.*

Le Ø n'indique aucune quantité, il renvoie à la propriété : « *j'ai acheté des livres* » (c'est-à-dire quelque chose qui a la propriété d'être livre). Bien sûr le « *s* », marque de pluriel, indique qu'il y a une opération supplémentaire (voir plus bas le « Ø-*s* »).

Remarques :

1. : Noter que l'on trouve généralement Ø + singulier pour des noms qui fonctionnent habituellement en **continu**.

2. : On peut également trouver Ø + singulier pour des noms qui fonctionnent habituellement en **discontinu**.

Bien comprendre les raisons qui font qu'un énonciateur utilise cette possibilité :
> *She had been towards him frankly, unreservedly woman.*
> Warner Fabian, *Sailor's wives*

> *He wept in a despairing and ridiculous fashion, dripping water from eyes and nose and mouth all at once...*
> « *Points of view* »

Valeur totalement qualitative de la notion *nose - mouth*.

3. : On trouve Ø-s(Ø + pluriel) avec les noms fonctionnant en discontinu. Le pluriel indique une opération de détermination supplémentaire de construction d'une classe, qu'il s'agisse de renvoi à toute la classe ou de prélèvement implicite (extraction multiple indéterminée) à cause du contexte ; le Ø garde de toute façon sa valeur qualitative.

4. : On peut également trouver Ø-s avec des prédicats nominalisés qui ne fonctionnent pas en discontinu. C'est un emploi qui renvoie à des occurrences plurielles de la prédication sous-jacente, mais ne rend pas possible une quantification numérique.
> *It was a light kiss, without hungers...*
> J. Mc Donald, *Contrary pleasure*

Pas **two, three hungers*.
> *Out of all the complexion of weaknesses and defences the labouring body contracted the chest, trying to laugh...*
> W. Golding, *The Spire*

2.2.2. a + nom singulier

Ce marqueur indique la validation d'une occurrence de la notion associée au nom. Cette validation peut être envisagée comme le **prélèvement** (ou l'**extraction**) d'un élément unique sur une classe. Cette classe est constituée de noms qui fonctionnent en discontinu.

Comme *Ø* et *the*, « *a* » peut avoir deux valeurs :

A — **Valeur spécifique** : cet élément peut être repéré par rapport à une situation unique
> *There is a dog in this house.*

B — **Valeur générale** : si la situation unique est réitérée, l'élément prélevé peut être utilisé comme représentant de toute la classe ; il s'agit bien de la même opération, réitérée donc généralisée. Il y a parcours de toutes les situations où la relation comprenant le nom précédé de « *a* » est validée.
> *A dog is a faithful animal.*

Remarque :
Cherchez dans le texte les termes qui explicitent l'interprétation générale ou singulière :
— place du C_0 ou C_1 ;
— aspect du verbe, nature du procès ;
— jeu des personnes (valeur générique ou particulière des pronoms...) ;
— marqueur de prédication d'existence.

Comme pour tous les déterminants, « *a* » a une valeur à la fois quantitative (un, seulement un) et qualitative (un, qui est...) : c'est la relation avec le contexte qui mettra en valeur l'une ou l'autre de ces valeurs.

On peut trouver « *a* » avec un prédicat nominalisé fonctionnant habituellement en continu compact : cela n'est possible que si l'on a une propriété différentielle qui singularise l'occurrence. Cela ne permet pas de faire fonctionner ce nom comme s'il était recatégorisé en discontinu.

Dans ce cas, il s'agit bien sûr toujours d'une occurrence particulière et non de généralisation.

(1) *I felt an importance that I had never dreamed.*
R. Ellison, *Invisible man*

(2) *I suppose I now read into our situation a clearness it couldn't have had at the time.*
H. James, *The Turn of the Screw*

2.2.3. *The* + singulier ou pluriel

The est la trace d'une opération de **fléchage**, c'est-à-dire d'une détermination particulière. Cette opération est toujours seconde : c'est-à-dire qu'elle suppose une première opération (toujours antérieure) : prélèvement implicite ou explicite qui indique la pré-validation de l'occurrence. Elle spécifie, et marque souvent un contraste par rapport à d'autres éléments.

1) *The* peut renvoyer à du particulier, si le contexte met le nom en situation.

On trouve *the* aussi bien avec du singulier continu qu'avec du singulier ou pluriel discontinu.

La justification du fléchage peut être contextuelle ou situationnelle.

A. **Justification contextuelle** : fléchage **anaphorique***.

a) anaphore stricte :
   Bill was making a card-castle.
   Suddenly the card-castle was blown down.

b) anaphore non-stricte :
   Bill went to London. The journey was very tiring.

c) le nom peut être déterminé contextuellement par :
— certaines relatives qui mettent l'antécédent en contraste avec d'autres noms de la même classe,
   — *« What's the matter with you ? » - « The boy I went out with last night told me he was engaged ».*

(Attention, certaines relatives ne font que définir une sous-classe) :
   I only buy books which are about linguistics.

— des conjonctives :
   The fact that I'm going to retire...

(la conjonctive développe l'antécédent).

— des relatives effacées :
   Will you get me the chair, over there, in the corner ?

— des superlatifs :
   He is the nicest person I ever met.

(un seul élément est privilégié).

— certains compléments avec *of, in*, etc., s'ils sont assez déterminants :
   The behaviour of these people is disgusting.

mais :
   Ignorance of the law is no excuse.
   (Longman's dictionary)

Remarque : l'emploi de *the* devant un nom dépendra toujours du rôle que l'énonciateur fait jouer à ces compléments ou à ces relatives. Même l'opération d'anaphore n'est pas mécaniquement appliquée : on trouve souvent, dans la presse en particulier, une succession d'informations concernant le même nom; ce nom peut être repris une deuxième ou une troisième fois sans pour cela être précédé d'un *the*. C'est qu'alors l'énonciateur ne désire pas établir un lien privilégié entre ces différentes occurrences.

   Soviet surgeons removed a primed grenade lodged in a soldier... Later doctors discovered a primed grenade lodged in the muscles... Doctors wore protective clothing

B. **Justification situationnelle** : fléchage **déictique***.

a) situationnelle étroite : le repérage est dans la situation d'énonciation; l'élément fléché est identifié par l'énonciateur **et** par le co-énonciateur.

   Pass me the salt, please.

b) situationnnelle large : connaissance commune (*shared knowledge*) à une famille, une communauté, un pays, le monde, etc.

(J'arrive chez moi le soir) : *Where is the dog* ?

(à supposer bien sûr que j'aie un chien)

c) connaissances générales partagées par les co-énonciateurs.

— si on vient de parler d'une maison, on peut dire : *the roof, the door*...

— si on a parlé d'un livre, on peut dire : *the pages, the author*, etc., (cette justification rejoint le A-b, l'anaphore non stricte).

— si on a des classes à une unité : *the sun, the air, the world*, etc.

2) *The* peut renvoyer à du général si le contexte renvoie à du général.

The + pluriel peut renvoyer à une « classe sociale ». Il s'agit presque toujours de groupes humains[61].

Bien voir la différence avec Ø pluriel qui renvoie à une classe notionnelle ; avec *the* il y a bien un contraste avec d'autres groupes dans un ensemble plus grand (« *super set* »).

Ø workers : classe notionnelle, = ceux qui sont « *workers* »

The workers, the students, etc... : classe sociale appartenant à un même ensemble, donc avec contraste.

The + singulier discontinu peut avoir une valeur totalement généralisante (**le générique**). Il s'agit alors d'une opération abstraite qui désigne la notion munie de l'ensemble des propriétés qui définissent la classe concernée ; et cette notion est contrastée à d'autres notions.

The dog is a faithful animal

(on contraste les propriétés attachées à la notion de *chien* avec les propriétés attachées aux notions désignant les autres mammifères par exemple).

Cette opération se trouve principalement dans des ouvrages à caractère généralisant comme des livres à caractère scientifique, ou avec une intention stylistique pour parodier ce genre d'ouvrage :

In England, the boy pats his adored one on the back and says...

G. Mikes, « *How to be an alien* » (voir Texte X)

Etudiez les contextes selon les mêmes principes que pour les autres articles.

2.2.4. Quelques remarques sur la valeur générique[62]

Attention : même lorsqu'ils renvoient à ce qu'on appelle habituellement du générique, les déterminants gardent le caractère particulier de l'opération dont ils sont la trace.

(a) *The horse is a noble beast.*

---

61. J. Boulle (1978) met en évidence ce constraste pour désigner les « classes sociales ».
62. Nous empruntons les exemples qui suivent à F. Platteau (1980) « Definite & Indefinite generics » et à P. Werth (1980) « Articles of association ».

(b) *Horses are noble beasts.*

(c) *A horse is a noble beast.*

Ici, (a), (b) et (c) sont possibles.

Mais ces trois énoncés n'ont pas exactement la même valeur et ces trois déterminants ne sont pas toujours substituables les uns aux autres.
Dans les exemples qui suivent l'aspect **have-en** fait ressortir ces différences de valeur :

(d) *The horse has been domesticated for thousands of years*

(e) *Horses have been domesticated...*

(f) **A horse has been domesticated...*

En effet, **the horse** désigne bien tout l'ensemble et l'oppose à d'autres ensembles dans une sorte de sur-ensemble.

horses désigne bien, en extension, (en prenant tous les éléments de la classe) tous les éléments de l'ensemble.

a horse doit désigner un membre de l'ensemble pris comme échantillon et non un exemplaire spécifique comme en (f) (en relation avec **has been**).

De même on peut avoir :

(g) *The madrigal is polyphonic.*

(h) *A madrigal is polyphonic.*

en revanche on peut trouver :

(i) *The madrigal is popular.*

mais non :

(j) **A madrigal is popular.*

Popular, à la différence de **polyphonic,** n'est pas une propriété constitutive de « **madrigal** ».

Avec **the** l'emploi est possible car on oppose toute la classe des madrigaux aux autres « genres » de chants.

De même :

I like dogs

(**en extension** = tous les éléments de la classe).

*I like the dog

(**en compréhension** ou **en intension** : c'est-à-dire en partant de la valeur qualitative « *être chien* »); c'est la propriété « ce qui est chien » dont il est question. Il y a contradiction entre *I like*, où *I* désigne une « vraie » personne, et **the dog** qui désigne un « ensemble de propriétés ».

2.2.5. *Some*[63]

1) **Considérations générales**

Some est la trace d'une opération de prélèvement.

---

63. Voir A.M. Léonard (1980) : nous lui empruntons une grande partie de son analyse et de ses exemples. Se reporter à son article.

Some n'est jamais en contexte généralisant.

> ***I like some tea.***

mais :

> ***I'd like some tea.*** (en situation)

Some est un quantifieur indéfini : il particularise sans spécifier.

> ***I have bought some books.***

(tels ou tels livres, en tout cas « des livres »), les livres étant repérés par rapport à une propriété qui ne peut être définie que circulairement (*"the books I bought"*).

2) **Emplois de** *some*

a) *some* + singulier (avec du continu dense) :
on a un prélèvement quantitatif,

> ***I bought some tea.***

j'ai acheté du thé, peu importe la quantité (que toi et moi d'ailleurs pouvons à peu près évaluer), en tout cas il s'agit de thé.

b) *some* + singulier (avec du discontinu) :
on a alors la valeur qualitative de *some* (surtout dans les exclamatives). On a une valeur de haut degré :

> ***Some girl!***

« Comme fille, ce n'est pas rien! » Cette forme est presque toujours accentuée et se prononce (sʌm).

Certains *some* à valeur qualitative ne sont pas exclamatifs :

> ***He went to some (ʌ) place in East Africa.***

c) *some* + prédicat nominalisé (continu compact) :

> ***We expect cooperation and frankly there is some coercion involved.***

coercion a une valeur qualitative : il s'agit d'un certain degré de « *coercion* »; mais de toute façon de quelque chose qui a la propriété d'être « *coercion* ».
On remarque qu'on est bien en situation avec ***there is***.

d) *some* + pluriel (avec du discontinu) :
il s'agit d'un prélèvement quantitatif (cf. sur le continu).

> ***I bought some cups.***
>
> J'ai acheté des tasses.

C'est la situation d'énonciation qui seule permet d'évaluer la quantité impliquée, de toute façon, non spécifiée.

Remarques :

— Dans l'analyse, étudier la différence avec *a, any*, ∅, etc.

— Etudier *some* dans un énoncé interrogatif et négatif.

> ***Can someone help me ?***

L'existence de *someone* n'est pas mise en question, la question porte sur ***help/not help***.

> ***He didn't correct some of the most obvious mistakes.***

L'existence de *some mistakes* n'est pas niée.

> ***Would you like some tea ?***

L'existence du thé est posée. La question porte sur ***would you like/or not***.
Voir la différence avec *is there any tea left ?* ou le doute porte sur la présence du thé (voir *any*).

— Mais attention, ni la négation, ni l'interrogation ne peuvent porter sur l'élément désigné par *some* de par sa définition même, car *some* n'est pas compatible avec une opération de parcours.

> ***I don't want some tea.**

On a alors recours à *any*, opération de parcours.
Si d'une façon ou d'une autre, l'assertion (même s'il s'agit d'une assertion fictive ou d'une interro-négative, proche de l'assertion) est rétablie, *some* sera acceptable :

> ***Don't you want some tea ?***

2.2.6. *Any*

Any est la trace d'une opération de **parcours***. On parcourt tous les éléments d'une classe sans s'arrêter sur aucun. (Quand il s'agit de continu, on ne peut faire de parcours que sur la quantité, non sur des unités distinctes).

Le parcours consiste à considérer que chaque élément de la classe peut valider la relation que l'on a posée, car tous les éléments sont **identiques** : la classe est posée comme **homogène**[64].

1) *Any* et la désassertion :

Any étant la trace d'une opération de parcours ne sera compatible qu'avec des énoncés permettant l'opération de parcours; c'est-à-dire autres que des assertions affirmatives. C'est pourquoi *any* est particulièrement compatible avec les énoncés interrogatifs et négatifs, mais aussi avec les hypothétiques, avec certaines injonctions et avec la plupart des modalités de non-certain.

— Bien mettre en évidence dans l'énoncé ce qui rend le parcours possible et bien étudier la place du nom sur lequel porte le parcours.

— Voir si *any* se trouve en C_0 ou en C_1.

> ***I met anyone.** (impossible car assertion)
> ***Anyone met me at the station** (idem)
> ***Anyone didn't meet me at the station** (impossible avec *anyone* en C_0)
> *I didn't meet anyone at the station* (*anyone* occupe la place C_1)

---

[64]. Voir M. Strickland (1982). Nous lui empruntons les termes « homogène », « hétérogène » et « lissage »; nous nous appuyons largement sur son analyse.

> *Anyone can tell you this.* (modalité)
> *If you meet anyone at the station...* (hypothétique)
> — *Tell a student to meet me.*
> — *Which one ?*
> — *Any student*

Which introduit une hétérogénéité dans la classe, c'est-à-dire laisse entendre que tous les éléments ne sont pas identiques. Le *any* rétablit l'homogénéité (ou « lissage » de la classe) : tous les éléments sont identiques.

> *Anyone could* (ou *might*) *have met you* (modalité)
> **Anyone should meet you* (valeur spécifique déclenchée par le déontique)
> **You should meet anyone.* (idem)
> *Anybody knows how to tie a square knot.*[65]

Le générique implique un parcours des situations : cet énoncé suppose un contexte où quelqu'un dit ne pas savoir « *how to tie a square knot* » : le *any* sert à réintroduire l'homogénéité de la classe.

> **Anybody knew how to tie a square knot.*

(énoncé impossible, si on est en situation)
mais :

> *Anybody knew how to tie a square knot in those days.*

(de nouveau parcours possible, car contraste de propriété générale à cause de « *in those days* ». Remarquer que *know*, verbe d'état, attribue une propriété au sujet. Avec un verbe dynamique, il faudrait réintroduire une modalité : « *any body can drive a car* ».

2) *Any* et la valeur qualitative :

Any peut avoir une valeur uniquement qualitative : le parcours porte alors sur les qualités. Cette opération concerne les noms fonctionnant en discontinu (ou du continu dense recatégorisé).

On le voit souvent à la forme négative :

> *I don't buy (just) anything.*
> *I don't talk to (just) anybody.*

On le trouve souvent dans les énoncés de type général : *any* est accentué et l'ambiguïté est généralement levée avec *just*.

Opposer à : *I didn't buy anything (at all)*, qui s'interprète quantitativement parce qu'en situation. Pour interpréter qualitativement, il faudrait rajouter *just* et accentuer *any*.

3) *Any* et la négation :

Bien noter la différence entre ***not...any, not...a, no*** :

not...a : négation sur une extraction (soit spécifique soit générale).

---

[65]. Exemple emprunté à A. Davison (1980) : « Any, as universal or existential ».

not...any : opération de parcours sur une classe et négation de la relation prédicative.

no* + *nom : négation de la notion.

Certains exemples mettent en évidence la différence :
>   ***He is not a doctor.***

(ne fait pas partie de la classe des docteurs)
>   ***There are not any doctors in this town.***

(on parcourt la classe des docteurs et il n'y en a aucun pour valider la relation)
>   ***He is no doctor to me.***

(je lui refuse les propriétés que j'attribue à un docteur - même s'il fait partie de la classe des docteurs)

2.2.7. *One*

One est la trace d'une extraction. De plus il indique une anaphore dont la particularité est de fonctionner sur un élément (ou une classe, sous-classe) déjà fléché [66] : « *One of them, one of the...* »

a) **One** déterminant :
>   ***Only one shopping day till Christmas.***
>
>   (*un et un seul*)

Valeur quantitative (différence avec « *a* », dont la valeur est plus qualitative).
>   ***Come on, everyone, can't you agree on one Kellog's cereal ?***
>
>   (*un en particulier parmi les...*)
>
>   ***Come on, everyone, can't you agree on* a *Kellog's cereal ?***
>
>   (*un qui soit de la marque Kellog's et non d'une autre marque...*)

b) **One/ones** pronom :
>   ***Last year 92 % of our graduates who asked us to help them get a job,... got one!***

Got one = *got a job* alors que *got it* remplacerait *got the job*. Il s'agit bien, avec *one*, de l'extraction d'un élément quelconque (et non d'un élément déjà donné) d'une classe qui a été construite parce qu'un élément au moins a déjà été mentionné.
>   ***If you have some nails, give me one.***

— *None* est toujours pronom. *No one, not one* peuvent être déterminants :
>   ***There is not one man on earth who can eat as fast as X (*none man)***

c) **One/ones**, « *prop-word* » : expression définie par Jespersen pour les *one* qui « soutiennent » des adjectifs.

Le *one* « *prop-word* » ne peut s'employer que si le contexte permet de construire, à

---

[66]. Voir J. Bouscaren, F. Demaizière, P. Erikson : « A propos de One » in CRGA, Tome II.

partir d'un élément donné, une classe dont on peut, grâce à une propriété différentielle (souvent un adjectif), extraire un élément différent :

> *Go brush your teeth, it would be nice for you to have white teeth instead of green ones.*
>
> *Do you prefer English apples or Australian ?*

Ici on n'emploie pas **ones*, car il s'agit de généralités sur les pommes.

Mais en situation dans une boutique, l'épicier peut demander :

> « *Will you have English apples or Australian ones ?* »

Ici, il y a construction de la classe des pommes et opposition entre les deux sous-classes.

> *My car is faster than my father's *one.*

Le *one* est impossible car la possession ne définit pas une sous-classe. *My car* et *my father's car* ne font pas partie d'une même classe, la détermination étant très forte.

En revanche on peut avoir :

> *My car is faster than my father's old one.*

En effet, l'opposition ici n'est pas entre *my car* et *my father's car*, où l'on a deux classes distinctes, mais entre *my father's new car* et *my father's old car* où l'on a une seule classe d'objets.

d) *One* indéfini - substitut de « *a person* »; ce que Jespersen appelle « *a generic person* ». L'élément extrait sert de représentant de la classe, et prend une valeur de parcours, d'où la valeur générique de l'énoncé :

> *If one is truly ready within oneself and prepared to commit one's readiness without question to the deed that follows naturally on it, one finds life and circumstance surprisingly armed and ready at one's side*
>
> L. Van der Post, *Lost World of the Kalahari.*

Bien noter que ce « **one** » a une valeur complètement indéterminée par rapport à *I* et *you*, ce qui permet des interprétations diverses dans des contextes variés et souvent ambigus, - comme le style indirect libre - (voir Chapitre 3).

Pour comparer avec le « on » français, voir F. Atlani (1984) et H. Chuquet -M. Paillard (1987).

Bien noter la différence entre :

Somebody/someone; *anybody/anyone*; *everybody/everyone*

où *one* marque bien qu'il s'agit d'une classe fléchée antérieurement (cf. analyse texte B,l.15 et B,l.20).

2.2.8. *This - That - These - Those* : marqueurs de fléchage.

This, en termes de repérages, marque une opération **d'identification** stricte[67]; le terme est repéré par rapport à l'énonciateur seulement : l'objet que je montre, que je désigne, dont je parle, qui est repéré par rapport à mon discours.

---

67. Voir A. Culioli (notes du séminaire DEA 1983-84) et L. Danon-Boileau (1983 et 1984).

That marque une opération de **différenciation** : le repérage ne se fait plus par rapport à l'énonciateur mais par rapport au co-énonciateur ou par rapport à tout autre, c'est-à-dire par rapport à une propriété définie hors de l'origine énonciative.

C'est à cause de ces valeurs fondamentales que ***this*** et ***that*** ont des emplois et des valeurs différents selon les contextes.

1) En situation :

C'est parce que ***this*** est repéré par rapport à l'énonciateur dans la situation d'énonciation, qu'on associe souvent ***this*** à ce qui est près (dans le temps et l'espace). ***That*** au contraire sera associé à ce qui est loin (temps et espace). Mais en réalité cela dépend du type de repérage que désire instituer l'énonciateur. Ou bien il repère l'objet désigné par rapport à lui-même (il fait de l'objet désigné le centre de son discours), ou bien il repère l'objet par rapport à l'autre.

A. Joly parle de ce qui concerne la « sphère de l'énonciateur » ou « la sphère du co-énonciateur »[68].

> ***This is good news.***
> ***That is good news.***

Les deux énoncés sont corrects. Dans le premier, je repère la nouvelle par rapport à moi qui la reçois (ou qui la donne); dans le second, par rapport à l'autre qui me l'apporte (ou qui l'a reçue de quelqu'un d'autre).

C'est à cause de cette « appropriation » que ***this*** et ***that*** peuvent prendre, en contraste surtout, une coloration affective. ***This*** ce que je m'approprie, ***that*** ce que je rejette. Mais ***that*** peut également parce qu'il est compatible avec une propriété différentielle, prendre une coloration laudative. Bien étudier les contextes : la « distance » par rapport à l'énonciateur peut être évaluée en « positif » comme en « négatif ».

Bien noter que ce qui est ***this*** pour un énonciateur, devient du même coup souvent ***that*** pour le co-énonciateur.

2) *This/that* anaphoriques

a) Justification du fléchage, externe à l'énoncé.

This marque l'identification stricte avec l'objet pré-cité. L'énonciateur désigne l'objet et le replace dans son discours.

This n'est pas défini par le terme qu'il reprend : il n'est défini que par rapport à l'énonciateur.

> ***This is soul.*** (texte X,1.4).

(ce dont je viens de parler et que je vous montre ici, c'est (de) l'âme).

That est défini par l'énoncé même qu'il reprend : ***that*** reprend toute la prédication (relation prédicative + modalité).

> — ***Did you know he was married ?***
> — ***Yes he told me that.*** (= he was married)

---

68. Voir A. Joly et T. Fraser (1979-80).

That indique que l'objet désigné est déjà posé. C'est une simple reprise.

That a besoin d'être anaphorique ou défini par un contexte pour être interprété, car il n'est pas repéré directement par rapport à l'énonciateur.

This au contraire peut s'en passer : il désigne ce qui fait l'objet du discours de l'énonciateur, quitte a être développé par la suite d'où cet emploi fréquent dans le récit oral, pour un terme non encore mentionné : (début d'un récit) *I went out into the street and I met this man* (*that* ne serait possible que si on avait déjà mentionné « *a man* »).

b) Justification du fléchage interne à l'énoncé.

Seul *that*, du fait qu'il n'est pas repéré uniquement par rapport à l'énonciateur sera possible avec une définition contextuelle.

> *those who; *these who*
>
> *that man who; *this man who*
>
> *It happened that winter when John had his accident *this*

De même, si on a un adjectif définitoire dans l'énoncé, seul *that* sera possible.

> *She wants to buy that blue hat, to match her blue dress*

Mais si l'adjectif ne joue pas un rôle définitoire, ou si c'est un adjectif de type appréciatif *this* sera possible.

> *She wants to buy this lovely dress.*
>
> *She wants to buy this lovely blue dress.*

This renvoie à l'énonciateur - comme *lovely*.

Dans les textes scientifiques[69] les valeurs fondamentales de *this* et *that* se retrouvent mais les caractéristiques mêmes de ce type de discours mettent en valeur d'une façon toute particulière la différence d'emploi de *this* et *that*.

> *(Laboratory mice and desert woodrats were chosen for the experiment ...). « Why pick* these *beasts ? Experiments on metabolic matters have to be kept free of stray influences from factors such as body size and effects of diet.* That *narrows the choice to similarly sized creatures that can be fed on identical diets - in* this *case, alfalfa pellets.* »

On constatera que dans le cas de *that* (deuxième occurrence), on a « un état de choses asserté, que l'on reprend sans rien marquer de plus que l'introduction dans le discours ». Tandis que dans le cas de *these/this* (1ère et 3ème occurrences) on met « au centre de l'attention un fait qui est l'objet d'une action (un choix) délibérée : « pourquoi avoir choisi ces animaux en particulier ? »... « dans le cas qui nous concerne... ». »

---

[69]. Voir Marie-Hélène Culioli (1985) : nous lui empruntons l'extrait cité (Stephen Young in N.S. 27.06.85) et ses commentaires. Pour les compatibilités des adjectifs *this* et *that*, voir L. Danon-Boileau et M. De Cola in CGRA Tome IV à paraître, 1989.

2.2.9. 's - Le génitif déterminatif (dit de « **possession** ») et le génitif dit « **générique** ».

1) Génitif déterminatif

's comme les pronoms *my, his*, etc., est un marqueur de fléchage. Il sert à déterminer de façon particulière le nom qui le suit. Il relie le deuxième nom au premier par une opération de *localisation*.

Le premier nom peut être :
— un nom propre :
John's violin is particularly good.
— un nom désignant un objet spécifique (extrait ou fléché) :
I have a boy's violin in my shop : he asked me to sell it
This boy's violin is particularly good.
— un nom à valeur générique comme représentant de la classe :
A bird's legs are fragile.
— un nom à valeur générique renvoyant à toute la classe :
Birds' legs are fragile.

Dans chacun de ces cas, le *'s* marque une relation qui dans les contextes donnés peut s'interpréter comme génitif déterminatif dit « de possession ».

Il faut noter que sa valeur peut s'interpréter aussi comme l'appartenance d'une partie au tout, comme propriété d'un humain ou d'un objet, relation de parenté, etc.[70], selon les propriétés des deux noms utilisés.

Dans chacun de ces cas, les deux noms ont des valeurs référentielles bien définies.

2) Génitif à valeur adjectivale (dit **générique**)

Placés dans certains contextes, le premier nom peut prendre une valeur **adjectivale** qualitative, et c'est autour du deuxième nom que la relation prédicative se construit.

Dans ce cas, le premier nom, à valeur qualitative, n'est déterminé par aucun article. Si l'expression N's N est précédé d'un article, celui-ci détermine obligatoirement le deuxième terme. C'est ce qu'on appelle généralement un génitif générique et que nous appellerons **génitif à valeur adjectivale**.

En réalité, il s'agit bien d'une même opération de localisation, mais le premier terme sert simplement à qualifier le second.

There was a woman's magazine on the chair; it had been torn to pieces.

C'est autour de *magazine* que se construit l'énoncé. L'article « *a* » détermine *magazine; woman* a une valeur adjectivale (= féminin, ou de femme ou pour femme). (Comparer à *there was an* **old** *magazine on the chair*).

There are 34 old people's homes in the town.

---

70. Voir V. Mela (1982) et J. Guéron (1980). Voir C. Delmas (1983) pour la différence entre 's et la construction avec « of ».

De même, ici, le quantifieur 34 détermine *homes*; *old people* qualifie ces *homes* (= *for old people*).

On remarque que l'adjectif *old* porte sur *people* et non sur *homes*. Seule la cohérence sémantique nous contraint à cette interprétation, ni le *34*, ni le *there are* n'étant incompatibles avec un génitif déterminatif. On pourrait en effet trouver :

Of course, there is John's book to be taken into account...

These 34 old people's home had to be destroyed.

(= *the home of these 34 old people*)

L'adjectif peut aussi bien porter sur le premier nom que sur le deuxième.

Dans l'énoncé :

A deep man's voice answered the phone.

deep qualifie *voice* à cause de la cohérence sémantique, et du même coup entraîne l'interprétation de « *a* » comme déterminant de *voice*.

Toutefois : *a man's voice answered the phone* est parfaitement ambigu hors contexte.

On remarque que le problème de savoir ici s'il s'agit de « une voix d'homme répondit » (génitif à valeur adjectivale) ou « la voix d'un homme répondit » (génitif déterminatif dit possessif), n'est pertinent que dans le passage au français.

Remarque : Ruth Huart (1983), montre que, aussi bien dans les génitifs « possessifs » que dans ce que nous appelons les génitifs génériques à valeur adjectivale, il y a un accent sur les deux noms, comme d'ailleurs si on a une suite « adjectif + nom » :

This boy's violin

It's a good violin

A woman's magazine was on the chair.

Donc hors contexte, aucun signe ne peut distinguer un génitif dit possessif d'un génitif (générique) à valeur adjectivale. C'est le rôle de la suite N's N dans la construction de l'énoncé qui pourra être interprétée d'une façon ou d'une autre.

Toutefois dans quelques cas, l'article devant l'ensemble N's N ne peut s'appliquer qu'à l'un des deux noms, à cause des propriétés de ce nom : l'interprétation alors cesse d'être ambiguë.

Dans la suite : *a businessman's luggage*, *luggage* ne peut être précédé de *a* puisque c'est un nom qui fonctionne en continu ; donc ici il s'agit d'un **génitif déterminatif** : *the luggage of a businessman.*

Ceci n'empêche pas *a businessman* d'avoir (si c'est un contexte générique) une valeur générique en tant que représentant de la classe des « *businessmen* ».

De même dans l'énoncé suivant :

There is only one poor people's home,

one ne peut déterminer *people* qui est un nom pluriel. On a donc un génitif (générique) à valeur adjectivale. (*one home*).

A children's bookshop

a ne peut déterminer *children* qui est un nom pluriel, donc on a un génitif (générique) à valeur adjectivale (*a bookshop for children*).

Exemple d'ambiguïté levée par le contexte :

A man's soul is difficult to reach...

hors contexte on ne peut savoir s'il s'agit de *the soul of a man* ou de *a human soul*. Dans le texte (Y,l.13.), on trouve l'énoncé suivant :

A man's soul is difficult to reach if he's got an empty stomach

(se reporter à cette analyse).

3) **Génitifs génériques stricts**

On peut trouver des génitifs génériques stricts qui, en contexte ou hors contexte, seront toujours interprétés comme ne formant qu'une seule unité sémantique : pas de valeur référentielle pour chacun des deux noms, mais une valeur référentielle pour le bloc; l'expression est lexicalisée. Ruth Huart (1983), a mis en évidence cette catégorie qui est la seule où le deuxième nom perd son accent.

Nous reprenons ici les exemples qu'elle donne ainsi que la notation des accents.

— Le premier nom est singulier

a ˆno-man's land

a ˆmaster's degree

a ˆsolicitor's office

ˆwoman's hour

ˆgoat's milk

ˆchild's play

— Le premier nom est pluriel

a ˆladies' man

a ˆmen's club

a ˆchildren's court

a ˆgirls' school

a ˆprisoners' camp

ˆservants' quarters

L'accent ˆ indique le seul accent de l'expression avec chute mélodique de la voix si l'expression est citée isolément.

Elle fait remarquer que dans cette catégorie de génitifs, le *'s* souvent disparaît pour nous laisser devant un nom composé, (plus encore en américain qu'en anglais britannique) :

a sailor-suit

a butcher-knife.

ANALYSES D'EXEMPLES

Analyses d'exemples portant sur la détermination nominale

Foreigners have souls (Texte X,l.1)

On a deux fois l'article *Ø* devant des noms fonctionnant en discontinu. La fonction fondamentale de l'article *Ø* est de renvoyer à la notion (nous avons vu que nous utilisons cette expression dans le sens de renvoi à une détermination minimale) : il a la fonction de renvoyer à ce qui est essentiellement qualitatif, c'est-à-dire à la propriété « être-étranger », « être-âme ».

Toutefois, le fait que « *foreigners* » soit au pluriel révèle qu'il y a une construction de classe et opération de quantification sur cette classe.

Comme le contexte est généralisant, comme *have* est un verbe d'état, et qu'on attribue une propriété à « *foreigners* », *Ø foreigners* renvoie à toute la classe des étrangers (c'est autour de « *foreigners* » que se construit la relation prédicative : « *foreigners* » est thématisé).

Souls est également au pluriel, mais alors que *foreigners* était en position de C_0 (sujet), *souls* est en position de C_1 (complément); on ne peut l'analyser seul. Il faut considérer le prédicat « *have souls* ». *Have* donne à la relation une valeur de propriété = « *be-souled* ». A la différence de *foreigners*, (= *all foreigners), souls* renvoie à une extraction multiple par itération d'extractions simples; une âme est attribuable à chaque élément pris un à un de la classe des *foreigners*.

Bien noter que ce problème (*des/ les*) n'est pas pertinent en anglais. Il se pose pour les problèmes de traduction en français :

Comparez en français :
> *Les étrangers ont une âme.*
> *Les étrangers ont *les âmes.*
> *Tous les étrangers ont une âme.*
> *Tous les étrangers ont *toutes les âmes.*

Noter également la différence qu'il y a dans l'emploi de l'article en français, entre :
> *Foreigners have souls.*
> *Les étrangers ont* une *âme.*
> *Foreigners like English pubs.*
> *Les étrangers aiment* les *pubs anglais.*

où *English pubs* renvoie à la classe des « *English pubs* » en totalité. L'existence de cette classe est posée implicitement. (Le présent simple *like*, comme *have*, sert à attribuer une propriété à *foreigners*).

* * * * *

The English haven't... (Texte X,l.1)

On aurait pu avoir *English people* pour renvoyer à la classe. Si l'auteur introduit *The English* avec le *the* marqueur de fléchage, c'est pour marquer un contraste entre plusieurs classes à l'intérieur d'une sur-classe.

Glose : « *Les Anglais, eux, n'ont pas d'âme* ».

C'est également pour désigner, de façon particulière, ce qui fait le sujet essentiel de son texte, c'est-à-dire, les Anglais, avec leurs caractéristiques, tous les autres entrant dans la classe non déterminée des *foreigners*.

* * * * *

This is soul (Texte X,l.4)

This, déictique, reprend le contenu du discours précédent, mais le replace comme objet de discours : « *ce que je vous montre ici...* ». *This* est repéré par rapport à l'énonciateur (ici le narrateur). (voir analyse de *this* 2.2.8.).

Soul : article Ø + nom singulier.

Le nom *soul*, on l'a vu, fonctionne aussi en discontinu. Cet emploi de Ø + singulier indique un renvoi à la notion, (c'est-à-dire à la valeur qualitative), ce qui annule le caractère discontinu du nom *soul*, et désigne la propriété de « *ce qui est âme* » ; « *ça, c'est de l'âme* » ou « *c'est l'âme par excellence* ».

L'utilisation de *soul* en continu dans ce texte pour désigner tout un comportement a un effet humoristique. *Soul* est d'ailleurs un peu plus loin traité comme le nom d'une maladie.

Pratiquement tous les noms peuvent avoir ce fonctionnement et renvoyer à la notion.

* * * * *

The English have no soul (Texte X,l.13)

Avec *no* on négative la notion. Avec « *The English haven't got any soul(s)* », on aurait un autre type d'opération : il y aurait parcours soit de tous les éléments de la classe *souls*, soit des quantités de *soul* : *no soul* nie la propriété. « *Les Anglais n'ont rien qui ait les propriétés d'une âme* ». A rapprocher dans le texte de : *just soul, nothing else*, où la notion est également mise en valeur.

* * * * *

If a continental youth wants... (Texte X,l.14)

« *a* », opérateur d'extraction sur une classe d'éléments. Ici, l'élément extrait *a youth*, de la classe des *youths*, sert de représentant à toute la classe car on a itération de l'extraction : « *chaque fois qu'un jeune homme veut...* » ; en effet le *if* désigne ici un parcours de situations (= *whenever*) et non une situation unique.

* * * * *

In England the boy pats... (Texte X,l.21)

L'article *the* est la trace d'une opération de fléchage, c'est-à-dire d'une opération seconde.

Ici, il s'agit de contraster *a continental boy* avec *an English boy* (extraction implicite) : le *the* marque ce contraste. Comme le *a continental boy* et *an English boy* (ou *in England, a boy*...) sont des représentants de la classe, le *the English boy* a une valeur générique.

Ce contraste, comme dans la première phrase, *the English* plutôt que *English people* pour opposer à *foreigners*, marque que le vrai sujet de cette description c'est *The English* ou *In England, the boy*. On pourrait gloser : *En Angleterre, en revanche...* ou « *l'Anglais, lui, ...* ».

A noter également que l'utilisation du générique avec *the boy* donne à la description un caractère pseudo-scientifique : on étudie les mœurs de l'Anglais, comme celles de n'importe quelle espèce animale. Dans une situation de discours on aurait plutôt : *English boys, French boys*, etc., qui renverrait à toute la classe (définie en extension et non en intension. Voir 2.2.4.).

* * * * *

They have the understatement instead (Texte X,l.13)

« *Understatement* » est un nom qui fonctionne la plupart du temps en discontinu. *The* + nom singulier dans ce contexte de type général (attribution de propriété) est un générique. Mais ce générique n'est possible que parce qu'il y a justification situationnelle large : connaissance partagée par tous ceux qui connaissent l'Angleterre ; l'*understatement*, figure de rhétorique qui consiste à dire « moins » pour dire « plus », est attribuée communément aux Anglais (voir les exemples caricaturaux donnés dans le texte).

A opposer au terme *overstatement*, avec l'article zéro utilisé dans le dernier paragraphe : *overstatement*, est utilisé ici pour renvoyer à la notion de prédication (*to overstate*). On ne pourrait pas parler de *the overstatement* car une telle figure de rhétorique n'est pas communément attribuée aux Anglais.

* * * * *

What about that German boy (Texte D,l.5)

Fléchage par *that*. *That* semble apparaître pour la première fois dans le texte et ne fait pas partie de la situation d'énonciation (commune à l'énonciateur-narrateur et au co-énonciateur-lecteur).

De quoi alors est-il l'anaphore ? Il faut remarquer que la narratrice est en train de parler d'elle-même et elle sait, elle, de quel « *German boy* » il s'agit. Il y a donc anaphore avec antécédent implicite.

On peut remarquer que *that boy* fait partie d'une période qui n'est plus la sienne : on a donc anaphore d'un élément défini par rapport à une situation construite hors de l'origine énonciative (à la fois différente et coupée du présent).

Expliquer pourquoi on a *that boy* ne revient pas à dire que l'on ne peut avoir que cette forme. On peut très bien imaginer une réplique de la narratrice à sa fille « *Well you see, there was this German boy* » qui actualiserait alors l'élément en question. Elle caractériserait ensuite le garçon en question, le définirait, le décrirait **après** l'avoir mentionné pour la première fois avec *this* (voir 2.2.8.).

* * * * *

He had really said that (Texte E.l.51)

That, avec sa valeur de fléchage anaphorique, reprend tout l'énoncé, avec la modalité appréciative : « *such a beautiful mover as you* ». Dans un autre contexte, on pourrait avoir : « *he really said it* » où *it* reprend une relation prédicative sans qualification (donc une nominalisation), c'est-à-dire une notion. Rappelons en effet que *it* est un pronom. Voir l'exemple « *he refuses to say it* », (Texte B,l.12.).

* * * * *

This is what I thought (Texte C, l.3).

This, déictique repéré par rapport à l'énonciateur dans la situation d'énonciation. Le garçon qui parle présente ce qu'il va dire : le *this* annonce ce qui suit : « *we want to have fun. And we want to be rescued* ».

That serait impossible, car *that* doit être défini par un contexte, alors que *this* est uniquement défini par rapport à l'énonciateur.

Si on avait « *that's what I thought* », cela ne pourrait s'interpréter que comme « c'est bien ce que je pensais », ou « *c'est ce que je pensais jusqu'au jour où...* », selon les contextes, ce qui montrerait que *that* est de toute façon anaphorique de propos prononcés auparavant (par l'autre ou par l'énonciateur).

* * * * *

A picture of this island (Texte C,l.13)

Emploi typique de *this* déictique : repérage par rapport à l'énonciateur et la situation d'énonciation.

Voir les exemples bien connus :
> *This royal throne of kings, this sceptered isle,*
> *This earth of majesty, this seat of Mars,*
> *This other Eden, demi-paradise*
> *This fortress built by Nature for herself...*
> .....
> *This blessed plot, this earth, this realm, this England...*
> Shakespeare, R.II, II,1.

* * * * *

There are people who have to rely on charity (Texte Y,l.7)

People, nom qui fonctionne en discontinu : pluriel. Ici, à cause du marqueur *there are*, opérateur de prédication d'existence, on a un prélèvement pluriel dans la classe des *people* et non un renvoi à toute la classe.

La relative qui suit « *who rely on charity* » sert à qualifier *people* comme on aurait « *there are poor people* »; elle ne sert pas à contraster ces « *people* » avec d'autres « *people* ».

Dans l'énumération de tout ce qu'on trouve dans ce pays, on a plus loin : « *there are thousands of people who...* » où le numéral sert simplement à quantifier le prélèvement.

Il faut donc bien noter qu'une relative n'est pas toujours suffisante pour flécher le nom antécédent : tout dépend du rôle qu'on lui assigne.

Si l'on dit : « *the people who are queuing up there, are waiting for their passports* » : *people* est fléché par *the* à cause de la relative qui, ici, sert à différencier ces gens des autres gens.

* * * * *

In English social life (Texte X,l.29)

Pourquoi a-t-on l'article Ø (*the* étant impossible), alors qu'on pourrait penser que les deux adjectifs déterminent suffisamment le nom ?

Life est un prédicat nominalisé (verbe *to live*) : Ø life renvoie à la notion de prédication : le processus de vivre. *English* et *social* qualifient *life* en tant que notion de prédication.

Si l'on avait *The English social life (that) I have just described...*, le *the* serait possible puisqu'on transformerait le processus de « *life* » en une occurrence singulière déterminée par *(that) I have just described*.

* * * * *

I'm not sure of anything (Texte B,l.4)

Any, curseur de parcours, sert à parcourir tous les éléments de la classe des « *things* » sans s'arrêter sur aucun. C'est la forme négative du verbe qui rend l'emploi de *any* possible (en effet, on ne peut pas « parcourir » une classe avec une assertion affirmative, car alors on a une valeur et une seule pour valider la relation : **I am sure of anything*).

Avec la forme négative du verbe, c'est la valeur quantitative qui est privilégiée : *I'm not sure of anything at all.*

Voir dans l'exemple suivant le même emploi de *any* quantitatif avec la forme interrogative (elle-même signe de parcours).

* * * * *

Is there anyone, anyone at all I ought to feel guilty about ? (Texte B,l.11)

La valeur quantitative de *any* est mise explicitement en relief par *at all*. Comparer avec une valeur qui serait plus qualitative du type *Would you stay with just anyone ?* (avec n'importe qui).

On voit très clairement dans ce texte la différence entre *anyone* et *anybody* : en disant « *is there anyone* » ou « *there isn't anyone* », l'énonciateur effectue un parcours sur une **classe déjà fléchée** : ici, Charley considère le groupe de ses amis; elle vient même de les énumérer. Il serait difficile ici d'avoir *anybody*, car elle sous-entend *anyone of them*, et on sait bien qu'on ne peut avoir *anybody of them.

Quelques lignes plus haut, après l'énumération des amis, on trouve de la même façon *none of them* (= *not one of them*) : on ne pourrait pas, et pour la même raison, avoir *nobody of them.

* * * * *

Never mind anybody else (Texte B,l.15)

L'énonciateur, ici, ne parcourt plus une classe ou sous-classe fléchée préalablement; Geo parle en général : *If you want to go, you should go. Never mind anybody else.* Son avis est que l'on doit faire ce qu'on a envie de faire, *peu importe les autres,* (= *tous les autres...*). *Anybody else* représente un parcours sur la classe des gens, quels qu'ils soient : il n'y a aucune détermination préalable.

* * * * *

There are deserted wives' children (Texte Y,l.9)

-*'s*, comme toujours marque une relation de localisation : *children* est localisé par rapport à *deserted wives*. Le contexte nous indique-t-il si l'on doit interpréter ce génitif comme un génitif déterminatif (de possession) ou comme un génitif générique à valeur adjectivale ?

Si l'on regarde tout l'énoncé, on voit que celui-ci s'organise autour de *children* et non de *deserted wives* : en effet, la relative *who* reprend *children* et non *wives*.

There are marque une prédication d'existence, d'où Ø *children* indique qu'il y a une extraction multiple indéterminée, et *deserted wives* a une valeur adjectivale du type : there are *« fatherless » children who...*; (noter qu'en français dans ce contexte on aurait bien : « il y a **des** enfants de femmes abandonnées...), et non *il y a* **les** enfants... ».

* * * * *

To reach a man's soul... (Texte Y,l.13)

Hors contexte, *a man's soul* est ambigu.
1) « *a* » peut être le déterminant de *soul*, et *man's* prend une valeur adjectivale du type *human* : *a human soul is difficult to reach* (génitif générique à valeur adjectivale).
2) « *a* » peut être le déterminant de *man* : et on aura alors *the soul of a man* (génitif à valeur déterminative dite « possessif »).

Dans notre texte, on voit bien que *a man's soul is difficult to reach* est complété par : *if he's got an empty stomach*. Le *he* reprend *man* et non *soul*. C'est donc autour de *man* que se construit l'énoncé - et on a bien un génitif déterminatif (possessif) : *the soul of* **a man** is difficult to reach if **he's got**...

Cela n'empêche pas *a man* de renvoyer à du générique : *a man* étant un représentant de la classe des « *men* ».

Si on avait eu : « *a man's soul is difficult to reach particularly if it is a sick soul...* », le *it*, anaphore de *soul* montrerait que l'énoncé s'organise autour de *soul* et on aurait un génitif générique à valeur adjectivale : *a human soul... if it is...*

On voit bien que seul le contexte peut lever l'ambiguïté. Bien noter que dans un cas comme dans l'autre, les deux noms *man* et *soul* portent l'accent.

* * * * *

There are four children's homes (Texte Y,l.20)

Dans l'énumération présentée dans le texte, il est clair qu'on se trouve devant un génitif générique à valeur adjectivale : *four homes for children*. La cohérence nous oblige à interpréter le *four* comme déterminant *homes* et non *children*.

There are... introduit tous les établissements de la ville, chacun avec sa qualification particulière. Mais, une fois de plus, c'est le texte qui force l'interprétation.

CHAPITRE 3 : ESSAI DE CARACTERISATION DES DIFFERENTS NIVEAUX D'ENONCIATION [71]

Devant tout texte à analyser, il est utile de se poser les questions suivantes :
— Est-on en présence d'un texte de type « récit » ou de type « discours » ?
— Est-on en présence d'un discours direct, discours indirect, ou de style indirect libre ?

En anglais, le mélange des types d'énoncés dans un même texte est encore plus fréquent qu'en français. Il est conseillé, avant toute analyse de bien définir les plans d'énonciation dans le texte à analyser : en effet les repérages donneront des significations différentes selon qu'ils se feront par rapport à tel ou tel énonciateur (énonciateur-narrateur, énonciateur rapporté; voir **sujet et niveaux d'énoncé***).

Nous donnerons ici, sans entrer dans le détail, des exemples de ces différents types de récit et de ces différents types de discours tels qu'ils apparaissent dans les textes que nous avons proposés pour les analyses d'exemples de grammaire. (Les problèmes de transpositions d'un type de discours dans l'autre se trouvent étudiés dans les grammaires; nous recommandons sur ce point : ***Current English Grammar*** de Sylvia Chalker - 1984 - Mac Millan).

1) Récit à la troisième personne : c'est le récit de type classique.

Texte C :

   « *The passionate noise of agreement from the assembly hit him like a wave and he lost his thread. He thought again* ». (1.5)

— L'origine de tous les repérages est l'énonciateur-narrateur (implicite).
— Temps-aspect : le prétérit (valeur aoristique, c'est-à-dire de rupture avec le moment de l'énonciation de ce narrateur : il n'y a pas de repère-point de vue).

---

71. La dichotomie maintenant classique entre récit (ou histoire) et discours est celle mise en place par E. Benveniste. Voir **Sujet et niveaux d'énoncés***.

— Le personnage est désigné par une troisième personne (**him** - **he**...).

— La modalité appréciative (***passionate***) est à mettre au compte de cet énonciateur-narrateur [72].

« *The simple statement, unbacked by any proof... Ralph's new authority* ». (1.8)
— ***the*** : le fléchage qui reprend la citation précédente ne peut être qu'une anaphore opérée par le narrateur.

— Désignation du personnage par un nom propre : ***Ralph***.

2) **Récit à la première personne** :

Texte G :

« *Later that winter, my mother began to accompany... She would clean up...* » (l.1)

— L'origine des repérages est l'énonciateur-narrateur explicite qui se désigne par « *I* ».

— Le temps du récit est, comme pour le récit à la troisième personne, le prétérit ; c'est un aspect à valeur d'aoristique, c'est-à-dire qu'il marque la rupture avec le moment de l'énonciation. Il n'y a pas de repère-point de vue.

— Le personnage (quand il est le même que le narrateur) est désigné par *I*. Les autres (***my mother, my father***) sont repérés par rapport au narrateur, par des pronoms anaphoriques de première personne (***my***), ou bien comme pour le récit à la troisième personne, par des noms propres (***Alex***).

— Les déictiques sont repérés par rapport à l'énonciateur-narrateur ; ***that winter*** : ici, repérage à valeur de différenciation (voir **this/that**).

— Les modalités également sont repérées par rapport à l'énonciateur-narrateur : « ***She* would *clean*** » ; c'est l'énonciateur-narrateur qui attribue une propriété au personnage : forme dite « fréquentative ». (voir modal « ***would*** »).

Donc, même principe que le récit à la troisième personne, mais les marqueurs anaphoriques comme « ***my*** », révèlent la présence explicite du narrateur comme première personne.

3) **Texte au présent de type « commentaire »**

Texte X

« *Foreigners have souls; the English haven't* » (l.1)

Ces présents ne désignent pas des événements mais des attributions de propriété ; on n'est donc pas dans un récit.

— Ces présents qui servent à opérer des généralisations, combinés à des déterminants qui renvoient à du générique marquent le commentaire.

— Cet énonciateur-commentateur est implicite mais il s'adresse à un lecteur tantôt implicite, tantôt explicite : « ***You will find any amount of...*** » (l.2). Ce *you* qui désigne

---

72. Dans un récit de type rigoureusement « histoire », il n'y a pas de modalités puisque les événements sont censés « se raconter d'eux-mêmes ». Il est bien évident que dans les récits littéraires, les modalités appréciatives sont presque toujours présentes et sont repérées alors par rapport à l'énonciateur-narrateur.

aussi bien un lecteur que n'importe quel lecteur, peut avoir une valeur générique.
— De même les déictiques du type : ***this*** is soul (1.4) et ***this*** is very deep (1.12), que l'énonciateur calcule par rapport à lui-même, posent également l'existence de cet énonciateur. ***This*** = « ce que **je vous** montre, ce qui fait l'objet de **mon** discours ».
— Le texte est donc plus proche d'un texte de type « discours » que d'un texte de type « récit ».
— Les modalités de type appréciatif « ***the worst kind of soul*** » (1.5) sont également à mettre au compte de cet énonciateur-commentateur.

4) Récit au présent à la troisième personne

Texte B

« George goes into the kitchen, fixes... » (1.18)

— Les présents (de narration) désignent ici des événements. Il s'agit donc bien d'un récit (cf. scénario de film). La valeur de ces présents est bien aoristique; ici ces présents marquent, comme pourraient le faire des prétérits, des procès à valeur spécifique, non des attributions de propriété.
— Les personnages sont désignés par des noms propres (*George*) ou des pronoms de troisième personne.
— On observe dans ce récit des passages au style indirect libre « ***They seem to be drinking... This one really should be the last*** » (1.19) (voir §8, le s.i.l.) : les repérages se font subitement par rapport au personnage George; le « *be-drinking* » est repéré par rapport au repère point de vue qui est le présent de George; l'appréciatif « ***they seem...*** » également; le *this* déictique, est également calculé par rapport à George. Le passage du récit à ce s.i.l. est marqué ici, mais ce n'est pas toujours le cas, par des parenthèses, soulignant que l'on « entre » dans « la pensée du personnage ».
— On remarque que dans ce récit il y a même passage à du style hybride direct et indirect : « ***There is me. No, he refuses to say it*** » où le pronom *me* dans un énoncé en italique pour désigner George est suivi immédiatement d'un *he* désignant toujours George mais accompagné par un « *no* », marqueur de « discours » dans un énoncé qui semble pourtant être revenu au récit (troisième personne) et pourrait bien à nouveau faire passer au s.i.l. L'appréciatif « ***such flirting... is unworthy of them*** » va dans le même sens (voir § 8 s.i.l. dans ce chapitre).

5) **Discours direct** :

A l'intérieur d'un récit, on trouve fréquemment du discours direct marqué le plus souvent par des guillemets, des interrogations, et par la présence explicite de deux interlocuteurs.

Texte A - 1.8 à 10; Texte B - 1.1 à 5; Texte C - 1.1 et 2.

— Les repérages se font par rapport aux énonciateurs rapportés, explicites.
— Les temps, aspects, modes, pronoms sont calculés par rapport à ces énonciateurs.
— Le verbe introducteur peut être avant ou après les citations entre guillemets. Bien étudier si la différence de valeur de la phrase citée par rapport à la place du verbe introducteur est pertinente ou non (cf. Danon-Boileau (1982)).

6) Discours indirect explicite :

Le verbe introducteur peut explicitement introduire un report de paroles : *tell, say, ask, suggest*.

    Texte F : *She suggested that she should come...* (l.7)

    Texte C : *He said there aren't...* (l.11)

— Les verbes introducteurs sont repérés par rapport à l'énonciateur-narrateur du récit.

— Le temps des verbes introducteurs est le prétérit : « *suggested* », « *said* ».

— Le personnage qui parle est désigné par une troisième personne.

— Les énoncés rapportés, eux, sont repérés par rapport à l'énonciateur rapporté (c'est-à-dire le personnage) qui reste désigné par une troisième personne.

— Les modalités des énoncés rapportés seront généralement calculés par rapport à cet énonciateur rapporté.

— Mais attention, s'il y a des contraintes (temps, adverbes, etc.), il n'y a en revanche aucune loi qui règle mécaniquement l'emploi des temps dans le passage du style indirect au style direct ou inversement : il faut toujours bien préciser si le repère-point de vue est celui de l'énonciateur-narrateur ou celui de l'énonciateur-personnage : dans l'exemple Texte C (l.11), « *he said there aren't...* », même si le verbe introducteur est au prétérit, le contenu des paroles est interprété par celui qui dit *he said* comme étant valable dans son présent ; rien ne le contraint à utiliser « une concordance des temps ». Il en est de même pour les déictiques.

— Le discours indirect peut également être introduit par un verbe introducteur de type « procès mental », *think, believe*, etc., suivi d'une complétive, ou par un énoncé qui joue implicitement le rôle de verbe introducteur :

Texte F, (l.4) :

    Jeff Handed me the letter. Melissa was taking a few days' holiday...

« *handed me the letter* » équivaut à « *in her letter, she said that...* » et l'énoncé qui suit a toutes les caractéristiques du style indirect. Le *was taking a few day's holiday* est calculé par rapport à Melissa et il s'agit dans ce contexte d'une forme *be + ing* renvoyant à l'avenir de Melissa (voir le contexte et se reporter à l'analyse de *be + ing*).

Bien sûr, l'absence de verbe introducteur explicite rend toujours ce type d'énoncé ambigu. En effet, « *Melissa was taking...* » pourrait être un simple commentaire de la narratrice qui parle à la première personne et se sert de *be + ing* (valeur de reprise) pour expliquer et commenter son point de vue, mais la suite de l'énoncé « *she would like to spend it...* » ne peut en aucun cas faire partie du récit de la narratrice au passé. On aurait quelque chose du genre : « *she wanted to... she asked if she could...* » etc., avec des prétérits qui renvoient au passé. « *She would like...* » ne peut qu'être ici une désactualisation due au discours indirect.

7) Type de style hybride : style direct/style indirect.

Texte D (l.34 - 35) :

    « *I asked them if they would please forward the letter to the boy... and then would they return the picture to me* »

Ce mélange, assez fréquent en anglais, pose des problèmes pour le passage en français.

Discours indirect : *I asked them if...*, puis introduction d'un terme appartenant au discours direct, « *please* », puis passage à la forme interrogative directe : *and then would they return*; mais le *they* est conservé, à la place d'un *you* qu'on aurait au discours direct.

8) **Style indirect libre** :

Ce style, volontairement ambigu, est très fréquent dans la littérature contemporaine.

L'ambiguïté ne se situe pas au niveau discours direct/style indirect libre, mais se situe entre le récit et le style indirect libre. L'ambiguïté vient d'un mélange de repérages :
— du récit à la troisième personne, il a le prétérit et la troisième personne ;
— mais les repérages des déictiques et les repérages des modalités sont instables : ils peuvent avoir comme origine l'énonciateur-narrateur ou les énonciateurs rapportés (personnages).

Texte E :

« *He looked at her with amusement* ». (l.32)

L'énoncé peut appartenir au récit ; « with amusement » peut très bien être une description faite par le narrateur.

Dans l'énoncé qui suit : « *She must remember not to ask Roddy* » (l.33), on a passage du récit au s.i.l. :

must ne peut pas appartenir à du récit au passé, il doit, soit être introduit par un verbe introducteur de discours indirect, soit comme ici, développer un terme qui joue comme **introducteur du point de vue du personnage** ; « *with amusement* » en effet joue le rôle du terme qui fait passer au s.i.l. La modalité déontique *must* ici ne vient plus du narrateur : c'est Judith qui se dit à elle-même qu'elle doit se rappeler de ne pas poser ce genre de questions... et c'est le regard amusé (*with amusement*) qui a provoqué ce passage à une autre origine des repérages.

De même, dans l'énoncé : « *he was going to be too good for her...* » (l.37), intuitivement on se rend bien compte que ce sont les impressions du personnage - mais il faut pouvoir justifier cette intuition par des marqueurs : *going to*, on le sait, doit être indexé à une situation d'énonciation. C'est dans une situation donnée, qu'un énonciateur observe les signes qui justifie sa prédiction ; ici c'est dans l'actuel de Judith qu'elle observe les indices qui lui font prédire qu'il serait *too good for her*.

La modalité appréciative *too good for* également est à mettre au compte de Judith ; le prétérit et la troisième personne appartiennent cependant au récit : on est donc bien dans le s.i.l.

Donc quand on a un récit, si on a des termes pivots qui jouent comme changeurs de point de vue et sont développés par des énoncés où l'on trouve des modalités appréciatives, des modalités se rapportant au sujet-personnage, des termes indexés à la situation d'énonciation du personnage, parfois des termes lexicaux qui ne peuvent être que des termes de « discours » (*yes, no, of course, too too...*), on détectera alors la présence du s.i.l. (voir l'analyse détaillée du texte de V. Woolf qui suit ce chapitre).

THE SEARCHLIGHT : une approche linguistique

A travers l'exemple d'une nouvelle de V. Woolf, **The Searchlight**, nous voudrions esquisser ici une analyse linguistique qui mette en valeur les plans d'énonciation et les niveaux d'énoncés et illustre ainsi le fonctionnement d'un texte littéraire en tant que construction d'une fiction [1]. Nous reprenons en effet à notre compte ce qu'écrit A. Culioli [2] à propos de ce type d'activité langagière :

> « ... le texte suivi à support écrit possède ses propres contraintes linguistiques (nous laisserons de côté les aspects esthétiques) : règles de production et de reconnaissance, en particulier statut particulier de l'interlocution différée entre scripteur et lecteur, règles de cohérence (ruptures ; reprises ; ajustements) et de modes de construction des valeurs référentielles »...

Il va sans dire que nous ne comptons pas épuiser la matière du texte : la critique littéraire par exemple pourrait, à travers des approches différentes, éclairer certains aspects que nous ne pouvons pas aborder. Néanmoins nous pensons qu'un texte de ce type est avant tout un « produit linguistique » : quel que soit son auteur, il est « mise en fonctionnement de la langue par un acte individuel d'utilisation » (E. Benveniste) et par là-même, l'analyse de cet acte d'utilisation nous semble incontournable pour toute autre approche critique, si différente soit-elle de nos préoccupations.

---

1. Cette analyse rédigée par Jean Chuquet est le développement d'un exposé qu'il a présenté à des enseignants du second degré dans le cadre d'un Projet Académique de Formation à Poitiers, 1985.
2. A. Culioli (1984).

I — Le cadre du récit et l'amorce des différents plans

a) **La mise en récit**

En anglais elle passe généralement par la forme aoristique[3] du prétérit (ou simple past : ED) et l'exemple choisi ici n'échappe pas à cette règle. Quels que soient les marqueurs spécifiques d'aspect qui interviennent par ailleurs, nous avons bien la construction d'un « passé » mettant en scène des événements (au sens large du terme) : « *it was pleasant... The trees were in full leaf... rods of light wheeled across the sky...* » tout d'abord dans les deux premiers paragraphes servant à introduire la nouvelle, mais aussi : « *she explained... she went on... she waved her hand...* » etc., fragments du récit proprement dit servant à faire progresser l'intrigue ou à introduire le discours des personnages.

Si nous avons choisi le terme « construction », c'est bien pour souligner qu'il s'agit d'opérations de repérage relevant d'une activité énonciative donnée. Nous ne ferons pas preuve d'originalité en désignant la source de cette activité énonciative comme étant un narrateur, que nous distinguerons bien sûr de l'écrivain ou de l'auteur[4]. La nécessité du narrateur nous est imposée de plusieurs manières (mais toutes sont justifiées par la mise en place de valeurs référentielles telle que l'a définie E. Benveniste dans *L'appareil formel de l'énonciation)* : d'un point de vue général, on peut d'abord dire que le narrateur est responsable de la cohésion du récit, au sens où les éléments y sont organisés et identifiés par un réseau de déterminations anaphoriques, où les repérages des événements les uns par rapport aux autres permettent au lecteur de construire une signification; de plus le narrateur est le « support » indispensable de certaines opérations de qualification et de quantification (au sens général) portant sur les énoncés : jugements sur les « objets » et les personnages du récit, appréciations intervenant sur les événements, etc., et ce même sans avoir à apparaître comme source de ces opérations. Nous allons revenir sur cet aspect du récit qui soulève certains problèmes.

Enfin nous dirons que le narrateur nous est imposé par la construction même des repérages dans le récit, à travers les marques temporelles (ED) et la nature des pronoms (troisième personne). Même si l'on accepte partiellement la caractérisation que donne Benveniste du plan d'énonciation « historique »[5], il nous semble en effet important de souligner que la relation qui existe entre la (ou les) situation(s) de récit et la situation d'énonciation-narration n'est pas à proprement parler une « absence de repérage » mais une relation de rupture (notée ω dans la théorie des opérations énonciatives) qui pose ipso facto son repère-origine, même s'il reste non déterminé ou anonyme. De sorte que « l'interlocution différée » que nous citons tout à l'heure pose chaque lecteur-énonciateur comme une origine

---

3. L'aoristique appartient à la catégorie grammaticale de l'aspect. Le prétérit anglais a des propriétés aoristiques dans la mesure où il présente les événements comme « ponctuels » révolus, coupés du moment d'énonciation. Voir **Aoristique*** et surtout A. Culioli (1978a).
4. Pour plus de détails, voir **Sujets et niveaux d'énonciation*** et L. Danon-Boileau (1982).
5. E. Benveniste (1966) in P.L.G.I. Chapitre XIX : « Il s'agit de la présentation des faits survenus à un certain moment du temps, sans aucune intervention du locuteur dans le récit ». Pour une distinction entre « passé fictif » et « passé réel » voir P. Ricoeur (1984 - Chapitre 3).

possible par rapport à laquelle seront repérées les troisièmes personnes du récit et les « reports de paroles » explicites que constituent les énoncés d'assertions distribués sur tout le texte : ... « *Mrs Ivimey exclaimed... she added... she protested... she pondered...* » etc. Nous reviendrons plus loin sur l'analyse des énoncés introduits ainsi.

b) L'amorce des différents plans

Examinons à présent le début de la nouvelle : trois séries de marqueurs supplémentaires viennent se superposer immédiatement au récit que nous venons de caractériser rapidement. Les deux premiers énoncés nous en donnent déjà des exemples, développés ensuite dans les 21 premières lignes. Il s'agit d'abord du fléchage[6] : **The** *mansion of the 18th century Earl...* (1.1) *in* **the** *great room with the pillars* (1.2).
Ensuite de la marque d'aspect (perfect) : ... **had been changed** *in the 20th century* (1.1). Enfin de l'intrusion d'une modalité appréciative dans la description narrative : *And* **it was pleasant,** *after dining... to go out on to the balcony* (1.2-3).

Ces trois phénomènes ne seraient en eux-mêmes pas atypiques de la mise en récit, dans la mesure où le narrateur anonyme peut d'une certaine manière intervenir sur son récit tout en maintenant la rupture de repérage par rapport à ses coordonnées énonciatives (c'est ce que nous entendions tout à l'heure par « cohésion » du récit). Ainsi le fléchage initial peut relever d'une technique narrative banale où la spécificité de l'élément fléché est justifiée par le récit lui-même en dehors de tout procédé anaphorique : le terme « *mansion* », ainsi que les éléments du décor qui en découlent, sont alors « cités à comparaître »[7] en tant qu'objets de la situation de récit. De même le perfect pourrait instaurer un rapport de simple antériorité par rapport au repère principal du récit : « *peace time, just before the Second World War* ». Enfin la modalité appréciative du deuxième énoncé pourrait éventuellement être mise au compte d'un asserteur-énonciateur effacé qualifiant certains aspects de son récit sans intervenir en tant que « JE ».

Mais c'est peut-être sur ce dernier point que l'hypothèse d'un repérage énonciatif non déterminé mais « omniprésent » (au sens où l'on entend aussi le terme de « narrateur omniscient ») semble le plus fragile. Donnant « tous pouvoirs » au narrateur, elle bloque toute analyse détaillée des plans d'énonciation, ne laissant que le choix entre un récit univoque et des discours cités ou rapportés. Or il nous semble que l'intérêt de la construction d'un récit fictif est de rendre possibles des glissements de repérage à travers lesquels le lecteur (énonciateur potentiel) passe des « événements [qui] semblent se raconter d'eux-mêmes » aux événements présentés à partir d'un ou plusieurs points de vue construits par le texte. Autrement dit, l'amorce d'un **repérage intermédiaire** d'ordre aspectuel et modal nous autorise à poser une source énonciative (comme origine des valeurs référentielles et de jugements « indépendants » de l'origine narrative) qui va progressivement trouver sa définition dans la suite du texte. C'est ainsi que la

---

6. L'opération de fléchage est une particularisation qui suppose une première détermination de l'élément ainsi fléché, par le contexte (amont ou aval) ou par son repérage par rapport à la situation d'énonciation. Voir **Deixis - Anaphore*** et 1ère partie « Détermination des noms ».
7. Expression empruntée à L. Danon-Boileau (1982).

première marque aspectuelle (« *had been changed* ») est complétée ensuite par d'autres :

    ...*Mr and Mrs Ivimey's party* **were drinking** (l.8)

    ...*the airforce* **was practising** (l.11)

de même dans la dernière partie du récit :

    ...*She* **had risen.** *She* **had something blue on her head** (l.127)

    ...*She* **had raised** *her hand* (l.128)

    ...*The searchlight* **had passed** *on.* (l.140)

En tant que marques aspectuelles d'accompli et de non accompli ces formes ne sont pas « libres » mais repérées par rapport à un point de vue à partir duquel les procès sont envisagés. Ainsi c'est l'état résultant[8] adjacent au procès « *change* » qui nous est présenté avec « had been changed » : mais nous ne sommes pas pour autant dans une relation de repérage par rapport à un « *now* » (qui serait schématiquement défini comme le moment différé d'énonciation-lecture). Dans le cadre du récit aoristique, le repérage se fait par rapport à une situation intermédiaire (ou relais) dont les paramètres restent à définir. Il en est de même pour les formes de non accompli qui se trouvent alors présentées comme définissant un procès ouvert repéré par rapport à la situation intermédiaire susnommée. Dans ces conditions on peut également définir les fléchages du premier paragraphe comme des fléchages déictiques renvoyant à cette même situation construite. Mais c'est à propos des formes modales que notre hypothèse semble le plus plausible : la modalité appréciative déjà mentionnée introduit un point de vue[9] qui se trouve lui aussi confirmé par d'autres occurrences modales dans la suite du texte.

Nous pensons d'abord à la construction hypothétique (traditionnellement étiquetée comme un « irréel du passé ») dans le même paragraphe :

    ...*had there been a moon, one could have seen the pink...* (l.5)

intéressante pour trois raisons : d'abord parce qu'elle repère l'hypothèse par rapport à une situation fictive[10] elle-même construite à partir de la situation intermédiaire dont nous venons de parler. C'est ce qui apparaît dans la protase (« *had there been...* ») : la construction de cette hypothèse ne se fait donc pas à partir du moment de narration origine mais est décalée par rapport à celui-ci. Ensuite parce qu'elle pose (sans jeu de mots) un point de vue dans l'apodose, à partir duquel « *the pink and cream coloured cockades... would have been visible* » : ce point de vue est bien sûr repéré par rapport à la situation fictive construite dans la protase. La modalité *could* a donc valeur de possibilité dans la mesure où la perception des objets (« *cockades on the chestnut trees* ») est construite comme

---

8. Au sens d'un état acquis complémentaire, résultant de la fermeture de la borne de droite d'un processus ( ]⊢⊣⊢⊣⊢⊣⊢⊣▶) sans qu'il y ait rupture de repérage par rapport au point de vue adopté. Voir A. Culioli (1978a) et J.P. Desclés et Z. Guentcheva (1978).

9. Nous utilisons « point de vue » pour désigner le lieu (linguistique) où se place un énonciateur-asserteur pour considérer un événement : c'est par rapport à ce point de vue que s'effectuent les repérages aspectuels et modaux (façon de considérer le déroulement des procès et façon de prendre en charge les énoncés). Il peut ne pas être distinct du moment d'énonciation, il peut être translaté (et donc distinct du moment d'énonciation), il peut être projeté (ou visé). Voir pour plus de détails : C. Fuchs et A.M. Léonard (1979).

10. Voir J. Chuquet (1984).

validable à partir de la condition énoncée dans la première proposition [11]. Enfin parce que cette « possibilité de perception » est repérée par rapport au terme « *one* » en tant qu'élément, parmi d'autres, susceptible de voir... si la condition était remplie. Ce « *one* » est particulièrement intéressant dans le contexte du récit : il répond bien sûr parfaitement à la logique de la construction de **can** avec le verbe de perception, puisqu'il représente un élément de la classe des humains (il ne s'agit pas de s'intéresser aux « capacités » d'un agent particulier à voir..., mais de construire la relation autour des **circonstances** de la vision - d'où l'hypothèse - et de l'objet vu). Mais il faut aussi remarquer que d'autres constructions étaient possibles : le passif (éliminant totalement la source de la vision) ou une troisième personne du contexte (telle que « *the guests* ») : or il semble que ce « *one* » rompe l'homogénéité du récit organisé à partir de la troisième personne. Dans ce « *one* », comme c'est souvent le cas chez V. Woolf, peuvent se glisser aussi bien « *somebody, anybody* » que « *he* », « *she* » ou « *they* » mais aussi « *you* » et « *I* ». Si toute identification à un individu déterminé est impossible, « *one* » peut être interprétable comme personne humaine, englobant aussi bien l'énonciateur et le co-énonciateur mais ne pouvant y faire référence de façon univoque. Sur ce point au moins, nous serions tentés de rapprocher « *one* » de « on » en français et de ce qu'en dit F. Atlani [12] :

> « 'On' n'est donc pas plus une marque de l'intersubjectivité qu'une marque d'objectivité, c'est une marque frontière qui permet aux deux domaines d'exister. »

Or c'est bien le rôle que remplit « *one* » dans le récit étudié : il permet en particulier le passage de l'objectif des événements racontés au subjectif des événements « vus » à partir d'une situation-relais construite dans le récit. Ce passage sera ensuite confirmé par d'autres marqueurs qui tous tendront à définir une origine de repérages modaux et aspectuels interne au récit ; il s'agit en particulier des passages suivants :

> *...perhaps it was a mirror...* (l.16)
>
> *...no, but she was very well set up and handsome.* (l.28)
>
> *...And certainly she was sitting there now...* (l.59)
>
> *...she thrust something from her - the telescope presumably.* (l.116)

de même que les commentaires récurrents, sur le mode de la comparaison hypothétique, concernant l'attitude du personnage principal, Mrs Ivimey :

> *...She paused as if she were up in the tower...* (l.51)
>
> *A hundred years seemed nothing...* (l.73)
>
> *...as if she were looking out over the moors...* (l.92)
>
> *...as if she were twirling something...* (l.99) etc.

Autrement dit il semblerait qu'il faille poser pour chacune de ces suites un repère d'assertion [13] par rapport auquel « *one* » prenne en charge les modalités - hétérogè-

---

11. Au sens de « it would have been possible for X to see ». Voir les analyses d'E. Gilbert (1986) sur **can** et les verbes dits de « perception ».

12. F. Atlani (1984).

13. Voir ce qui a été dit note 9. et **Sujets et Niveaux d'énonciation***. Ce repérage doit toujours être distingué du repérage énonciatif même s'il lui est quelquefois identifiable. Il permet de dissocier le lieu (abstrait) de prise en charge d'avec l'origine (Sit₀) des repérages temporels et du calcul des personnes. Voir C. Fuchs et A.M. Léonard (1979) et J. Simonin (1984a).

nes au récit objectif - et constitue ainsi un « point de vue intermédiaire ». Sans nous attarder sur les exemples qui illustrent cette hypothèse, nous signalerons tout de même la présence de modalités dites « épistémiques » (« *perhaps it was... and certainly she was... the telescope presumably* ») et même d'une modalité assertive (« *no, but she was very well set up* »), sorte de réponse, rapportée directement au niveau du récit, au discours de Mrs Ivimey (« *I'm not young myself* »). La nature de « *one* » nous empêche, nous l'avons vu, de lui attribuer une valeur référentielle unique : s'agit-il du narrateur effacé ? des spectateurs-interlocuteurs de Mrs Ivimey (« the guests », « the party ») ? La réponse ne nous semble pas nécessaire : seule la construction même de ce repérage intermédiaire à partir du récit fictif nous intéresse du point de vue de l'analyse linguistique, dans la mesure où elle détourne le récit de son objectif premier qui serait, selon Benveniste, de faire « les événements se raconter d'eux-mêmes ».

II — Le discours rapporté

Dès la première page, ce récit met en scène un discours, rapporté au style direct, et ce report de paroles sera régulièrement signalé par les énoncés « déclaratifs » déjà mentionnés : **Mrs Ivimey exclaimed... She added... She went on... She resumed...** etc.
Nous ajouterons au passage que le report direct des paroles dans un récit fait l'économie d'une référence supplémentaire à l'origine des repérages dans la mesure où il « gomme » le marqueur (image de l'énonciateur-origine) « QUE »/« THAT » que l'on trouverait dans le report indirect. Le discours ainsi « introduit » se trouve directement repéré par rapport à son énonciateur, en apposition : dans le cas présent la situation de discours est définie par rapport à un énonciateur principal, Mrs Ivimey, qui prend la parole en tant que « *I* » et définit un co-énonciateur collectif « *you* », les invités de la soirée :

You'll never guess what that made me see! (l.20)

Ce co-énonciateur ne sera rapporté en tant qu'énonciateur que très rarement dans la nouvelle :

— *Why a telescope ?* (l.56)
— *And then, and then... what did he do then...* (l.123)
— *But tell us — what about the other man...* (l.133)

Le moment de cette situation de discours nous a en fait progressivement été défini, en particulier à travers les deux paragraphes introducteurs et par le biais de ce repérage intermédiaire dont nous avons parlé plus haut : les repérages aspectuels, le point de vue privilégié de « *one* », l'actualisation des procès (« *were drinking, was practising* ») dans le récit font place au « *now* » du discours entre Mrs Ivimey et ses invités. L'énoncé modalisé (« *perhaps it was* ») trouve alors son double au niveau du discours (...« *what that made me see* ») où l'anaphore du récit (« *it* ») fait place au fléchage en « *that* » que nous hésitons à classer parmi les déictiques : nous sommes simplement passés d'une anaphore de récit à une anaphore de discours,

Mrs Ivimey faisant alors référence à un événement défini par ailleurs et non plus repéré par rapport à elle-même [14] - doublement défini nous dirions même, dans la chronologie de la situation de discours... et dans celle du récit introducteur. De même nous retrouvons cette anaphore à d'autres moments du discours de Mrs Ivimey :

> **Ah, but there was nobody to say** that *to him* (l.80)
>
> **That** *man ? Oh, that man...* (l.135)

Nous avons un renvoi à un élément défini ailleurs : dans le premier cas, au discours rapporté de son arrière-grand-père (à moins qu'il ne s'agisse des bribes de discours contemporain à la narration secondaire, voir l.78); dans le deuxième cas, au personnage introduit dans le récit de Mrs Ivimey et non repéré par rapport à son discours. Ce **moment du discours** apparaîtra explicitement à trois reprises dans la suite du texte, une fois dans le discours lui-même :

> ... « *I shouldn't be sitting here now* » (l.58)

puis repris en écho (phénomène inverse à celui de tout à l'heure) dans le récit :

> ...*And certainly she was sitting there now.* (l.59)

enfin dans les dernières lignes :

> ...*It was now focused on the plain expanse...* (l.140)

La déixis du discours (« *here, now* ») est donc reprise au niveau du récit (qui fait ainsi référence à son propre repérage - « *at this stage of events* » - en quelque sorte) mais en dissociant le repérage spatial (« *there* ») dans un premier temps, puis en le faisant disparaître totalement pour le remplacer par des éléments du récit lui-même (dernier exemple). Ici encore il nous semble qu'il faille distinguer une pondération différente entre le point de vue de « *one* » (co-repéré avec l'énonciateur Mrs Ivimey - d'où « *now* » - l.59), support de la modalité contenue dans « *and certainly she...* », mais néanmoins distancié par rapport à elle (d'où « *there* ») et un « *now* » davantage inscrit dans le récit « qui *se* raconte » servant de repère localisateur pour le perfect (« *the searchlight had passed on. It was* now... » l.140). De plus, ce « *now* » du discours va pouvoir construire les valeurs référentielles de la narration secondaire, celle de l'énonciateur-narrateur Mrs Ivimey :

> ...*It must have been about* **then** *that my great-grandfather* (l.27)
>
> ...*We saw it ten years* ago (l.36)

où l'on voit « *then* » se définir à son tour par rapport au « *now* » de l'énonciateur (Mrs Ivimey) mais aussi par rapport au repère mis en place dans le récit lui-même (« *in the year 1820* »), c'est-à-dire en rupture par rapport à ce « *now* ». Le second repérage (avec « *ago* ») reste entièrement défini par rapport au « *now* » : c'est aussi celui qui introduit **une parenthèse dans le récit de Mrs Ivimey** et la met en scène à la fois comme **personnage** et comme **narrateur** (« *we saw it... we had to leave... I remember...* »). Nous reviendrons sur ce point plus loin.

Jusqu'ici nous pouvons dire que la situation de discours, elle-même repérée par rapport au récit primaire, sert à son tour de repère pour la narration secondaire de l'énonciateur Mrs Ivimey. Mais il faut également ajouter qu'elle sert de « support » à des énoncés non définis par rapport à un repère particulier, si ce n'est qu'ils

---

14. Voir L. Danon-Boileau (1984) : « that, seul, a vocation à effectuer référenciation dès lors que cette référenciation s'appuie sur une 'reprise de prédication' ».

trouvent dans le personnage de Mrs Ivimey un énonciateur parmi d'autres ; il s'agit de réflexions de portée générale, au présent simple, avec marqueurs de générique :

>...*as one does, sitting alone, with no one to talk to* (1.69)

>...*one of those perfect summer days when everything seems to stand still in the heat* (1.83)

>...*The light... only falls here and there* (1.138)

Un seul énoncé de discours direct, repéré par rapport à une situation « parallèle » identifiable à ce « *now* » nous semble avoir un statut à part :

>*Right you are. Friday.* (1.78)

Bien que posant un co-énonciateur (« *you* ») et donc un « *I* », l'énonciateur reste non identifié : il s'agit davantage, dans l'économie du texte, d'un « émetteur » (« *a voice* ») extérieur au système de repérages principal, dont les paroles sont immédiatement resituées par rapport à la narration secondaire :

>...*there was nobody to say* that *to him...* (1.80)

sans que l'on sache exactement si ce « *that* » est effectivement l'anaphore de ces paroles anonymes ou s'il renvoie aux questions posées dans le récit de Mrs Ivimey (« *What are they ? Why are they ? And who am I ?* », 1.68).

Avant de nous intéresser à la narration secondaire (dont nous avons brièvement parlé plus haut) il est nécessaire de nous arrêter sur un passage hétérogène du point de vue des niveaux d'énoncés dans la nouvelle : nous voulons parler des lignes 20, 21 et 22 à 25. En effet, en ce qui concerne certaines valeurs référentielles (repérages temporels et personnes) nous sommes dans le récit : « *she* » (Mrs Ivimey) et « *they* » (the guests) sont à ce niveau personnages du récit au prétérit :

>*they guessed..., she knew..., she was the great-granddaughter...*, etc.

Néanmoins, au niveau des modalités et de la détermination de certains éléments du texte, les repérages sont moins nets et nous semblent sortir du système de l'anaphore. Par exemple :

>**Naturally,** *they guessed.*

>*Nobody* **could** *guess...* **only** *she* **could** *know.*

>*She* **would** *try to tell it.*

En ce qui concerne les modalités, ce passage nous autorise à poser une origine énonciative (assertive) non identifiable à l'origine de la narration principale ; « **naturally** » serait davantage à mettre au compte du (des) co-énonciateur(s) de Mrs Ivimey (encore qu'il puisse y avoir ici transposition « de re », au niveau du récit, d'un « *of course we can* » de discours), tandis que les autres modalités seraient repérées par rapport à l'énonciateur Mrs Ivimey. Ces repérages sont confirmés par d'autres :

>...*the great-granddaughter of* the **man** *himself.*

>...*he* **had told** *her* the **story.**

Nous avons en effet ici deux fléchages d'éléments du texte dont l'existence n'a pas été posée au préalable ; leurs valeurs référentielles ne sont pas établies anaphoriquement par rapport au contexte mais bien de manière déictique par rapport au narrateur-énonciateur secondaire (Mrs Ivimey). La question en incise : « **What story ?** » nous confirme deux choses : d'une part que « **the** *man* » et « **the** *story* » sont strictement repérés par rapport à l'énonciateur (à l'exclusion des co-énonciateurs qui demandent une définition qui puisse justifier le fléchage) et d'autre part qu'e nous sommes bien dans des énoncés dont le niveau oscille entre le discours indirect libre (les énoncés amont et aval) et le discours direct rapporté (la question en incise). Cet exemple de discours indirect libre se trouve de fait à l'intersection des autres niveaux identifiés jusqu'ici : le récit proprement dit (par ses marques caractéristiques), le discours repéré par rapport à la situation construite dans le récit (Mrs Ivimey and her guests), le repérage intermédiaire amorcé par « *one could have seen* » et continué par bribes (« *perhaps it was...* », « *no, but she was...* », etc.). C'est en tout cas après ce passage que commence le récit secondaire de Mrs Ivimey.

III — La construction du récit-souvenir

a) **La visite : « we saw it ten years ago »**

On ne peut aborder le récit secondaire de Mrs Ivimey (à partir de la l.26) sans revenir tout d'abord sur la parenthèse introduite dans ce récit (l.35) dont nous avons parlé plus haut (voir II). Cette parenthèse va en effet permettre, à plus d'un titre, de tendre une passerelle entre le « *then* » de l'histoire (« *It must have been about then* », l.27) et le « *now* » de la narration secondaire, par le biais de repérages en réseau, dont voici les caractéristiques principales :

1. Nous avons d'abord le repérage (voir plus haut) avec « *ago* » d'une situation dont les valeurs référentielles sont construites de la même manière que celles de la situation du récit secondaire (mis en place plus loin, l.82) :

l.38 : *There were chickens pecking about*

l.84 : *There were the chickens pecking in the farm-yard*

l.39 : *I remember a stone fell from the tower*

l.86 : *Perhaps a stone fell...*

De même « **the** *tower* » (l.34), élément fléché, repéré dans la situation de récit par rapport à : « *they'd owned land up in Yorkshire* », se trouve repris dans cette parenthèse (l.40) puis à nouveau plus loin dans le récit (l.86).

2. Nous avons ensuite la référence à l'instance de narration (« *I remember* ») qui peut être distribuée à la fois sur :

— *I remember from my visit ten years ago :*
 ... $\Big\{$ *a stone fell*
 ... $\phantom{\Big\{}$ *a coat of arms and an old book*

— *I remember from the time he told me :*
 ... $\Big\{$ *a coat of arms and old books*
 ... $\Big\{$ *he read, he told me, old books*
 ... $\phantom{\Big\{}$ *perhaps a stone fell*

3. Nous pouvons remarquer que le lieu, défini par anaphore (« *there* ») est ici encore doublement repéré :

— par rapport à la narration secondaire (mais aussi bien par rapport à la visite « *ten years ago* » - du fait du présent sur un procès statique) :

> *the rope's still* **there**... ***There's a chair still...*** (l.48)

— par rapport au moment de la visite et à la situation du récit secondaire (c'est-à-dire construite par Mrs Ivimey) :

> ***We couldn't find the telescope.. It must have been* there** (where we looked for it) (l.53 et 61)

et :

> ***It must have been* there*... when the old people had gone to bed he sat... looking through the telescope...*** (l.61 et 62)

4. Enfin nous avons un fléchage que ce détour par un « passé récent » permet d'opérer, introduisant ainsi, comme s'il était déjà défini, un élément central du récit secondaire :

> ***But we couldn't find* the *telescope*** (l.53)

Ce fléchage appartient tout d'abord à la situation de la visite, dans la mesure où l'énoncé nous replonge dans la situation :

> *[when] we saw it ten years ago* (l.35)

Mais il n'est pas justifié dans la continuité des repérages auxquels nous avons été habitués :

> *the house, the tower, the rope, the broken steps, the window,* etc.

tous ces éléments étant définis situationnellement à partir d'une situation de base qui pourrait être :

> ***they'd been gentlefolk; they'd owned land...*** (l.33)

« The *telescope* » constitue donc une rupture par rapport à l'itinéraire (et à l'emboîtement des repérages) suivi jusqu'ici : seuls « *a view for miles...* » et la mise en situation abrupte de la part du narrateur secondaire justifient cette « citation à comparaître ». Cette mise en présence (opération déictique) nous donne à voir un élément, introduit dans la parenthèse de Mrs Ivimey, et repris de façon centrale dans la situation de récit secondaire (l.63) : cela rappelle une opération de même type rencontrée au début du récit primaire (cf. « *the mansion...* »). Bien sûr ici, le repérage explicite par rapport à la situation de discours-narration (***Mrs Ivimey and her guests***) provoque une demande de justification (extraction demandée) : « ***Why a telescope ?*** » (l.56). Par là-même se trouve confirmée la position « passerelle » de cette parenthèse, entre le récit et le discours, avec Mrs Ivimey à la fois narrateur et personnage. Replacé dans le cadre du récit primaire, « *the telescope* » ne pose plus de problème et l'on retrouve opposés comme allant de soi (l.53 à 55) :

> **the *clatter of plates...* in the *dining room*** (le « réel » du récit primaire)

et :

> ***Mrs Ivimey, on* the *balcony... could not find* the *telescope*** (le « réel » de la situation de narration et celui du récit secondaire)

b) **Le récit secondaire**

Ce dernier se différencie du récit primaire sur un point au moins : il est repéré par rapport à son origine non seulement en tant que récit inscrit dans le premier (« *she explained..., she paused..., she went on...* », etc.) mais aussi en tant que récit inscrit dans le discours de son narrateur :

> *But where do I begin ?* (1.26)
> *It must have been about then that my great-grandfather...* (1.27)
> *When he told me the story* (1.29)
> *But I remember a coat of arms* (1.44)
> *...he told me* (1.46)
> *...because, he told me* (1.61)

Ce double repérage, peu sensible en anglais (du fait du fonctionnement « monolitique » de l'aoriste en -ED) sera explicité en français par le choix entre trois formes verbales :

— un aoriste de récit (ou constatif)[15] pour les énoncés qui restent dans le cadre du récit primaire : « elle expliqua... fit une pause... continua » ;

— un aoriste de discours (ou descriptif) pour les énoncés repérés par rapport au moment de narration de Mrs Ivimey : « quand il m'a raconté l'histoire » ;

— un imparfait pour repérer des procès ouverts par rapport à un repère-origine translaté (et non en rupture par rapport au moment d'énonciation-narration) :

> « il lisait, lisait beaucoup, (me disait-il), (m'avait-il dit), de vieux livres... car, me disait-il, tous les soirs... ».

Le contraste, marqué en français, entre le récit primaire au passé simple et le récit secondaire de Mrs Ivimey au passé composé ou à l'imparfait (ou plus-que-parfait) selon les types de procès repérés (voir plus loin) va se maintenir dans la première partie de ce récit, tant que le narrateur - Mrs Ivimey repère son personnage (3ème personne) « en rupture » par rapport à son origine énonciative (détermination par anaphore, la valeur référentielle de « *he* » étant définie par rapport à « *my great-grandfather* » et en rupture avec « *I* »). Ce passage du récit (jusqu'à la 1.99) correspond également à la mise en place du « décor » par rapport à un repère translaté (d'où l'imparfait) qui peut globalement être identifié comme celui de l'arrière-grand-père, lui-même présenté comme un narrateur (« *when he told me the story* ») : nous disons « globalement » car ici les repérages sont brouillés et la translation opérée (et manifeste en français surtout) peut être :

1) le fait d'un discours rapporté :

> *[He told me] the name was Comber...* (1.32)
> *the house was nothing but...* (1.34)

mais aussi :

> *[He told me] he read and read...* (1.46)
> *he was alone* (1.82)
> *there were the chickens pecking...* (1.84) etc.

---

15. « Le sujet se pose comme un énonciateur quelconque parmi tous les autres possibles, en droit substituable à n'importe qui », C. Fuchs et A.M. Léonard (1979). Voir l'« histoire » de E. Benveniste, également.

2) mais aussi bien le fait d'une translation de l'origine narrative elle-même (Mrs Ivimey) qui se repère alors par rapport au moment de l'histoire contée par son bisaïeul. Quoi qu'il en soit, cette translation ne sera pas sensible en anglais mais sera dans certains cas relayée par un repérage aspectuel par rapport à un point de vue lui-même difficile à identifier; à travers des formes telles que :

They'd come down in the world, They'd been gentlefolk.. (1.32, 33)

mais aussi :

There were the chickens pecking in the farmyard
The old horse stamping in the stable... (1.84 et ss.)

on peut se rendre compte que les accomplis ou les inaccomplis sont repérés par rapport à un point de vue intermédiaire défini comme « *when my great-grandfather was a boy* » ou, plus précisément, comme « *it was a fine summer's day* ». Mais à partir de ce moment là, la mise en abîme des repérages trouve ses limites : le repérage par rapport à « *when he was a boy* » se confond avec celui par rapport à « *when he told me the story* » qui lui-même (parce qu'il définit en quelque sorte une situation d'énonciation-narration tertiaire) est substituable à « *when I heard the story from him* ».

c) **Le « brouillage » des repères**

C'est bien là une des caractéristiques du récit étudié : malgré une mise en place explicite des repères chronologiques qui permet au lecteur de (re)construire, sur le plan événementiel, les différents niveaux du récit, les valeurs référentielles et les « moments » de prise en charge des énoncés sont délibérément laissés dans l'ambiguïté : le personnage (« *Mrs Ivimey said* ») devient narrateur à un certain niveau (« *I am telling you* »), co-énonciateur à un autre (« *he told* me »). Mais à partir de ce dernier moment-repère, le point de vue de l'énonciateur (« *the great-grandfather* ») devient petit à petit celui du co-énonciateur, de sorte que lorsque le narrateur (« *great-grandfather* ») est présenté à son tour comme un personnage (« *the boy* »), Mrs Ivimey peut à la fois maintenir son statut de narratrice par rapport à son personnage :

He asked himself, my great-grandfather - that boy (1.67-68)

et adopter le point de vue (surtout au niveau des assertions) de son personnage-énonciateur-narrateur :

Perhaps a stone fell from the tower (1.86)

It seemed as if the day would never end (1.87)

et surtout :

But what did the earth look like through the telescope ? (1.97)

et plus loin encore :

And then... look... A man... A man!... (1.109)

Le terme « point de vue » pourrait ici, sans vouloir jouer sur les mots, prendre un double sens : point de repère linguistique construit pour la prise en charge de certains énoncés mais aussi point d'observation à proprement parler, à partir duquel « on » voit (« *as* one *does, sitting alone, with no one to talk to* », 1.69)-c'est-à-dire le garçon, l'arrière-grand-père, mais aussi la fillette, Mrs Ivimey, les invités, le lecteur voient - les scènes de la fin du récit (1.100 et ss.). Il va sans dire que le télescope joue un rôle important dans la mise en place de cette observation de même que son équivalent (contemporain à la situation de narration secondaire), le faisceau de lumière de l'aviation britannique. Mais l'étude de ces phénomènes appartient à un autre type d'analyse. Contentons-nous, dans le cadre des repérages énonciatifs et contextuels, de souligner la dernière étape de l'évolution du personnage - Mrs Ivimey : d'interlocuteur devenu co-énonciateur de l'arrière-grand-père - garçon, elle peut à nouveau se repérer comme personnage par rapport à ce garçon; de l'autre côté du télescope elle devient alors « *the girl* » (« *she (too) had something blue on her head* » - 1.108 et 127), ce qui permet (presque) au narrateur - Mrs Ivimey de boucler la boucle :

Oh the girl... She was my(self) (1.129)

comme l'explicite le récit primaire.

Nous avons évoqué tout à l'heure le statut particulier de la première partie du récit secondaire, rendu plus évident par les formes verbales que l'on aurait en français. Il convient néanmoins de distinguer deux moments dans cette mise en place du décor. Tout d'abord, le point de vue translaté sert de repère à des procès-états (ou assimilés); il s'agit :

1) soit de processus accomplis repérés pour leurs états résultants par rapport au point translaté :

They'd come down in the world (1.32)

A girl the old man had taken to live with him (1.42)

2) soit de processus ponctuels ou duratifs envisagés dans leur itération :

He taught himself (1.45)

He read and read (1.46)

He dragged them up (1.47)

Every night... he sat at the window (1.62)

...and he asked himself (1.67)

donc non repérés comme procès uniques par rapport à une situation déterminée.

3) soit de procès-états à proprement parler :

The name was Comber (1.32)

The house was nothing but a little farmhouse, standing... (1.34)

There they lived (1.40)

She wasn't his wife (1.41)

On peut alors considérer qu'il s'agit d'un point de vue translaté du narrateur (l'arrière-grand-père). Puis on assiste à une redéfinition des valeurs référentielles dans le récit secondaire de Mrs Ivimey :

He *asked himself*

Pronom 3ème personne du récit secondaire (repérage anaphorique), sujet syntaxique du verbe déclaratif « *asked* ».

my **great-grandfather**

Personnage défini par rapport au narrateur secondaire et identifié au sujet (« *he* ») : mise en place d'une valeur référentielle pour le sujet asserteur.

that *boy*

Fléchage anaphorique par rapport au récit secondaire (voir l.27 et l.41) et non déictique par rapport au narrateur; également identifié au sujet asserteur.

Cette redéfinition s'accompagne, pour la seule fois dans le récit, de la construction d'une origine énonciative, avec paroles citées (« *I* ») :

« *What are they ? Why are they ? And who am I ?* » (l.68)

Ceci permet alors de redéfinir également le point de vue translaté qui devient celui du **garçon** présenté comme asserteur, puis repéré comme personnage dans une situation particulière :

It was a fine summer's day. A June day (l.82)

à partir de laquelle sont repérées des formes de processus ouverts :

There were the chickens pecking... (l.84)

ou des états :

...and he had no one to talk to (l.87)

Le passage par un énoncé au statut ambigu :

« *But what did the earth look like through the telescope ?* » *she asked* (l.97)

explicitement repéré par rapport au narrateur secondaire mais implicitement asserté par le personnage en situation d'observateur (« *he - the boy - asked himself* ») nous fait basculer dans la deuxième partie du récit secondaire (l.100 à 121).

Cette deuxième partie s'accompagne d'« indications scéniques », pourrions-nous dire, qui nous sont livrées au niveau du récit primaire (mais présentées à partir du point de vue intermédiaire dont nous parlions au début de notre analyse) :

...as if she were looking out over the moors... (l.91 à 93)

Then she made a movement, as if she swung... (l.96)

...She made another quick little movement with her fingers as if she... (l.98-99)

puis plus loin :

... (she lowered her eyes)... (l.104)

Mrs Ivimey opened her arms... (l.112) etc.

D'autre part, à de rares exceptions près (description du paysage observé : « *there was a house* » - l.104, « *and just when the stars were showing...* » - l.120), le récit secondaire concerne alors des procès ponctuels tous repérés par rapport à une situation particulière mise en place auparavant (voir l.82).

Il nous semble alors que le commentaire rapporté au niveau du récit primaire (mais à travers une vision particulière - cf. « *they could see that...* » - l.91) se superpose, sur le mode d'une comparaison fictive (« *as if she were...* ») au récit (« au fil de l'action ») du narrateur - Mrs Ivimey qui n'a plus tout à fait son statut de narrateur objectif (voir ce qui précède); ici encore les marqueurs en anglais restent totalement opaques et l'aoriste en -ED ne se distingue pas de ceux fonctionnant dans le récit primaire. Néanmoins, pour tous ces procès ponctuels en succession événementielle, on peut considérer plusieurs transpositions dans le système de repérage français :

— l'aoriste de récit (passé simple) qui correspondrait alors exactement au récit « historique » de E. Benveniste;

— l'aoriste de discours (ou passé composé) qui fait sortir le récit de son statut de « construction fictive » et repère les événements comme révolus par rapport à un narrateur identifié;

— le présent à valeur aoristique (qui serait très proche ici d'un présent de « reportage »)[16] par lequel le narrateur identifie son moment de narration à celui du point de vue de l'observateur-acteur (le garçon) sans que leurs situations puissent être repérées, autrement que par rupture, l'une par rapport à l'autre. Ceci correspond également à ce que nous avons souligné au plan du récit primaire et de ses comparaisons fictives (« *as if she were kissing someone...* » - l.112- *she is and she is not*). Nous remarquerons néanmoins que cette dernière solution poserait certains problèmes dans la traduction du texte : il faudrait vraisemblablement aménager l'introduction du présent **avant** le passage en question et nécessairement inclure la ligne 97, ce qui éliminerait d'emblée l'ambiguïté signalée plus haut.

Si nous avons insisté sur les traductions possibles de cette deuxième partie du récit secondaire, ce n'est pas pour éclairer le fonctionnement de l'anglais par celui du français mais pour montrer qu'à ce niveau la narration secondaire pose l'ambiguïté du point de vue :

— soit elle obéit aux règles de la narration d'événements présentés comme ponctuels, en discontinuité les uns avec les autres et en rupture avec l'origine narrative. C'est ici que nous retrouvons alors la formule de E. Benveniste : « les événements sont posés comme ils se sont produits à mesure qu'ils apparaissent à l'horizon de l'histoire ». Or cette « mise à distance » avec effacement total du narrateur convient très mal au passage étudié, comme nous avons essayé de le montrer. On s'en aperçoit d'autant mieux lorsqu'on examine la fin du premier paragraphe de narration, lignes 109 à 111 :

And then... look... A man... A man!... etc.

L'impératif, la définition des événements par deixis par rapport à la situation d'observation nous invite à poser une autre organisation pour le récit. Il en va de même (lignes 114-115) pour l'introduction du perfect (« *he had seen* ») par rapport à ce que l'on aurait pu avoir dans ce récit « événementiel » :

« *The first time he saw a man kiss a woman was...* »

— soit cette narration introduit alors un dédoublement qui à la fois maintienne les événements en rupture par rapport à la situation d'énonciation origine (valeur du repérage)[17] et introduise une origine assertive « contemporaine » (au sens d'une identification de repérages) des événements racontés. Or ce dédoublement dans le texte anglais ne pourra s'opérer que par le biais d'un présent dit « de narration », que R. Huddleston[18] décrit ainsi :

« I transport myself, as it were, into the past and narrate the events as they unfold from that vantage point instead of from that of the context in which the utterance is actually taking place. »

Or dans le cas qui nous intéresse, ce « transport » est rendu difficile dans la mesure où le point d'observation est déjà occupé par un personnage : l'ambiguïté de

---

16. Le présent « historique » est une généralisation du présent « de reportage », dans lequel le repère-origine fictif est identifié à un marqueur chronologique du récit - donc à la fois présent et en rupture aoristique. Voir A. Culioli (1978a).

17. Pour les différentes valeurs que peut prendre l'opérateur de repérage, voir **Repérage***, **Aoristique*** et aussi A. Culioli (1978a).

18. R. Huddleston (1984) p. 147. Voir également G. Leech (1971).

l'identification narrateur (Mrs Ivimey) - personnage (mais lui aussi narrateur, nous l'avons vu) n'a d'intérêt que dans la mesure où sont maintenus distincts repérages énonciatifs, point de vue rapporté et événements décrits. C'est ainsi que la ligne 97, que nous avons évoquée plus haut, ne saurait devenir :

« *But what does the earth look like through the telescope ?* »

sous peine d'être un discours direct cité (celui du garçon) ou mimétique (celui du narrateur). De même le présent simple dans le passage qui suit cette question ne prendrait pas en compte l'instance narrative et rendrait la formulation de la ligne 101 assez curieuse :

He focusses it so that *he can see... each tree.*

On peut en effet supposer que « *so that* » relève de la « mise en récit » des événements (voir ce que nous disions au début de cette étude sur la cohésion du texte) et non de la présentation en séquence d'événements ponctuels, disjoints les uns des autres. Il nous semble donc que le maintien du prétérit, dans le système de repérage propre à l'anglais, conserve à ce récit secondaire toute son ambiguïté : formellement identique à celui employé dans le récit primaire, il permet la mise à distance narrateur - événements rapportés. Parce qu'il présente ces procès comme bornés, fermés et disjoints, il est apparenté, par ces propriétés aoristiques, à un présent de « reportage » ou à un présent de « narration », ce qui pourrait alors faire apparaître le passage comme un discours ou un récit (selon le cas) du bisaïeul rapporté par le narrateur secondaire; le passage à « *And then... look...* » se comprendrait alors comme un glissement de la narration rapportée (« *and then* ») au discours mis en scène (« *look... A man...* », etc.). Enfin, nous l'avons vu à travers les traductions possibles, le prétérit peut également être un aoriste de discours repéré comme révolu par rapport à l'énonciateur-narrateur secondaire.

Dans la construction du souvenir comme dans la mise en place de cette construction au niveau du récit primaire, le prétérit est donc omniprésent : il est mise à distance de la fiction aussi bien que construction du révolu. Il fait apparaître les événements dans leur succession ponctuelle, laissant à d'autres marqueurs le soin de « faire voir » ou d'introduire une source énonciative susceptible de construire à son tour d'autres valeurs référentielles. Ainsi l'« ailleurs » qui est présenté au lecteur au début de la nouvelle peut devenir un « ici » du discours qui à son tour sert à construire un « ailleurs » de la mémoire. La narration brouille les repérages chronologiques donnés au départ : la distinction entre le XVIIIème et le XXème siècle (l.1,2), entre « *the year 1820* » et le temps de l'enfance (« *when I was a child* ») puis le présent de la réception (« *Mr and Mrs Ivimey's party were drinking coffee... on the balcony* ») est tantôt mise en lumière, tantôt progressivement gommée, de sorte que la modalisation dans le récit (primaire et secondaire) vient souligner ce gommage. Nous avons parlé des évaluations successives du type :

perhaps it was... and certainly she was... a hundred years seemed nothing... as if she were... the telescope presumably...

De même le souvenir est tantôt asserté :

I remember a stone

tantôt modifié, entaché d'incertitude :

It must have been there

Perhaps a stone fell

Le « brouillage » des repérages atteint son point extrême au moment de la confusion entre le « *now* » et le « *then* », le « *here* » et le « *there* » :

    She was my... - 1.130

Puis le souvenir reprend ses droits (« *But she remembered* » - 1.130) pour remettre à distance le récit (« *That man ? Oh that man* » - 1.135) et le perdre dans l'obscurité :

— incertitude sur le devenir des personnages (« *he, I suppose, vanished* » - 1. 136)
— clôture du récit secondaire sur un énoncé générique, résumant en quelque sorte les différents plans de la nouvelle :

    The light... only falls here and there (1.138)

La mémoire, comme le télescope ou le faisceau de lumière, n'éclaire que des portions sélectives du récit et détermine alors un « *here* » par rapport à un « *there* », un « *now* » par rapport à un « *then* ». Une fois le rideau tombé et l'obscurité faite, le récit primaire reprend son organisation événementielle de l'« ailleurs » :

    And it was time they went on to the play.

GLOSSAIRE ANALYTIQUE

Repérage

Le concept de repérage entre dans l'opération générale de **détermination** : un terme repéré est un terme qui gagne en détermination. Ce concept est central dans la théorie des opérations énonciatives dans la mesure où « énoncer, c'est éliminer progressivement de l'indétermination » (A. Culioli).

Le repérage est la construction d'une relation binaire **entre un terme repère et un terme repéré** : ce dernier voit son degré de détermination accru. L'opération s'effectue grâce à un **opérateur de repérage** (symbolisé par **epsilon**[1]) qui fait correspondre un terme avec un repère :

$$X \in Y$$
(repéré)   (repère)

X est repéré par rapport à Y.

L'opérateur $\in$ peut prendre différentes valeurs :

— **identification** (=) où X est identifiable à Y. (On ne dira pas « identique », car la relation d'identité est une relation mathématique qui n'apparaît pratiquement jamais dans les langues).

— **différenciation** ($\neq$), où X n'est pas identifiable à Y. X est alors **localisé** par rapport à Y.

— valeur de **rupture** (ω : omega); X n'est alors ni identifié à Y, ni différent de Y. Cette valeur implique que le repérage ne se fait pas par rapport à Y. Cela dit, si X ω Y implique le non-repérage ($\notin$) de X par rapport à Y dans un domaine déterminé, il peut y avoir repérage par rapport à un autre repère, d'une autre nature.

— valeur **fictive** (∗ : étoile) qui est un mixte des trois premières :
$$\begin{cases} \text{ou} \neq \text{ou} = \\ \text{ni} \neq \text{ni} = \text{ (c.à.d. } \omega\text{)} \end{cases}$$

De toute façon, l'étoile ∗ signifie que l'on se situe sur un autre plan, ce qui permet d'avoir = et $\neq$ à la fois, par exemple.

Ces différentes valeurs de l'opérateur permettent de rendre compte de nombreux problèmes rencontrés dans la constitution des énoncés, qu'il s'agisse de la

---

[1]. Pour une justification de ce choix, voir A. Culioli, J.P. Desclés et al. (1981) et A. Culioli (DEA 1975-76).

construction des domaines notionnels, des opérations de détermination intervenant sur les relations prédicatives : temps, aspects, modalités, ou encore sur la détermination de la référence des pronoms.

L'opérateur $\in$ est **métalinguistique** et ne trouve pas nécessairement de marqueur de surface dans les énoncés. D'autre part, à une valeur ne correspond pas, lorsqu'il existe, un marqueur et un seul.

Par commodité de présentation, nous prendrons quelques exemples dans la grammaire de l'anglais :

1) Le premier exemple est celui de la construction des personnes : si « *je* » *(I)* représente une identification entre le sujet énonciateur-origine et le sujet de l'énoncé, « *tu* » *(you)* est d'abord une différenciation-localisation par rapport à l'énonciateur tout en restant **dans le plan énonciatif**.

« *Il(s), elle(s)* » *(he - she - they)* de leur côté, sont **hors situation** et donc en rupture avec l'énonciateur-origine; « en rupture » veut dire que « *il* » ne désigne aucune des « parties prenantes » du dialogue.

Quant à un pronom comme « *on* », il est à la fois en rupture avec l'origine énonciative, mais éventuellement identifié à elle dans certains cas. Les équivalents anglais (*one*, bien sûr, mais aussi *they, we, you*..) doivent attirer l'attention sur le fait que la valeur étoile (∗) du repérage peut être ni =, ni ≠, ou bien au contraire soit = soit ≠, d'où les valeurs « génériques » du *you* par exemple.

En résumé, si X est le pronom représentant le sujet de l'énoncé et Y le représentant de l'énonciateur origine, on aura pour

I   X = Y
You   X ≠ Y
he   X ω Y
one   X ∗ Y

2) *Be* est souvent utilisé comme marqueur d'**identification** :
   this book   is   a dictionary

$$X \quad = \quad Y$$

Have, comme marqueur de la **localisation** ou différenciation :
   John has a good dictionary

a good dictionary est localisé par rapport à *John*

$$X \quad \neq \quad Y$$

de même *Peter has his brother coming over for the week-end*

$$Y \quad \supseteq \quad X$$

3) Le génitif (*'s*) et *of* sont également des marqueurs de localisation :
   Peter's dictionary
   The House of Commons

4) Pour le repérage de la relation prédicative par rapport à la situation d'énonciation (Sit$_0$) nous retrouvons également la mise en jeu de l'opérateur de repérage, par exemple :

— **identification** avec marqueur spécifique **be + ing** (actualisation) : $Sit_i = Sit_0$
— **localisation** (différenciation) avec **have-en** (construction d'une antériorité et d'un état résultant repéré par rapport à Sit_0) : $Sit_i \neq Sit_0$
— **la valeur de rupture** pourra ne s'accompagner d'aucun autre repérage, exemple : le présent simple, à valeur générale ;

ou bien il fera intervenir un autre repère (adverbe de temps, date, etc.), exemple : le prétérit anglais qui présente les événements comme **disjoints** du moment d'énonciation et repérés dans un système chronologique indépendant. Autre exemple : le futur, qui introduit une rupture, entre le moment d'énonciation à partir duquel est **visée** une validation et la situation de validation visée elle-même (pour une définition de la visée, voir **Degrés de détermination verbale***) Dans tous ces cas de figure, on parle de **valeur aoristique du repérage** : $Sit_i \ \omega \ Sit_0$.

— **repérage fictif** : $Sit_i * Sit_0$, utile chaque fois que l'énonciateur-origine se **dissocie** de la situation de référence par rapport à laquelle la relation prédicative **est prise en charge** (ou situation d'assertion) : on voit que de toute façon, on a **rupture** par rapport au plan d'énonciation.
Ceci permet éventuellement un retour sur l'origine (d'où une pseudo-identification). Ce cas de figure se rencontre notamment dans les constructions imaginaires (jeux, assertions « comme si ») les hypothétiques, les descriptions d'expériences (en sciences par exemple), les reportages, etc.
Le prétérit dit « modal » (qu'il soit d'atténuation, d'hypothèse ou de report de parole) en est un bon exemple.

Localisation

Voir **Repérage***. Rappelons simplement qu'il s'agit d'une opération de repérage impliquant la **différenciation** ($\neq$) entre repère et repéré. Il est bien entendu que le sens de « situé par rapport à un lieu » (au sens topographique) ne doit servir que d'image puisqu'il s'agit ici d'une opération **abstraite**.

Opérations constitutives d'un énoncé (A. Culioli)[1]

I) Relation ordonnée, ou relation primitive.

Nous appellerons **notion** un système complexe de représentation structurant des propriétés physico-culturelles d'ordre cognitif (notions dites lexicales, notions grammaticales (aspectualité, ... etc.) et de façon générale, toute relation entre notions). Une notion est antérieure à la catégorisation en nom, verbe, ... etc. Elle est définie en intension[2] et n'est pas quantifiable. A partir d'une notion, on construit un domaine notionnel[3], muni de propriétés formelles (construction de la classe, construction du complémentaire linguistique..).

Commentaire 1 — Nous remercions A. Culioli de nous avoir autorisés à reprendre ici une partie (p.8 à 17, avec quelques coupures (...)) de la communication qu'il a présentée à la session plénière du XIIIème Congrès International des Linguistes (Tokyo, 1982) intitulée : « *Rôle des représentations métalinguistiques en syntaxe* » publiée dans la collection ERA 642 -DRL. Université de Paris VII. Les commentaires relèvent de notre responsabilité lorsque aucune source n'est indiquée.

Commentaire 2 — « Nous ne travaillons pas sur des occurrences référentiellement définies. Nous travaillons en **intension,** qualitativement si l'on veut... [les occurrences] sont individuables mais ne sont pas qualitativement distinguables, discernables » (A. Culioli, DEA 83-84 p.37). En mathématique, définir une classe en intension (ou compréhension) c'est donner les propriétés **communes** à tous les éléments de cette classe; la définir en extension c'est en énumérer les éléments.

Commentaire 3 — Un domaine notionnel (noté (p,p')) est le domaine d'occurrences d'une notion : « ces domaines ne sont appréhendables qu'à travers les occurrences qui permettent leur constitution » (A. Culioli, 1981, p.69). Il s'agit ici d'**occurrences linguistiques** et non phénoménales, spatio-temporelles, liées à la désignation d'objets. « Une occurrence [linguistique] est à chaque fois une opération de repérage à travers une situation (abstraite et pas nécessairement matérielle) » (ibidem p.72). Le domaine de la notion prédicative est « un ensemble structuré de propriétés physico-culturelles muni d'une **topologie** (...) : soit une propriété **p**. On construit alors la classe des occurrences p_i, p_j de **p**. Toute occurrence p_i de **p** a par construction, un **voisinage**, et il existe donc une autre occurrence p_j de **p**. On voit donc que **p** est représentable par un **ouvert** » (A. Culioli 1978a). Nous précisons que la **topologie** est la partie de la géométrie qui étudie les propriétés qualitatives et les positions relatives des êtres géométriques, indépendamment de leur forme ou de leur grandeur : « la topologie a d'abord été appelée « géométrie de situation » ou « analysis situs » (Robert). Le concept de **voisinage**, en topologie, est lié à la construction de l'espace contenant un élément donné, cet espace étant ouvert : on peut toujours envisager une autre occurrence de cet élément. Cela signifie qu'il n'y a pas de dernière occurrence : nous avons affaire à une **classe**. Le domaine notionnel est obtenu en construisant le **complémentaire linguistique, noté p'**, de **p**, qui ne peut se résumer au complémentaire mathématique (tout ce qui n'est pas **p**) mais à ce qui est différent de **p** (donc une partie **non quelconque** de ce complémentaire). Ceci permettra éventuellement de distinguer ce qui a vraiment la propriété **p**, ce qui n'a vraiment pas cette propriété et une frontière variable (le « pas vraiment **p** »). Voir **Notion***.

> Tout terme constituant d'une relation prédicative appartient à un domaine notionnel, ainsi toute relation prédicative présuppose une relation entre domaines[4]; c'est-à-dire en dernier ressort, entre les faisceaux de propriétés constitutifs des notions. On appellera **relation** primitive une telle relation (partie à tout; intérieur/extérieur... pour ne citer que quelques propriétés). La relation primitive est ordonnée et nous parlerons de source et de but (sans connexion casuelle). Comme il ne s'agit pas ici de sémantique générale mais de base cognitive filtrée par les cultures et les conditions d'énonciation, il n'y aurait aucun sens à dresser une liste des « sources »! Mais il existe des relations stables, parmi lesquelles celle d'agentivité (où l'agent est source et l'agi est but). A vrai dire, la relation d'agentivité est complexe et s'organise sur plusieurs domaines composés entre eux :
>
> 1° notion d'/animé/ : humain, animé, adulte, enfant, animal domestique, inanimé, forces de la nature...
>
> 2° notion de /déterminé/ : individuable, massif, insécable...
>
> 3° /téléonomie/ : processus finalisé, initiateur, conscient ou non, accidentel, erroné, contraint, forcé, instrument...

4º /appréciatif/ : bénéfique (pour soi, pour autrui), détrimental (pour soi, pour autrui), indifférent...

Outre la relation ordonnée entre source et but, nous nous donnons un prédicat à deux places (...)

Commentaire 4 — « Une catégorie notionnelle est un système complexe de représentations, **construit** sur des **domaines** munis chacun d'une topologie. Le domaine peut être constitué par :
α) un ensemble structuré de propriétés physico-culturelles [voir commentaire 3].
β) un réseau de notions grammaticales [concernant l'aspect, la modalité par exemple].
γ) des relations entre notions de type α [au sens où une lexis constitue un domaine notionnel complexe] » (A. Culioli 1978b, p.6).

II) **Relation prédicative (relation orientée).**

Soit, d'un côté une relation primitive spécifiée par un prédicat, et d'autre part un schéma dit schéma de lexis. Ce dernier est noté : $\langle \xi_0, \xi_1, \pi \rangle$[5] où ξ_0 et ξ_1 sont des variables[6] d'arguments et π une variable d'opérateur de prédication[7]. A partir de la relation primitive et du schéma, on construira le prédicat et les arguments, en distinguant un premier argument (d'ordre 0) et un deuxième argument (d'ordre 1)[8]. Ainsi, une lexis résulte de l'instanciation d'un schéma par des termes eux-mêmes construits à partir de notions. On produit par cette opération un agencement complexe qui n'est pas le produit d'une simple opération d'assignation, par laquelle on substituerait, aux variables du schéma des termes catégorisés (en prédicat et argument, en verbe et nom). En conséquence, la construction d'une lexis entraîne (on le verra plus loin) la constitution d'un paquet de relations entre les constituants de la relation prédicative.

Commentaire 5 — Il s'agit d'un schéma de base, dont les lettres grecques -lire « *xi zéro, xi un, pi* » - désignent trois places **vides**, à instancier par les éléments d'une relation primitive (voir plus loin, « a,r,b »). « Si la relation est à un moment une relation à n places, il est important de noter que le schéma, lui, est à trois places » (A. Culioli, DEA 75-76 p.76).

Commentaire 6 — Au sens où ce sont des symboles de places **susceptibles d'être instanciées par différentes valeurs**, pourvu que ces valeurs obéissent à la définition d'argument (pour ξ) ou d'opérateur de prédication (pour π).

Commentaire 7 — Prédication « évoque l'idée de nouer, de rapprocher » (A. Culioli, 1968). On prédique une propriété d'un objet. « Un prédicat est binaire si la propriété s'applique à un couple (...) d'objets réunis par la relation exprimée par cette propriété » (A. Culioli, 1971b). Opérateur : permet de constituer la relation entre les arguments. La forme de surface de cet opérateur n'est pas nécessairement un verbe (cf. en anglais : John*'s* book).

Commentaire 8 — « 0 » et « 1 » comme point de **départ** et point d'**arrivée**. Les termes de **source** et **but** étant réservés à la relation primitive (voir plus haut).

Lexis

Une lexis n'est pas un énoncé : elle n'est ni assertée, ni non-assertée, car elle n'est pas (encore) située (repérée) dans un espace énonciatif[9] muni d'un référentiel [10] (système de coordonnées énonciatives). Si nous désignons par λ une lexis et par Sit (pour situation d'énonciation) le système de repérage énonciatif, on voit qu'un énoncé est le produit de l'opération : $\langle \lambda \in \text{Sit} \rangle$ [11]. Une lexis est donc à la fois ce qu'on appelle souvent un contenu propositionnel (en ce sens, elle est proche du lekton des stoïciens) [12] et une forme génératrice d'autres formes dérivées (famille de relations prédicatives, d'où constitution éventuelle d'une famille paraphrastique d'énoncés). Toute relation qui a cette propriété est une lexis qu'elle devienne un syntagme ou une phrase.

Commentaire 9 — C'est-à-dire prise en charge par un sujet-énonciateur. L'espace énonciatif est défini comme Sit$_0$ ($\mathscr{S}_0, \mathscr{T}_0$) ou « situation d'énonciation origine » qui est un objet métalinguistique construit, avec ses deux paramètres, le sujet et le moment (ou « paramètre des index spatio-temporels ») d'énonciation (voir plus loin V).

Commentaire 10 — « Cet espace énonciatif n'est pas donné une fois pour toutes. Il est **engendré par chaque acte d'énonciation** où chaque utilisateur d'une langue naturelle « **construit** » par son énonciation **son propre référentiel spatial et temporel** (appelé **système référentiel**) : celui-ci n'est cependant pas objectivisé, universel, extérieur et indépendant de tout utilisateur... » (Culioli et alii, 1981, p.71)... étant entendu qu'« une langue naturelle échappe à la contrainte d'une référenciation objective et identique pour tous ses utilisateurs » et qu'« un système linguistique n'est donc pas en relation biunivoque avec l'univers perçu par les organes de la perception » (ibidem p.19). Voir **Notion*** (commentaire 2).

Commentaire 11 — Lire « *Lambda (ou lexis) repéré(e) par rapport à situation d'énonciation* ».

Commentaire 12 — « Il apparaît en grec sous la forme de « lekton » (le terme de *lexis* a un sens légèrement différent), c'est-à-dire le **dit** (...) ce qu'on appelait au Moyen Age le **dictum** (c'est-à-dire, cette relation entre des termes munis d'une certaine orientation) (...) la définition dans le dictionnaire philosophique de Lalande n'est pas celle que j'ai donnée » (A. Culioli, DEA 1975-76). On notera que pour le grec moderne, *lexis* veut dire « énonciation » (Dictionnaire Larousse).

Ainsi :

Le livre de Pierre

Pierre, son livre

Pierre, lui, son livre

de même que :

Pierre a un livre

Pierre, lui, a un livre

appartiennent à la même famille.

De (ou *à* dans *Pierre, son livre à lui*), le possessif, ou la forme finie *a* sont les traces de l'opération de dérivation. Ajoutons qu'une lexis peut être composée avec une autre lexis et que l'on peut construire une relation de repérage entre lexis [13]. Lorsqu'on a affaire à plus de deux arguments, l'introduction d'un troisième argument se fera nécessairement à partir de la lexis élémentaire et l'on construira ainsi plusieurs relations dans lesquelles sera intriqué le troisième argument [14]. La notion d'intrication m'était apparue indispensable pour traiter certains problèmes linguistiques où manifestement, les arborescences étaient inadéquates (parce qu'on constituait deux relations en parallèle et qu'un terme se trouvait donc appartenir à deux relations). Ceci se rencontre par exemple dans l'étude des causatives, ou dans la thématisation, type : *moi, mon frère, sa maison, le toit, c'est lui qui l'a réparé* (...).

On peut, en outre, avoir moins de deux arguments assignables (verbes dits intransitifs, procès à un seul actant) : on conservera les deux places, et l'on aura une relation réflexive (deux places distinctes, identifiables l'une à l'autre) ou en boucle (deux places qui coïncident).

Commentaire 13 — Parmi les cas les plus connus de composition de lexis, citons les relatives, les complétives et, comme il est mentionné plus bas, les causatives : on trouvera alors un terme qui appartient à deux relations, avec les problèmes posés par sa « représentation » dans l'une ou l'autre des relations (par exemple le cas de *qui, que, that,* etc.).

Commentaire 14 — Toute mise en relation d'un autre terme (un argument ou une autre relation) avec la lexis de base (à trois places - voir plus haut) devra procéder par **intrication** : « on pose qu'on a affaire à des relations sur des relations et toujours des relations à deux termes » (A. Culioli, DEA 75-76 p.78).

— Ce nouveau terme peut être extérieur à la relation et lui servir de localisateur, comme dans :

    Jean   *a*   *Paul qui soigne Marie*
    Localisateur   Relation

On remarque que le repérage par rapport au nouveau terme a souvent un marqueur de surface (ici « *avoir* » comme opérateur de localisation).

— Ce terme peut également être celui qui n'a pas été pris comme premier argument dans la relation de base, comme dans :

    Marie a Paul qui la soigne

où le « soigné » sert de localisateur à la relation construite entre un « soigneur » et un « soigné » : le pronom anaphorique (« *la* ») marque tout de même la place du « soigné » dans la relation de base.

A travers les deux exemples donnés, on peut également constater que l'intrication suppose une relation binaire privilégiée entre le premier argument (ici la source de la relation) et le terme extérieur repère :

    Jean a Paul...
    Marie a Paul...

mais également une relation entre ce terme et la relation prédicative tout entière : *Paul soigne Marie « par rapport à Jean »* (ce dernier étant par exemple aussi le frère ou l'ami de Marie, donc directement concerné par l'action de Paul). De même : *Paul soigne Marie « par rapport à Marie »*) ou dans son intérêt, pour son bien, etc.).

Nous voyons donc que dans ces cas d'intrication, le terme extérieur introduit, s'il est animé humain, peut être le bénéficiaire d'un procès dont le premier argument de la relation est l'agent. Dans d'autres cas, cette relation inter-sujets prendra une signification modale de causation :

    Jean fait soigner Marie par Paul

La relation privilégiée entre agent-déclencheur et agent « exécuteur » est d'ailleurs en anglais plus directement explicite quelquefois; à côté de

    John has Paul look after Mary

on peut aussi expliciter la causation avec :
> *John makes Paul look after Mary*

Voici encore d'autres exemples qu'il faudra analyser comme des intrications :
> *Il laisse faire les quatre cents coups à son fils*
> *Il m'a fait une rougeole*
> *I had my car break down on me*, etc.

Orientation de la lexis

Après ces généralités sur la construction d'une lexis, passons au problème de **l'orientation**, c'est-à-dire de la sélection du premier argument (ou complément de rang zéro). Pour orienter, il faut un point initial : celui-ci est fourni par la construction du premier argument. Dans une relation de diathèse[15] active le premier argument sera construit en sélectionnant le terme source dans la relation primitive, pour instancier la place ξ_0 du schéma de lexis.

Désignons la source par la lettre **a**, **b** notera le but, et $\langle ( ) \mathbf{r} ( ) \rangle$ le prédicat (la position des parenthèses est sans importance, on peut aussi bien les mettre à gauche ou à droite pour la commodité de l'écriture, selon la langue étudiée. L'essentiel est de respecter les règles de traitement). Une fois **a** sélectionné, on construit une relation de repérage :
a est repéré[16] par rapport au second membre, donc la relation non saturée $\langle ( ) \mathbf{r} b \rangle$, d'où :

1° : $\langle a \in \langle ( ) \mathbf{r} b \rangle \rangle$

Or, $\langle ( ) \mathbf{r} b \rangle$ provient lui-même d'une opération de repérage, par laquelle **b**, but dans la relation primitive, est repéré par rapport au prédicat $\langle ( ) \mathbf{r} ( ) \rangle$ ce qui me donne :

2° : $\langle b \in ( ) \mathbf{r} ( ) \rangle \rangle$ (je ne donne pas la formule duale)[17]

De 1° et 2° on tire :

3° : $\langle a \in \langle b \in \langle ( ) \mathbf{r} ( ) \rangle \rangle \rangle$ [18]

Mais d'un autre côté, la relation primitive entre **a** et **b** est une relation non réflexive et non-symétrique que l'on peut représenter ainsi :

$\langle b \in a \rangle \leftrightarrow \langle a \supseteq b \rangle$ [19]

Ce qui permet de construire un agencement intriqué, que la représentation linéaire ne peut rendre qu'avec beaucoup de maladresse :

4° : $\langle_2 \langle_0 a \in \langle_1 b \rangle_0 \in \langle_3 ( ) \mathbf{r} ( ) \rangle_3 \rangle_1 \rangle_2$ [20] (...)

Commentaire 15 — « On emploie parfois le mot **diathèse** pour désigner l'ensemble (...) des orientations de la relation prédicative, c'est-à-dire, de façon très schématique, la relation entre le sujet, le complément et le prédicat » (Culioli, 1971b, « Voix »). Peut être considéré comme synonyme de **voix** (voix active, passive, moyenne...) mais l'étymologie de diathèse est plus éclairante pour le linguiste : « action de poser (grec = θέσις) çà et là, distribution » (J. Pinoche 1983), διά en grec signifiant, entre autres, « à travers », « au moyen de, par l'intermédiaire de... ».

Commentaire 16 — Bien noter le **sens** des repérages et l'ordre des opérations : « Soit x un objet [ici il s'agit de **a** sélectionné]; l'action de l'opérateur sur l'objet **x** construit un résultat qui est une occurrence d'une relation binaire obtenue en associant, de façon déterministe, à l'objet **x** un objet **y** [ici, la relation **non saturée**, c'est-à-dire dont toutes les places d'argument ne sont pas instanciées] le choix de **y** étant déterminé uniquement par le choix de **x** et de l'opérateur ∈ » (A. Culioli et al. 1981, p.105). Pour ∈ voir **Repérage*** également.

Commentaire 17 — La formule **duale** (avec « **epsilon miroir** ») doit donc respecter le statut de « repéré » pour ⟨**b**⟩ et de « **repère** » pour ⟨( )r( )⟩ : ⟨( )r( )⟩ ∋ b. Si l'on se donne le triplet de notions ⟨ *Jean, montre, casser* ⟩, la formule en 1°) illustre le repérage du « casseur » par rapport à ⟨ montre, casser ⟩, la formule en 2°) illustre le repérage du « cassé » par rapport au prédicat lui-même.

Commentaire 18 — La lecture linéaire de cette formule doit tenir compte de l'ouverture des crochets (⟨) : **a** repéré par rapport à **b** + **r**; **b** étant lui-même repéré par rapport à **r**.

Commentaire 19 — Ce type de relation implique donc que **a** ≠ **b**, dans la mesure où la relation construite par **r** (ex. « *casser* ») entraîne un « casseur » ≠ d'un « cassé », ce que ne ferait pas nécessairement une relation construite par **r** (ex. « *raser* »); « ↔ » se lit : « *équivalent à* ».

Commentaire 20 — Le lecteur ne doit pas être rebuté par ce type de représentation métalinguistique. Elle n'est jamais là pour « faire technique » mais pour au contraire « épurer » le discours, éviter les ambiguïtés, forcer à un calcul rigoureux : à partir du moment où l'on se donne des règles d'écriture et de passage d'une formule à l'autre, le discours est moins intuitif, les hypothèses peuvent être vérifiées et sont de toute façon falsifiables. « On est donc amené à construire un système de représentation formel, non pas au sens où il est désengagé comme dans un système formel mathématique, mais au sens où il va fonctionner de la même façon pour tout le monde, sinon on pourra postuler qu'il est mal constitué. Le problème, c'est d'avoir affaire à quelque chose qui soit 'transportable' » (A. Culioli, DEA 75-76, p.56). La formule (4) paraît complexe car elle essaie de surmonter la difficulté (et la pauvreté) de la représentation linéaire. Elle illustre notamment le paquet de relations qui existe entre les différents termes d'une relation telle que : ⟨ *Pierre, chaise, casser* ⟩. L'indexation des crochets permet de distinguer :
— ⟨₀ ⟩₀ : la relation entre la source (le « casseur ») et le but (le « cassé »), **b** étant repéré par rapport à **a** (epsilon miroir).
— ⟨₁ ⟩₁ : la relation entre le but et le relateur de prédication à deux places ⟨ ( )r( ) ⟩ *instancié par le procès « casser » qui affecte le but,* **b** étant à nouveau repéré par rapport à **( )r( )**.
— ⟨₂ ⟩₂ : la relation entre la source **a** et le reste de la relation, c'est-à-dire ce qui est représenté entre ⟨₁ ⟩₁ et qui sert de repère à **a**.
— ⟨₃ ⟩₃ : qui signale enfin le prédicat à deux places instanciables, par lequel transitera la transformation déclenchée par **a** et affectant **b**.

On remarquera enfin que **b** est doublement repéré : par rapport à **( )r( )** (opération ⟨₁ ⟩₁) et par rapport à **a**; « il fait partie du membre de la relation prédicative qui sert de repère à **a** : **b** est le terme indispensable autour duquel s'organise l'agencement prédicatif, du moins dans celles des langues où l'on marque explicitement la non symétrie de la relation primitive entre **a** et **b**, c'est-à-dire dans les langues à ergatif » (A. Culioli, 1982, dans la présente communication). L'**ergatif**, dans les langues possédant ce cas (ex. Tibétain), est différent du nominatif et marque spécifiquement l'**agent** du procès. Pour ces langues, la distinction entre source et but est dominante. Avec J. Lyons (1968), on pourrait dire qu'un système ergatif « idéal » pour l'anglais serait celui qui distinguerait systématiquement « *he* » agent de « *him* » non agent (comme « *it* » d'ailleurs) dans les suites :

It moved; Him moved (les « sujets » — C_o — du verbe intransitif sont alors affectés par le mouvement, l'agent n'étant pas explicité).

He moved, He moved it; He moved him (où l'on aurait l'agent du procès spécifiquement marqué par un cas, et le but marqué de la même façon que dans les exemples précédents).

Terme de départ

III) **Construction du terme de départ**

Dans la relation orientée que nous avons construite, nous allons distinguer un terme à partir duquel va s'organiser la relation prédicative [21]. Cette construction du repère prédicatif (à ne pas confondre avec le premier argument, même si, très souvent, ils coïncident ou ne sont pas distingués) peut, en simplifiant, se ramener aux trois cas suivants :

i) Le terme de départ (terme distingué) est le premier argument.

Ceci se notera : ⟨ **a** ⊇ ⟨ **a** ∈ ⟨ ( ) r b ⟩⟩⟩ [22]

Je choisis pour fixer les idées, la formule qui représente la relation à orientation active [23] en français. Un tel schéma neutralise la distinction *sans plus/en tout cas* [24], (...). Il pose un terme à partir duquel se structure la relation orientée. (...)

Commentaire 21 — Le repère prédicatif, ou terme de départ, est au sens strict le **thème**, ou **ce à propos de quoi il est prédiqué quelque chose**. L'étiquette « thème » pose problème car elle confond deux opérations de niveaux différents (opération prédicative = organisation de la **relation**; opération énonciative = organisation de l'**énoncé** (voir IV)). Ces deux opérations sont distinctes et même distinguables en surface dans certaines langues (Français, Japonais, etc.) (voir plus loin). Nous signalons également la différence établie entre **premier argument** (orientation de la relation) et **terme de départ**, distinction supplémentaire qui n'apparaissait pas dans les premières analyses des opérations énonciatives (cf. A. Culioli, DEA 1975-1976, p.63).

Commentaire 22 — Bien remarquer qu'à ce niveau des opérations, c'est le terme de départ qui organise, donc qui **sert de repère** à la relation, d'où l'on a :
a ⊇ ⟨ ...... ⟩ ou, pour le cas ii) ⟨ ( ) r b ⟩ ⊇ a...
Il est difficile, à ce stade, de donner des exemples d'énoncés « finis » dans la mesure où, par définition, ces derniers comprendraient aussi des opérations d'un autre niveau (voir IV).

Commentaire 23 — On peut en effet envisager le cas où, la relation ayant été orientée par rapport au terme but (**b**), ce dernier est le premier argument et, dans ce cas i), le terme de départ. Sous une présentation différente on a chez A. Culioli (1971a) : « dans la transformée passive, on trouvera b ∈ b Řa, où Ř marque que l'orientation observée en surface est de **b** vers **a** (« b → a ») et non pas de **a** vers **b** (« a → b ») ».

Commentaire 24 — Nous rappelons ici ce que dit A. Culioli plus haut (passage non commenté ici) : « j'ai constitué une relation : ⟨ x ∈ y ⟩ où sauf explication de ma part (à moi, énonciateur), y est construit comme repère de **x** [dans le cas i) présent, le terme de départ **a** est construit comme le repère de la relation orientée] sans rien dire de plus que « il existe un repère et ce repère est y ». Ceci ne signifie ni qu'il y ait d'autres valeurs possibles pour « repère de **x** », ni qu'il n'y en ait pas d'autres, mais cela signifie que, dans un cadre de référence donné pour une détermination donnée, l'opération a construit un chemin unique entre le repéré et le repère. Nous dirons que la valeur de **y** est **unique sans plus**, ou si l'on veut « **faiblement unique** » (« strictement unique » se dirait de « y et seulement y ») ». Comparer sur ce point (mais on introduit nécessairement des opérations énonciatives aussi) *Pierre sait le russe* (sans plus) **Pierre** *sait le russe* (en tout cas) *C'est Pierre qui sait le russe* (et seulement lui).

ii) Le terme de départ est le second membre de la relation, d'où la notation : $\langle\langle\langle(\ )rb\rangle \supseteq a\rangle \in (\ )rb\rangle\rangle$ [25]

On sait qu'en français on a pour cette opération :

— soit un marqueur prosodique [26]

— soit un marqueur morphématique (substitution anaphorique **soit** par identification stricte, donc une valeur assignée pour une place à instancier [27], **soit** par identification globale, c'est-à-dire construction du domaine des valeurs assignables) [28] (...)

Commentaire 25 — A la différence des opérations d'orientation, où l'on travaillait avec des **termes** instanciant des **places** d'arguments, il faut remarquer qu'ici la relation orientée autour de son premier argument est **binaire** (à cause du fonctionnement de l'opérateur de repérage). Autrement dit, si ce n'est pas le premier argument qui est le terme de départ, c'est l'**autre partie de la relation** (à droite de $\in$), et pas seulement **b**.

Commentaire 26 — Voir l'exemple donné en commentaire (24) :

Pierre *sait le russe*
$\langle(\ )rb\rangle$: terme de départ

« à propos des x qui savent le russe } Pierre remplit cette fonction ».
« quant à savoir le russe... }

Commentaire 27 — « On montre aisément que [dans ce cas] on aboutit à l'assignation nécessaire de la valeur **a**... on a le verbe *être* et l'anaphorique *ce* (*c'est a qui*...) » (A. Culioli, cette communication)

C'est Pierre qui sait le russe
$\langle(\ )rb\rangle$: terme de départ

c' : c'est-à-dire le x qui sait...

Commentaire 28 — Dans ce cas, « **a** est une valeur parmi d'autres possibles... on a le verbe *avoir* et le localisateur *y* (*il y a a qui*), c'est-à-dire un repère non déterministe » (A. Culioli, idem)

Il y a Pierre qui sait le russe
$\langle(\ )rb\rangle$: terme de départ

« Parmi les x qui savent le russe (construction du domaine des valeurs) il y a, en tout cas, Pierre ». *y* est le repère « abstrait » qui valide l'existence de *Pierre* par rapport à la relation $\langle(\ )$ *savoir le russe*$\rangle$, *avoir* (« *a* ») est l'opérateur de localisation de « *Pierre* » par rapport à *y*. Dans les deux cas on notera la présence du relateur *qui* identifiant deux occurrences d'un même terme (*Pierre* est ( ) dans la relation-terme de départ) donc anaphore de *Pierre* et représentant du premier argument dans la relation incomplète (non saturée). Avec *C'* et *Il* nous sommes déjà au stade des opérations énonciatives (voir IV), si tant est qu'on puisse séparer le niveau prédicatif du niveau énonciatif dans ce cas. On a soit **fléchage** (spécificité donc) de l'identification **stricte** et repérage par rapport à la situation d'énonciation (*Ce*), soit **anaphore** (pronom indéterminé *Il*) d'une identification **non stricte**, ce qui est aussi une façon de repérer l'opération qui suit par rapport à la situation d'énonciation. On retrouve ce *Il* (*It* en anglais) dans d'autres exemples du type :

Il était une fois...
Il est exact que...

iii) On ne distingue aucun terme. Cette équipondération entraîne le repérage en bloc de la relation par rapport au repère situationnel Sit. Ceci sera noté : Sit $\supseteq \langle a \subseteq (\ ) rb \rangle$.

Il s'agit d'énoncés de prédication existentielle avec valeur de surprise, mise en garde, transformation brusque... etc.[29]

The baby's crying!; *Il y a Paul qui mange un gâteau!*

Il existe en français une autre possibilité dérivée du repérage situationnel[30] : utilisation comme repère situationnel d'un terme hors de la relation prédicative :

J'ai ma soeur qui a quitté Paris

à côté de :

Il y a ma soeur qui a quitté Paris

En fait, on a intrication de deux relations :

(j'ai ma soeur) et *(ma soeur a quitté Paris)*

Commentaire 29 — Les exemples donnés semblent identiques au cas ii). En fait la distinction se fait souvent au niveau **prosodique**. Ici il n'y a plus distinction, à l'intérieur de la relation, entre terme de départ et ce qui est prédiqué à propos de ce terme, donc pas d'accent (et intonation) contrastif (sur *baby* par exemple). Les deux énoncés ne sont pas, par exemple, des réponses à : *Who's crying ?* ou *Qui mange un gâteau ?* C'est à **propos de la situation construite Sit** que l'énonciateur prédique l'ensemble de la relation : « il se passe que... », « la situation est que... ». Cette situation peut être identifiée à la situation d'énonciation, elle peut être aussi une situation construite par le récit :

Paul avala le gâteau en un clin d'oeil

Voir d'autres exemples :

Qu'est-ce-qu'il y a ? — Ben, il y a que Pierre a eu un accident.

Qu'est-ce que tu as ? — J'ai que quelqu'un m'a volé ma voiture!

où l'on passe alors à l'exemple suivant, donné dans le texte.

Commentaire 30 — Ici encore, opérations prédicatives et opérations énonciatives (choix du repère constitutif) sont intimement liées et l'on empiète déjà sur ce qui est décrit en IV. On remarque que dans :

J'ai ma soeur qui a quitté Paris

il n'y a pas de terme de départ distingué et c'est bien « *ma soeur a quitté Paris* » qui est prédiqué à propos de la situation d'énonciation, et plus particulièrement localisé par rapport à l'énonciateur (« *J'ai* »). Pour que la surface rende compte strictement de ce phénomène, il est nécessaire d'avoir une question qui explicite ce repérage : *Qu'est-ce que tu as ? J'ai que...* Par contre, l'énoncé proposé ici n'a pas besoin de cette explicitation : dans ce cas, on remarque que le repérage situationnel tient compte de l'« histoire » de la relation, en particulier de l'étape $a \subseteq (\ ) rb \rangle$ décrite en II). « *ma soeur* » se trouve ainsi **distingué comme premier argument (a)** sans qu'il y ait distinction d'un terme de départ dans la relation. Rien d'étonnant à ce que l'on ait dans ce cas encore le relateur « *qui* » identifiant deux occurrences d'un même terme, l'une dans une **prédication d'existence par rapport à la situation d'énonciation** (*j'ai ma soeur*), l'autre dans une **prédication prise en bloc** (*ma soeur a quitté Paris*). La première est de fait une métaprédication qui pose le repère constitutif (voir IV).

Repère constitutif

IV) Construction du repère constitutif

Construire le repère constitutif, c'est construire le domaine organisateur de l'énoncé. Dans certains cas, premier argument, terme de départ et repère constitutif vont coïncider, mais ce n'est pas nécessairement le cas [31]. Le repère constitutif n'est pas obligatoirement composé d'un seul terme (cf. japonais, coréen, arabe, français). (...). Le repère constitutif (le topic ou le thème selon les linguistiques) [32] doit être identifié, donc stable (c'est ce qu'on appelle parfois le donné ou l'information ancienne) : on aura donc soit un nom propre (au sens large du terme), soit un générique (toute occurrence dans la classe est identifiable à toute autre occurrence) ou une partition sur la classe soit une reprise [33].

Commentaire 31 — La « confusion » des trois repères se trouve dans les énoncés du type : *Pierre est venu hier* encore qu'il soit toujours possible, on l'a vu, de contraster un élément par rapport au reste et distinguer ainsi, terme de départ et repère constitutif. Pour une distinction entre les trois, on peut reprendre l'énoncé donné plus haut par A. Culioli (cf. II) :
Moi, mon frère, sa maison, le toit, c'est lui qui l'a réparé
moi : 1er repère constitutif ($\in$ Sit)
mon frère, sa maison, le toit : repère constitutif à plusieurs termes, repérés les uns par rapport aux autres, l'origine du repérage étant le premier repère constitutif.
— **mon** *frère* par rapport à « *moi* »
— **sa** *maison* par rapport à « *frère* »
— **le** *toit* fléchage anaphorique par rapport à « *maison* »
Puis on retrouve les repérages envisagés en IIIii) :
— *lui* : 1er argument, focalisé
— *qui l'a réparé* : terme de départ
On peut raisonnablement penser qu'il s'agit ici d'un énoncé produit dans une situation où il est question de bricolage, de faire quelque chose à la maison, si ce n'est de faire des réparations à la maison. On remarquera que les termes « sortis » de la relation prédicative ont leur représentant anaphorique dans cette dernière : **qui** (pour « *mon frère* ») **l'** (pour « *le toit de sa maison* »). En ce sens, on peut dire que la construction du repère constitutif constitue une **rethématisation** (ou thématisation forte) de certains éléments de la relation (voir commentaire suivant).

Commentaire 32 — A condition que l'on comprenne ici que ces linguistiques, en disant « thème », **ne font pas de différence entre niveaux prédicatif et énonciatif**. En fait, nous venons de le voir, le repère constitutif peut être autre chose, une rethématisation en surface ou un élément extérieur à la relation : « on peut en outre montrer que le repère constitutif a toutes les propriétés formelles d'un domaine notionnel » (A. Culioli, cette communication). Il existe également des énoncés **sans repère constitutif apparent** : voir les exemples commentés en (29) ou encore :

> *Quelqu'un a téléphoné*
> *Un homme est venu te voir*

Commentaire 33 — La nécessité d'avoir un repère constitutif identifié, stable, provient de son rôle de **centre organisateur** de l'énoncé : sa détermination doit donc être « déjà faite » pour qu'il puisse servir à son tour de repère. On ne pourra donc pas avoir :

> **Quelqu'un, il a téléphoné*, ni :
> **Un livre, il est toujours rassurant.*

Par contre avec *Un livre, c'est toujours rassurant* l'énoncé est recevable : le fléchage anaphorique (*c'*) ne se fait pas seulement sur « *un livre* » indéterminé, mais unique, mais sur **un livre comme élément d'une classe** où tous les livres sont qualitativement identiques; nous avons donc un **générique**. De même dans :

    Un canard, ça vit des années

Avec une **partition sur la classe** des « *films* », nous aurons :

    Les films japonais, je trouve ça merveilleux.

Ou encore avec une **reprise** :

    Ben mon frère, il m'a dit de te dire que...

« On peut montrer... qu'une « subordonnée » introduite par *puisque* a le statut de repère constitutif dans une relation de localisation de la forme e1 ∋ e2 (...) le repère constitutif représente, de façon plus ou moins complexe, les valeurs énonciatives indiscutées des énonciateurs ou de l'un des énonciateurs (..) » (A. Culioli, 1978b). Ce qui donne par exemple :

    Puisque tu lis des romans policiers (« *c'est un fait que..* »/« *Tu dis que..* »)
      Repère constitutif

                    ....j'ai bien le droit de lire des B.D.

Repérage énonciatif

V) Repérage par rapport au système de coordonnées énonciatives

Une lexis est repérée par rapport à un système complexe comprenant un repère situationnel-origine Sit_0, un repère de l'événement de locution [34] Sit_1, un repère de l'événement auquel on réfère Sit_2. Chaque repère comprend deux paramètres (S pour le sujet énonciateur, locuteur; T pour les repères (spatio) temporels de l'origine énonciative, de l'acte de locution, de l'événement auquel on réfère). Ce système est minimal et peut être enrichi de façon réglée par la construction d'autres repères [35]. La formule de repérage situationnel est donc :

$$\lambda \in \langle Sit_2 (S_2,T_2) \in Sit_1 (S_1,T_1) \in Sit_0 (S_0,T_0)$$

Il existe d'autre part un ensemble structuré d'opérations qui permet de construire la catégorie de la détermination et, en particulier, de traiter de la quantification et de la qualification des termes qui entrent dans une relation de repérage énonciatif [36].

[Ici se termine l'extrait emprunté à A. Culioli concernant les OPERATIONS CONSTITUTIVES D'UN ENONCE].

Commentaire 34 — Nous rappellerons ici que A. Culioli (1984) souligne « l'intérêt qu'il y a à distinguer entre l'instance de locution, où l'on opère avec des locuteurs, pris dans un mécanisme d'émission-réception qui engage des personnes physiquement situées, dans des successions d'événements locutifs, nécessairement munis de déterminations spatio-temporelles, et l'instance-origine notée Sit_0, où le concept d'énonciateur (ainsi que de co-énonciateur) renvoie à une instance formelle dans un certaine topique et à un sujet constitué, avec des désirs, ses croyances, son travail mnésique et ses valuations ».

Commentaire 35 — Il peut en effet être suffisant d'établir la distinction précédente et de considérer le sujet énonciateur comme l'origine du calcul des personnes, du système de détermination temporel (à partir de T₀), le support des modalités et des aspects. Mais lorsqu'on aborde les problèmes posés par le discours rapporté, ou par les énoncés qui semblent ne plus avoir comme origine (au sens d'une prise en charge) le sujet énonciateur, ou encore par les assertions fictives (hypothétiques, irréelles, etc.) la dissociation entre une **situation-origine** et une **situation de prise en charge** s'avère fructueuse. Cette dissociation peut d'ailleurs ne pas se faire sur les deux paramètres (S, T) à la fois. On trouvera chez A. Culioli (1978a, 1978b) un **repère-origine translaté** ($\mathcal{T}'$), une **situation-origine fictive** (Sit₀'); chez d'autres auteurs, le besoin d'opérer cette dissociation fera apparaître de nouveaux concepts :

— distinction entre « **énonciateur** » (origine) et « **énonciateur rapporté** » (assertion) (J.P. Desclés, 1976).

— distinction entre « **sujet-énonciateur initial** », « **sujet asserteur** » et « **sujet de point de vue** » (C. Fuchs et A.M. Léonard, 1979).

— distinction entre **énonciateur-origine** et « **locuteur** » qui prend en charge l'assertion (J. Simonin, 1984a).

Pour une mise au point sur ces distinctions, voir : **Repérage***, **Aoristique*** et **Sujets et niveaux d'énonciation***.

Commentaire 36 — « La quantification et la qualification des termes » concernent bien sûr les arguments nominaux (voir **Détermination nominale***) et la détermination des procès : repérages temporels, aspectuels et modaux. « 'MOD' a un statut qui est celui d'une relation énonciative en relation d'intrication avec la relation prédicative. C'est évidemment une opération complexe parce qu'on n'a pas des couches successives au sens où on aurait une relation prédicative, puis une relation énonciative... A ce moment-là, on s'aperçoit qu'on n'a pas à privilégier la modalité par rapport à d'autres opérations, et qu'en particulier on va voir que l'aspect, le temps, la quantification qui est liée à la modalité et à l'aspect, vont être dans la même classe de ces valeurs référentielles, dans la même classe d'opérations énonciatives » (A. Culioli, DEA 75-76, p. 220).

Notion

Le concept de notion apparaît comme central dans l'analyse de la constitution des énoncés : dès ce niveau sont remises en question la distinction classique entre sémantique et syntaxe, l'analyse du « sens » comme désignation transparente du réel (le référent) et la distinction souvent faite entre les données « objectives » de la signification (un lexique « idéal » commun à tous les membres d'une communauté linguistique) et ses données « subjectives », variations aléatoires d'une « parole » individuelle.

Une notion n'est pas **donnée** une fois pour toutes : elle est **construite**, organisée par les énonciateurs à partir d'un ensemble structuré de propriétés physico-culturelles[2]. La notion est donc une **représentation cognitive et linguistique** et participe des opérations de référenciation au sens où les énonciateurs produisent et reconnaissent certaines **valeurs référentielles**[3] pour des énoncés donnés. Toute

---

2. Voir A. Culioli (1978b), (1981) et (1983).
3. Nous emprunterons à C. Fuchs (1979) la définition suivante : « les valeurs référentielles... relèvent du plan des **sémantismes linguistiques**... elles constituent une visée - transposition linguistique du référent, c'est-à-dire une « représentation » de celui-ci, qui n'est jamais directement accessible... La prise en compte de la spécificité du sémantisme linguistique dans sa relative autonomie par rapport au référent n'est, à notre sens, possible que si l'on reconnaît la dimension essentielle des sujets... ce qui entraîne un **rejet de la dichotomie** entre composants **objectifs** et composants **subjectifs** de la signification » (c'est nous qui soulignons).

notion a un caractère **prédicatif** et est définie en **intension** (voir **opérations constitutives***) : on ne distingue pas à ce niveau entre nom et verbe et l'on peut représenter une notion comme : X ( ), ( ) indiquant le caractère prédicatif (« à mettre en relation avec ») de X.

Toute notion (prédicable) devra subir une suite d'opérations de détermination (qualification/quantification) pour entrer en relation avec d'autres notions et former ainsi des **relations prédicatives**; ces dernières subissent à leur tour des opérations de détermination, en particulier de **repérage*** par rapport à la situation d'énonciation : du prédicable on passe à l'énonçable et éventuellement aux énoncés. C'est par le jeu des opérations énonciatives sur des opérations prédicatives (effectuées elles-mêmes sur des notions) que se définit la référenciation, c'est-à-dire la construction de la signification.

Opérations de détermination intervenant sur la notion :

Nous rappelons que la notion est définie en **intension** : cela veut dire qu'on **ne peut à ce stade distinguer des occurrences**, nous avons affaire à du **compact**, de l'insécable et seules les propriétés (qualitatives) entrent alors en jeu.

Pour pouvoir être déterminée, la notion va subir différentes opérations, dont la première est la construction d'un **domaine notionnel** : définir un domaine notionnel revient à envisager une **classe d'occurrences** de la notion (donc la rendre quantifiable) et, d'un point de vue qualitatif construire un espace topologique qui permettra de distinguer ce qui appartient au domaine (**l'intérieur**, p), ce qui a les propriétés de la notion par excellence (**le centre attracteur**), ce qui n'a pas vraiment les propriétés requises (**la frontière**), ce qui est autre (**l'extérieur**). Même s'il existe des cas où la frontière est vide (on a alors un ouvert et son complémentaire strict, au sens mathématique) il est préférable de travailler en linguistique avec l'hypothèse d'une frontière variable, pouvant avoir une « épaisseur »[4].

L'espace topologique dérivé d'une notion sera donc noté (**p, p'**). Pour reprendre une représentation donnée par A. Culioli (Cours de D.E.A. 1983-84) on aura :

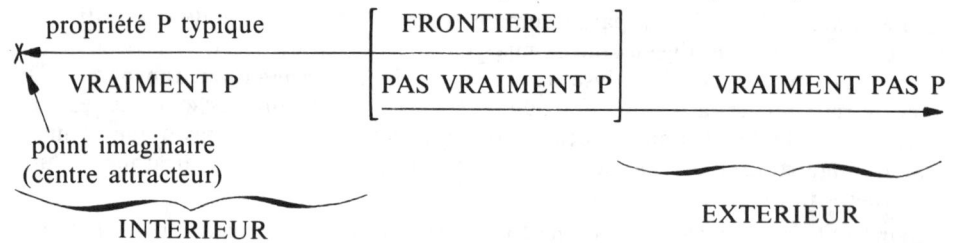

propriété P typique	FRONTIERE	
VRAIMENT P	PAS VRAIMENT P	VRAIMENT PAS P

point imaginaire
(centre attracteur)

INTERIEUR   EXTERIEUR

A partir de la notion prédicative /( )*être chat*/, on restera à l'intérieur du domaine tant que l'on reconnaîtra aux occurrences p_i, p_j de p les propriétés physico-culturelles qui rendent ces occurrences à la fois individuables et identifiables les unes aux autres : nous avons alors affaire à une classe, c'est-à-dire un **ouvert sans dernière occurrence**.

---

4. Voir A. Culioli (1978b) : « Nous voulons [en construisant le complémentaire linguistique, ou notionnel de p] en effet construire non pas le complémentaire mathématique de p, mais une certaine partie, **non quelconque**, de ce complémentaire » et (1981) : « il a fallu... poser la nécessité d'un complémentaire comme partie structurante de ce domaine notionnel ». Pour les problèmes posés par la construction de la frontière selon les propriétés de la notion en cause, voir E. Gilbert in CRGA Tome IV à paraître, 1989.

On peut au contraire se situer à l'extérieur du domaine pour des occurrences qui n'ont plus rien à voir avec la propriété /( )être chat/. Nous avons également affaire à un ouvert et cela peut nous renvoyer à **un autre espace** topologique défini autour de /( )*être lapin*/ par exemple.

Enfin la frontière rassemblera les occurrences qui n'appartiennent ni à l'intérieur, ni à l'extérieur, mais qui pourront être définies par rapport à l'un (pas vraiment p) ou par rapport à l'autre (pas vraiment pas p) : « *ce n'est pas vraiment un chat mais ce n'est pas non plus un lapin* ».

On se rend compte que la construction du domaine notionnel est la condition première d'autres opérations de détermination. Pour ce qui va devenir « substantif » on aura des opérations d'**extraction**, de **prélèvement**, de **fléchage** (qualitatives et/ou quantitatives); on pourra également **parcourir** les occurrences de la propriété, etc.

Pour ce qui est des prédicats, les opérations de détermination feront entrer en jeu :

— la construction du **domaine** notionnel (à partir de /*chanter*/ par exemple).

— des opérations portant sur le degré d'**intensité** (détermination qualitative -*chanter fort, à tue-tête, chantonner*, etc.) et d'**extensité** des procès (détermination quantitative : *se mettre à, être en train de..., finir de chanter*, etc.).

— des opérations portant sur l'**aspectualité** et la **modalité** qui constituent elles-mêmes des **notions** grammaticales (*vouloir, essayer, ordonner.., de chanter*, par exemple).

— enfin des opérations de **repérage sur la classe des instants** (par rapport auxquels on pourra situer le « produit » des opérations précédentes) et par rapport aux **coordonnées énonciatives** : Sit_0 ($\mathscr{S}_0$, $\mathscr{T}_0$).

Degrés de détermination verbale

Les trois formes : Ø ***Base Verbale*** - TO + ***Base Verbale*** - ***Base Verbale*** + ING illustrent des stades différents de la détermination verbale (au sens d'une qualification et d'une quantification de la notion exprimée par le prédicat) tout comme on pourrait également parler de détermination verbale pour les repérages temporels, aspectuels et modaux intervenant sur un prédicat. De nombreuses analyses détaillées existent déjà dans les grammaires et les ouvrages de linguistique[5]. Nous ne proposons ici que les grandes lignes du système que nous estimons indispensables de développer lors d'une analyse de texte.

On peut considérer tout d'abord qu'à un stade primitif, la **notion prédicative*** n'est pas encore spécifiquement un nom ou un verbe : ce n'est que par mise en relation des différentes notions au sein d'une relation prédicative et par constructions complexes entre ces relations (par exemple les complétives) que les **notions vont se spécifier** dans le rôle de **prédicats** (relateurs) ou dans celui d'**arguments**. On aura alors des notions correspondant à des procès (processus, état...) et des notions

---

5. Voir en particulier : H. Adamczewski (1982), N. Chomsky & H. Lasnik (1977), J. Chuquet (1986), P. Cotte (1982), A. Deschamps (1984), A. Gauthier (1980), M.L. Groussier (1981), P. & C. Kiparsky (1971), G.N. Leech (1971), C. Rivière (1983), P.S. Rosenbaum (1967).

renvoyant à des agents, des patients, c'est-à-dire aux « objets » linguistiques mis en relation par ces procès.

Les opérations de détermination intervenant sur les relations ainsi constituées auront certes des marqueurs spécifiques pour les prédicats et pour les arguments, mais les démarches seront parallèles, que l'on veuille évoquer le concept lui-même (sans autre forme de détermination), une occurrence quelconque de la classe (de substantifs ou de procès), une occurrence spécifique, etc. (voir p. 163, note 27). Voici quelques exemples mis en parallèle :

{ **Butter** ? *But I thought you'd given up animal fats!*
{ **Take a taxi** ? *But I thought you were all for exercising!*
{ **A fox** ? **a dog** ? *he couldn't really tell from that distance.*
{ **To die, to sleep**; *to sleep, perchance to dream...*
{ **Dogs** *not allowed.*
{ **Boarding** *buses by front door prohibited.*

En ce qui concerne les trois formes non finies :
— base verbale : $\emptyset_{BV}$
— infinitif : $TO + BV$
— gérondif : $BV + ING$, il semble que les opérations de détermination intervenant sur la notion prédicative **et** le statut des formes ainsi déterminées dans la relation prédicative soient intimement liés.

Certes on les reconnaît toutes trois comme des « formes du verbe » mais il convient de préciser certaines particularités.

1) — **La base verbale** est essentiellement **dépendante** d'un opérateur de prédication (l'auxiliaire modal : *DO, CAN, MUST...*) ou d'un autre prédicat (dans les constructions dites « causales » du type : « ***he made his dog jump over the fence*** »); cette base verbale est dépourvue de marque de personne, de temps et souvent d'aspect : elle n'a qu'un **contenu notionnel** (au sens d'un ensemble structuré de propriétés physico-culturelles) et **qualitatif**.

On la trouve néanmoins **isolée** dans trois cas :

a) à l'**impératif** (2ème personne).

b) dans les **énoncés polémiques de remise en cause** (voir plus haut : « *Take a taxi ?* »... ou encore : « *why go now ?* »).

c) dans une relation prédicative elle-même dépendante d'un verbe introducteur (discours indirect) à valeur proche du déontique :

The Prime Minister thought it essential that the sanctions be implemented as soon as possible

(on peut d'ailleurs retrouver la base verbale précédée de « *should* » dans ce cas. Voir **Modalité***).

Tout en gardant dans ces cas son caractère prédicatif, la base verbale n'est pas à proprement parler le support d'une assertion au sens strict : elle ne porte aucune trace d'accord avec un argument sujet, lorsque celui-ci est exprimé, ni bien sûr de marque de temps. De plus :

— dans le premier cas (a) on peut parler de l'**envers d'une assertion**[6] dans la mesure où l'énonciateur veut que le contenu notionnel *soit* sans pouvoir l'asserter comme validé.

— dans le deuxième cas (b), il s'agit d'une « **déconstruction** » ou d'une mise en question d'une relation prédicative, refusée : c'est le bien fondé de la prédication (ou de la mise en relation sujet-prédicat dans : « ...*We fail!* » par exemple) qui est mise en cause.

— dans le troisième cas (c), elle apparaît dans une relation présentée comme **préconstruite** (voir **Préconstruit*** et **Modalité***) mise à distance comme objet de la modalité appréciative et qui donc n'est pas elle-même assertée.

En résumé, nous dirons donc que la base verbale intervient dans les cas typiques où **il n'y a pas assertion simple** et où la modalité de prise en charge nécessite que soit mentionné le contenu notionnel dans son **indétermination maximale** (représentant donc à la fois la notion p et son complémentaire p'). La prise en charge (c'est-à-dire le choix de p ou de p', le refus de p (ou de p'), la volonté que p soit, etc.) se fait au niveau de la modalité (exclamation, modalité inter-sujet, modalité du non certain..). On ne peut donc pas dire qu'il y a « renvoi à la notion »[7] dans la mesure où la base verbale est déjà prise dans un réseau de relations qui la spécifie comme prédicat, mais il y a une indétermination qui permet de rester **en deçà des occurrences de validation** pour éventuellement envisager la non-validation.

2) — **L'infinitif**, à l'inverse de la base verbale, présente les caractéristiques d'une relation prédicative, même si celle-ci est souvent « inachevée ». Tout d'abord on peut considérer que *TO* sert globalement de **déterminant** au prédicat (au sens d'une **extraction potentielle** d'une occurrence de p faite à partir de la notion rendue quantifiable) et de façon plus spécifique d'**opérateur de repérage** d'une relation prédicative incomplète (mais le terme de départ peut être restitué) par rapport aux coordonnées énonciatives : dans ce cas *TO* occupe la place d'un auxiliaire modal et peut par conséquent être envisagé comme marqueur d'**un certain mode de prise en charge** de la relation prédicative. On ne sera donc pas étonné de voir l'infinitif dans des énoncés indépendants :

"To be or not to be"...

"Oh to be in England
Now that April's there".

---

6. Voir A. Culioli, DEA 1983-84, p.81.
7. Voir à ce sujet **Opérations constitutives d'un énoncé*** (I, Début), de même que A. Culioli (1981) et ce que dit F. Bresson lors de la discussion : « Le problème est que la notion est quelque chose de virtuel et de productif. Elle n'est pas donnée dans toutes ses acceptations et c'est pour cela qu'elle ne peut pas correspondre à une unité lexicale ».

A partir de (p, p'), c'est p qui est envisagé, ou plus précisément **visé**[8] : il n'y a pas validation (ou non validation) mais **validabilité** pour un repère **décroché** par rapport aux coordonnées énonciatives (voir **Repérage***). En effet, envisager p dans (p, p') suppose une distance[9] prise par rapport au plan de l'assertion, ce qui nécessite la construction d'un **repérage fictif** à partir duquel l'énonciateur peut viser une validation sans l'asserter. Enfin, parler de relation prédicative « incomplète » est une façon rapide de commenter certaines formes de surface, dans la mesure où le terme de départ peut être reconstruit :

— **laissé en suspens** (voir exemples cités), il prendra sa valeur par repérage par **rapport à l'énonciateur** lui-même (énoncés « délibératifs », souhaits...).

— il pourra également être **instancié par un représentant-image** de tout animé-humain ou d'une classe déterminée par le contexte :

It's not enough to sleep - sleep must be organized! (= *for someone to sleep*)
To beat the All Blacks is a dream every British player of ambition shares.

— il pourra aussi être **spécifiquement marqué** par *FOR* (indiquant « celui ou celle à qui [la prédication] est destinée » O. Jespersen).

— il pourra enfin, dans les cas d'**imbrications** de deux lexis, être **identifié à un des arguments** de la lexis principale :

He wanted to walk another three miles.
He forced the warden to unlock the door.

En résumé, nous dirons que l'infinitif, en tant que visée d'une occurrence de p (comme représentant la classe des occurrences de la notion prédicative) est une **mise à distance** d'une véritable relation prédicative : nous avons donc **une occurrence validable de procès, compatible** selon les cas d'imbrication, **avec une validation** (c'est le repérage de la lexis principale qui se chargera alors de l'indiquer); la construction de cette occurrence (par exemple « *to walk...* » ou « *to unlock..* » dans les exemples précédents) n'est pas en soi une façon de se prononcer sur la validation (ou la non validation) de la relation mais c'est à tout le moins une détermination qui s'apparente à une **extraction qualitative** (un représentant de la classe des occurrences de procès). Nous avons donc bien affaire, avec l'infinitif, à un procès identifié, **isolé comme événement** et pour lequel est spécifié un agent (pensons à l'accusatif - ou cas objet, au marqueur spécifique *FOR* pour le « sujet d'infinitif »...). On a donc intérêt à considérer l'infinitif comme une forme de

---

8. La **visée** concerne le repérage (et donc la détermination) de la relation prédicative envisagée comme un **construit notionnel** (p,p' - voir **Notion***) c'est-à-dire non posée comme validée. « Dire que l'on vise [cette relation] signifie que l'énonciateur distingue une des valeurs de (p,p'), p pour fixer les idées » (cf. A. Culioli - 1978b). La visée est donc liée à la **modalité* du non certain** et suppose un repérage de type **aoristique*** (valeur « ω » de $\subseteq$) entre le moment projeté pour la validation de la relation et le moment-repère énonciatif : au niveau aspectuel, le procès visé peut être représenté par un intervalle borné et fermé, ce qui exclut un repérage de type = ou ≠ par rapport à un point de vue : ce dernier est donc strictement modal (une « manière de voir », c'est-à-dire, en fait, de présenter la validation comme **simulée** par rapport à un repère; on parle aussi d'assertion **différée**). Cette « **mise à distance** » d'une occurrence validée de procès s'accompagne souvent d'autres valeurs modales (telles que la volonté, la pression sur le sujet de l'énoncé, etc.) qui sont liées au fait que l'origine (ou sujet) du point de vue peut être distinguée de l'origine (ou sujet) de l'assertion (voir à **Sujets et niveaux d'énonciation*** et C. Fuchs et A.M. Léonard 1979, p.210 et ss.).

9. Voir A. Culioli, DEA 1983-84, Séance du 6.3.1984, et J. Chuquet (1986).

prédication **relativement autonome** (à la différence de *ø BV*) même si son repérage doit être quelquefois composé avec celui d'une lexis principale.

3) — **Le gérondif** est celle des trois formes qui mérite le mieux l'étiquette de « **nominalisation**[10] ». Certes le prédicat garde sa spécificité de relateur en admettant un argument en position « complément »; mais **le marquage de l'argument-terme de départ** (« sujet de gérondif ») **n'est pas stable** :

> *I don't fancy him* }
> *Peter* } *driving the Austin.*

> *His* }
> *Peter ('s)* } *driving the Austin would be a disaster.*
> *him (?)* }

On constate alors une alternance entre un repérage par localisation (de type génitif) tout à fait identique à la détermination d'un substantif, un cas objet (marqué seulement pour le pronom bien sûr) ou une absence de marque (là où l'infinitif nécessiterait un *FOR* par exemple : *For Peter to drive...*). De façon générale, le repérage de la relation prédicative au gérondif par rapport à un terme de départ explicite ou non, détermine le procès en question en tant qu'**activité prédiquée d'un argument** et non en tant qu'événement ponctuel. Les deux exemples cités plus haut sont caractéristiques sur ce point. Cette activité peut être présentée comme **unique** ou comme représentant **une classe d'activités** ayant les mêmes propriétés : il s'agit donc en termes aspectuels, (voir **Aspect***) d'un **ouvert** (on n'envisage pas de dernier point, ni de frontière) ou d'une **classe d'ouverts**.

Lorsque le terme de départ n'est pas spécifié dans l'énoncé il peut être reconstruit à partir du contexte, comme par exemple dans :

> *Making top quality cars demands great engineering skill*
> (= *Workers making...*)

ce qui est impossible dans :

> **Raining for a fortnight gives farmers some hope for a better harvest*
> (pas d'activité prédiquée d'un agent).

Lorsque l'imbrication de deux lexis pose une succession chronologique (et souvent un rapport de cause à effet) on peut s'attendre à ce que les deux procès mis en présence aient une interprétation de type « événements » : cela pose alors un problème avec la valeur « activité » construite par le gérondif. Ainsi :

> **Smoking in the attic started the fire*

est inacceptable car l'activité n'est pas repérée (ni repérable) par rapport à un agent.

> *My smoking in the attic started the fire*

redevient acceptable et fait bien référence à « mon activité » de...

> ?*Peter (?Someone) smoking in the attic started the fire.*

---

10. La littérature est sur ce point abondante. Nous signalons que ce qui est comparable à l'infinitif est bien le « **factive nominal** » (ex. : John's driving the car recklessly) avec possibilité d'admettre un complément (comme toute forme prédicative), construction avec adverbe, etc. Nous laissons de côté l'« action nominal » (ex. : John's reckless driving of the car) qui, comme le montre l'exemple, est devenu un substantif dans son comportement syntaxique.

151

Sans marque de repérage (localisation par génitif), cet énoncé oriente l'interprétation vers l'événement constitué par : *Someone/Peter started the fire*. La forme en ING est alors réinterprétée comme un adjectif verbal en apposition et peut garder alors sa valeur d'activité (*Peter, smoking in the attic,...*). On vérifiera que le même phénomène de dissociation (et de réinterprétation de la forme en -ING) se produit dans un énoncé du type :

Anyone smoking in the attic will be dismissed.

A la différence de l'infinitif qui partait de la notion pour viser une occurrence validable de procès (orientation « événement ») nous dirons donc que **le gérondif part d'un événement pour le nominaliser en activité**, et donc **reconstruit en quelque sorte l'espace notionnel à partir d'une occurrence de p**, pour donner lieu éventuellement à un **parcours*** des occurrences de même type. Deux points importants sont à noter dans cette opération :

— le point de départ est **donné** (ou posé comme donné, c'est-à-dire validé — d'où l'idée souvent formulée qu'il s'agit d'une forme **reposant sur une préconstruction**. Le processus de généralisation (à partir de l'événement on passe à l'activité, du quantitatif on ne retient que le qualitatif) mis en oeuvre est donc **anaphorique**[11], même s'il reste souvent à un niveau abstrait, non explicite dans le contexte.

— deuxième point : **l'activité est prédiquée à propos d'un agent** « récupérable » dans le contexte (voir la différence d'acceptabilité entre *My smoking started the fire* et **Smoking...*). Une fois reconstruite la classe d'occurrences des activités, le gérondif atteint son degré maximal de « déverbalisation » et **perd son autonomie** (et sa spécificité) **de prédicat-relateur** ; le repérage par rapport à un terme de départ devient alors plus **difficile**, sinon impossible :

?*Someone's smoking in the attic would set the whole house on fire.*

La nominalisation atteindra son terme avec les « action nominals » :

No smoking (à comparer avec : *No Dogs*).

No tipping of industrial waste.

* * * * *

Pour illustrer davantage les différences entre ces trois formes, nous terminerons par l'examen de quelques énoncés que l'on a coutume d'opposer[12].

A - Alternance Ø BV - to BV

(1) *He made the warden unlock the door.*

(2) *He forced the warden to unlock the door.*

(3) *The warden was made to unlock the door.*

L'imbrication de deux relations prédicatives se double ici de ce qu'on appelle souvent une relation de « causativité »[13]. Globalement nous avons une relation

---

11. Sur ce point revoir en particulier H. Adamczewski (1976) et A. Gauthier (1981).
12. Ceci ne prétend pas épuiser la variété des possibilités rencontrées.
13. Voir, pour plus de détails, E. Cottier (1985).

(*warden-unlock door*) renvoyant à un événement **localisé** par rapport à un sujet animé humain « déclencheur » : l'« agent » de la relation se trouve être lui-même repéré de façon privilégiée par rapport à l'agent déclencheur (nous avons donc une forme de **modalité inter-sujets** : X fait que, ordonne que, autorise que, etc. Y fasse..).
Au delà de cette première constatation on ne peut prédire le fonctionnement de l'opérateur /*make*/ par rapport à celui de /*force*/ (pour ne prendre que ces deux exemples); on peut seulement remarquer dans l'énoncé 2 la relative autonomie de la relation ⟨ *warden-unlock...* ⟩ par rapport à la relation principale : « *the warden* » est à la fois « patient » de cette dernière et maintenu comme agent « dégradé » (pas de forme verbale finie avec accord sujet-prédicat) dans la deuxième. Nous retrouvons alors le marqueur de détermination TO qui pose une occurrence de procès visée (donc décrochée et relativement autonome) à partir de la source modale de la première relation; seul l'agent est directement repéré comme C_1 dans cette première relation (il n'a pas sa marque spécifique d'« agent d'infinitif » : FOR).

Au contraire dans l'énoncé 1, la détermination du prédicat en tant que procès visé a disparu. Ø BV n'est alors plus qu'un contenu notionnel qualifiant la relation principale (modale) « *he made him* » : l'énoncé revient donc à expliciter une contrainte entre un agent déclencheur et un agent « exécuteur », puis à spécifier le contenu de cette contrainte. Il n'y a pas décalage entre les deux relations dans la mesure où il n'y a plus deux relations, le deuxième prédicat servant de « contenu sémantique » à la relation ⟨ *He-warden* ⟩.

Dans l'énoncé 3, le choix d'une **diathèse passive** modifie à nouveau le repérage de la deuxième relation : le terme /*warden*/ qui était but (ou patient) dans la relation causative en (1) est pris comme **terme de départ en** (3), la relation causative se trouvant par là même tronquée de sa **source modale**. La deuxième relation n'est plus alors repérée par rapport à cette source et sa place de terme de départ n'est pas instanciée par /*warden*/ qui a été déplacé. Nous retrouvons donc les conditions d'apparition de TO BV qui pose une **occurrence validable du prédicat** dont la place de terme de départ a été vidée : la **mise à distance** (ou visée) est rendue nécessaire par **la disparition du repérage explicite par rapport à une source modale**.

Signalons au passage le caractère assez régulier de ce phénomène, que l'on gagnera à vérifier dans d'autres exemples : l'alternance Ø BV/TO BV se retrouve chaque fois que l'on passe d'un contexte où la modalité (au sens large d'un **repérage par rapport à un point de vue** - aspectuel ou de « jugement ») est explicite, à un contexte où celle-ci est indéterminée (au sens où la **source** modale est absente, ce qui rend la **relation** modale, « source → objet », indéterminée). Le passage de *Must* + Ø BV à *Have* + TO BV est bien connu. On peut également signaler, dans les modes d'emploi ou notices d'utilisation etc. l'alternance :

Ø Store in a dry place (la relation à l'utilisateur est encore présente)

To be stored in a dry place (la relation est orientée « vers le produit »).

On retrouve enfin le même phénomène dans les repérages par rapport à un point de vue au sens large, que ce soit avec des prédicats de « **perception** » ou des prédicats d'« **opinion** » (ce qui revient encore à étudier les modalités de prise en charge d'une relation). Ainsi on peut passer de :

I saw him Ø jump over the fence

(nous allons revenir en B sur cet énoncé)

à : *He was seen to jump over the fence.*

De même avec : *believe, know, consider*, etc.; si les anglophones ne s'entendent pas toujours sur l'opportunité d'avoir TO BE ou Ø entre le verbe « d'opinion » et l'adjectif qui suit, la diathèse passive (avec effacement de la source du point de vue) fait au contraire l'unanimité :

I consider him (to be) a reliable partner

He was considered to be *a reliable partner.*

Dans le premier énoncé, l'hésitation à construire avec ou sans TO BE devrait pouvoir s'analyser en terme de repérage plus ou moins serré (ou plus ou moins « décroché »!) par rapport à la source de jugement. Ceci restera pour l'instant une hypothèse.

B — Alternance ØBV - BV ING

(4) *I saw him jump over the fence.*
(5) *I saw him jumping over the fence.*

Le choix de /jump/, que l'on peut considérer comme un processus **ponctuel**, est délibéré : une interprétation purement chronométrique entre ce qui s'est produit « rapidement » et ce qui « a duré » n'est guère convaincante. En revanche on peut remarquer que la détermination (et le repérage) de l'événement /*jump over the fence*/ n'est pas la même dans les deux cas. Nous maintenons pour l'énoncé 4 notre hypothèse d'une indétermination du contenu notionnel /*jump*/, qui **ne peut être « détaillé » en occurrences particulières** et qui vient donc **qualifier** la relation ⟨*I saw him*⟩. Le O.E.D. note que « this construction... implies a reference to the ability of the subject to give testimony as to the fact or the manner of the action predicated ».

On retrouvera la même construction (avec un perfect) avec **parcours** de situations identifiables repérées par rapport à un constat présent :

I have seen (known) him run faster than this.

Le contenu notionnel (ØBV) est donc repéré globalement **comme objet d'expérience** par rapport à une relation qui se rapproche d'une modalisation d'assertion (« je peux dire que... j'ai été témoin... »).

Dans l'énoncé 5 au contraire, on a **détermination d'une activité à partir d'une occurrence** : on a donc construction d'un **ouvert** (indépendamment de l'aspect lexical de « *jump* », nous le rappelons). « *Jumping* » n'est donc pas une forme indépendante; elle est **repérée par rapport à un point de vue** : « *I saw him* » pour lequel la source est explicitée. On pourrait également retrouver ici un repérage aspectuel explicite par rapport à un instant donné :

He was jumping over the fence when... (I saw him)

Le « point de vue » dans l'énoncé 5 est donc cette fois **aspectuel**.

C — Alternance TO BV/BV ING

C'est le cas de figure le plus souvent présenté : les exemples sont nombreux, nous nous contenterons de deux types :

(6) *I hate telling lies.*
(7) *I hate to tell you this but...*
(8) *Oh, it's just started to rain* !
(9) *It started raining later than usual today.*

Le premier couple d'énoncés peut être représentatif du fonctionnement d'une classe de prédicats dits « de sentiments » et qui constituent tous une modalisation appréciative portant sur la relation qui suit, par exemple : *like, dislike, love, prefer..*[14]. Le deuxième couple est au contraire choisi pour illustrer des constructions plus nettement aspectuelles : inchoatifs, duratifs, terminatifs du type : « *begin* », « *continue* », « *cease* », « *stop* »..[15].

Dans les quatre énoncés nous retrouvons les deux composantes que nous avons essayé de dégager jusqu'ici :

— d'une part l'opposition entre **une prédication autonome** désignant un procès-événement extrait comme **occurrence** d'une classe (TO BV) et une **nominalisation dépendante** d'un autre procès qui la repère (BV ING) en tant qu'activité ou phénomène (lorsqu'il n'y a plus agentivité, comme en (9)).

— d'autre part le balancement entre **aspect** et **modalité** dans les relations-repères.

Ainsi en (7) comme en (8) l'accent est mis sur l'**événement**, construit par rapport à une situation donnée **distincte mais repérée** par rapport à la relation qui l'introduit. En (7) cette dernière est une modalité appréciative « ponctualisée » (au sens où elle est repérée par rapport au moment d'énonciation : état passager de « *I hate* » comme on aurait « *I hate this film* »). En (8) nous avons également un repérage par rapport au moment d'énonciation : le procès /*start*/ ponctuel, est repéré comme accompli par rapport à l'énonciateur *et* **spécifie un moment du procès** /*rain*/. « *It* » dans ce cas est véritablement **image** de l'événement construit par la relation indépendante ⟨( ) *To rain*⟩, dans la mesure où il faut, dans la première relation repérée sur le même plan que l'énonciation, un élément stable et déterminé mais reprenant une relation « distancée » (voir ce que nous avons dit sur l'infinitif plus haut); on ne pourrait donc pas avoir : **To rain has just started.*

En (6) comme en (9) nous avons la construction d'une **classe d'occurrences de procès à partir d'une occurrence préconstruite** : ici le contexte est bien sûr insuffi-

---

14. On pourrait également continuer le raisonnement avec « *try* », « *want* » mais aussi « *remember* », etc. Chaque fois que l'alternance sera possible, il faudra essayer de délimiter leurs différences de fonctionnement.

15. Ce type d'énoncés évite de fournir un contexte trop « transparent » qui risquerait de masquer les valeurs des deux formes étudiées. Par exemple pour le premier type de prédicats, une modalité de visée (*I'd like to tell you*) aurait semblé contraindre la même visée au niveau de la forme complément. Pour le second type, l'absence de sujet animé humain ne peut donner lieu à des explications portant sur le caractère délibéré de l'action (ING) vs. son caractère involontaire (TO BV) que l'on rencontre parfois dans les grammaires.

sant. Pour (6) il peut s'agir d'une discussion sur les « *likes* » et les « *dislikes* » (*I hate telling lies, waking up early in the morning*, etc.) ou bien d'une réplique à une accusation ou une suggestion etc. Pour (9), l'état de choses repéré par rapport à « *to day* » fait manifestement partie d'une classe d'états de choses identiques (qualitativement parlant, il s'agit toujours et encore de « pluie »). Cette classe d'occurrences ne peut donc être autonome (**on ne peut distinguer les occurrences**) mais est repérée par rapport à la première relation :

— en (6) par rapport à un **sujet** pour être appréciée (« *telling lies* » fonctionne donc comme « *picking flowers* » ou simplement « *motor races* » par exemple);

— en (9) par rapport à **une situation repère** de la première occurrence de /*rain*/(sans qu'il y ait de dernière occurrence, puisque nous avons affaire à un **ouvert**) : « *started* » dans ce cas est un procès-repère inchoatif lui-même repéré par rapport à « *today* » et « *it* » définit un « état de choses » comme il le ferait dans : it *was raining*..., it *was cold*..., it *was pleasant.* Sa fonction syntaxique est de servir de terme de départ au procès /*start raining*/ : il n'est pas vide de sens dans la mesure où il fait référence à une situation définie elle-même par rapport à l'énonciateur[16].

En résumé nous dirons qu'en (7) et (8) l'accent est mis sur l'**événement** (« *to tell you this* »; « *to rain* »), en (6) et (9) sur la **qualification** (« *I hate* ») ou la **quantification** (« *later than usual* ») d'un phénomène **globalisé**.

Préconstruit

On appelle préconstruit une relation prédicative **posée comme validée** par rapport à un repère-origine **externe** à l'énoncé en cours, et donc pas repérée directement par rapport à l'origine énonciative de cet énoncé. On peut aussi parler d'une relation construite **antérieurement** ou présentée comme « déjà construite » sans qu'il y ait d'interprétation strictement chronologique à donner à ces termes : il s'agit bien plutôt d'un **décalage de plans** entre deux séries d'opérations, la seconde intervenant sur la première.

Les exemples de préconstruction sont multiples; nous citerons parmi eux :
— la construction des relatives :

The man I saw yesterday didn't look at all like your brother.
(*I saw a man yesterday*)

— le fléchage, lorsqu'il repose sur une localisation préalable d'un élément par rapport à l'autre :

Peter's bicycle
(*there is a bicycle and it belongs to Peter*)

— la prise en charge des énoncés de façon générale, c'est-à-dire tout ce qui concerne la modalité à partir du moment où il y a, du point de vue de l'énonciateur, « **représentation détachée** »[17] et où l'on sort de l'assertion pure et simple; mentionnons par exemple les questions demandant confirmation, les assertions

---
16. Voir à ce propos D. Bolinger (1977) chapitre 4.
17. Termes empruntés à A. Culioli (DEA 1983-84).

« contradictoires » (contradictoires d'un préconstruit justement) les reprises concessives et bien sûr le domaine de la modalité appréciative dans la mesure où l'appréciation (surprise, dégoût, valuation dans un sens ou dans l'autre) doit d'abord « mettre à distance » l'objet sur lequel elle porte.

Voici quelques exemples de préconstruits fonctionnant dans le cadre de la modalité[18].

— *Your mother's had an accident, has she ?*
(*I've heard she has, but I'm checking*)

— *But of course, after half past ten, we must stop serving completely. No special customers waiting for one more drink. And the police do check.*[19]
(*In case you're under the impression that the police don't check!*)

— *Why not drop in one afternoon for a cup of tea ?*
(*It may not have occurred to you that you could...*)

— *If he doesn't belong to the sect, he certainly looks like one of them.*
(*He may or he may not belong but...*)

— *There are many people in this country who think it a disgrace that President Suharto should be here to tour* (BBC Radio 4).
(*He is here but he shouldn't be*).

Détermination nominale

Déterminer un nom[20], c'est **en construire l'existence par rapport à un repère**, cette construction revenant en fait à une opération de quantification/qualification sur la **notion***. Cette opération de quantification/qualification est étroitement **liée** à celle que l'on effectue sur la relation prédicative.

Lorsqu'on a une relation prédicative qui construit **un événement spécifique** (ponctuel, singularisé, etc.), le terme de départ de cette relation doit être :

— soit **déterminé de façon interne** par rapport à cette relation :
   A child turned up the other day...
(une occurrence de /*child*/ valide une occurrence de /*turn up*/)

— soit **déterminé de façon externe** à cette relation :
   The child turned up the other day...
   (*...again!.../The one I told you about...*)

Le **fléchage** présuppose toujours l'existence, c'est-à-dire l'**extraction** de l'élément dans un contexte **externe** à la relation (Situation d'Enonciation, anaphore par rapport à un autre énoncé...). Les noms propres, les noms auto-déterminés font partie de ce cas de figure.

---

18. L'explicitation du préconstruit donnée entre parenthèses est purement indicative, dans la mesure où il s'agit d'une relation prédicative **posée comme** validée, mais non nécessairement prise en charge comme telle, même par une énonciation antérieure.
19. Exemple emprunté à H. Chuquet et M. Paillard (1987).
20. Pour plus de détails sur la détermination nominale, voir Première Partie (Chapitre 2.).

On voit donc que dans ces cas de prédication d'événements ponctuels, il faut que le terme organisateur de l'énoncé soit stable, parce que déterminé, chose que nous n'avons pas avec :

?* *Children turned up the other day...*

En effet ØN(s) est ambigu quant au degré de détermination qu'on peut lui attribuer. Il ne peut s'agir d'un renvoi à la notion car on aurait incompatibilité avec l'événement particulier prédiqué. S'il s'agit au contraire d'une extraction multiple indéterminée, la place du substantif dans la relation nécessite d'autres précisions contextuelles pour rendre l'énoncé possible :

I expected adults but children turned up the other day

où l'on voit que l'**extraction est explicitée** :

1) par une **première opération d'extraction** sur /adults/ (dans la relation antérieure) qui « fraie » la deuxième opération sur /*children*/.

2) par un **contraste adults-children** qui confirme que la thématisation porte sur le **prédicat**[21].

Signalons d'autre part qu'il s'agit bien de la **place** du substantif qui importe ici ; la possibilité d'avoir :

I expected adults

en témoigne, dans la mesure où ici « *adults* » n'est plus terme de départ de la relation. La détermination première intervenant sur le prédicat **gouverne** à son tour la détermination sur « adults ».

Enfin, si nous prenons à présent un énoncé où c'est une **propriété** qui est prédiquée (à l'inverse d'un événement ponctuel), nous avons alors une **indétermination sur le repérage du prédicat** qui rend possible le choix d'un terme de départ (thématisé) également indéterminé :

Children love chocolate.

Deixis-Anaphore

Il s'agit d'opérations de détermination : tout élément apparaissant dans un énoncé doit avoir une **valeur référentielle établie** par l'énonciateur, en référence à sa situation d'énonciateur et au texte (au sens large) produit.

On a coutume d'opposer ces deux notions, l'une fonctionnant (schématiquement) au plan de l'**énonciation** l'autre au plan de l'**énoncé**. Est déictique toute détermination d'élément qui ne peut se faire que par rapport à la situation d'énonciation (ou coordonnées énonciatives). Est anaphorique toute détermination d'élément qui se fait par rapport au texte, qu'il soit discours ou récit. On oppose ainsi le **situationnel** au **contextuel**.

---

21. Ce cas de « frayage » est assez commun dans les énumérations par exemple, pour lesquelles le prédicat reste stable et seul le premier terme de la relation varie, comme dans l'exemple suivant : « She had **a niece** in Ealing who looked in twice a year... Once a week Mrs Grove and Mrs Halbert came round with Meals on Wheels. **A social worker**, Mrs Tingle, called ; and the Reverend Bush called. **Men** came to read the meters. » (W. Trevor, « Broken Homes »). Pour plus de détails sur les problèmes de thématisation liés aux emplois des déterminants, voir L. Danon-Boileau (1987).

Les démonstratifs (« qui montrent »), les « shifters » (ou embrayeurs — voir Jespersen et Jakobson) sont repérés (ou repèrent) par rapport à la situation d'énonciation (à l'énonciateur et au co-énonciateur) : *This, that, here, there*, etc. mais aussi le fléchage : *the*.

D'un autre côté les phénomènes de **reprise**, de renvois, d'annonce dans un discours ou dans un texte écrit sont anaphoriques : nous retrouvons donc « *this... that... the...* »

Le **fléchage** peut être **situationnel** ou **contextuel** dans la mesure où il intervient comme **opération secondaire** de détermination (ou spécification) par rapport à une première opération, l'extraction ; dans le cas de la deixis, l'élément fléché est spécifié parce qu'en situation ; dans le cas de l'anaphore il est spécifié parce que défini une première fois dans le texte.

Il est néanmoins une définition plus étroite des deux termes qui évite de confondre la **construction de la référence** avec la « désignation » du monde réel (le terme « démonstratif » n'est pas étranger à cette confusion, ainsi que les distinctions métriques, ou chronométriques entre « proximité » et « éloignement »).

Dans la mesure où tout acte de langage est une construction abstraite de la détermination à partir du **concept de situation d'énonciation**, les **valeurs référentielles** ainsi produites par les énoncés ne doivent pas être confondues avec le « réel extralinguistique », même « désigné ». Dans ces conditions, on dira qu'est **déictique** la construction de valeurs référentielles par repérage **par rapport à l'origine énonciative** Sit_0 ($\mathcal{S}, \mathcal{T}$) et qu'est **anaphorique** la construction de valeurs référentielles **par rapport à un repère distinct de l'origine énonciative ou par rapport à une propriété**, elle-même définie par une proposition [22]. Ainsi la source de détermination déictique n'est pas à chercher ailleurs que dans la prise en charge de l'énoncé par un énonciateur : l'objet défini de la sorte n'a pas d'autre propriété définitoire que celle d'être repéré par rapport à l'énonciateur. « *This* » en anglais est l'exemple même de ce type d'opération, qu'il soit dans du discours « en situation » ou dans du texte : dans ce dernier cas on remarquera la spécificité de son fonctionnement par rapport à « *that* » ; il pourrait laisser croire en effet à une valeur anaphorique, dans la reprise d'un argument, la référence à un « objet » déjà mentionné, etc. De fait il correspond à une **réactualisation du repérage** de l'élément en question, déterminé par rapport à la source énonciative du texte. Dans le cadre du récit, la deixis devra s'analyser comme le surgissement d'une instance énonciative, qu'il s'agisse de l'intervention du narrateur-énonciateur ou d'un repérage par rapport à un énonciateur rapporté (au discours indirect libre par exemple). La détermination par **anaphore** avec *that* se fait au contraire toujours par rapport à une propriété construite de façon explicite ou implicite. Dans le cas particulier d'un fléchage dit « situationnel », cette propriété est construite par **localisation*** (c'est donc un repérage par différenciation) par rapport à l'origine énonciative, qu'il s'agisse :

— du traditionnel « **éloignement** » de l'énonciateur :
 That chair will never stand your weight!

— du repérage **par rapport à l'énonciation du co-énonciateur** :
 That's what you think!

---

22. Pour plus de détails sur cette distinction stricte, voir L. Danon-Boileau (1984).

— du **contexte** construit par l'énonciateur lui-même :

And that was how I met the Emperor of Ethiopia.

On retrouvera bien sûr la détermination anaphorique dans les différents types de reprises/annonces **contextuelles**.

Voici encore quelques exemples de répliques quotidiennes qui permettent de distinguer ce balancement entre identification à la source énonciative et localisation par rapport à l'autre, au déjà dit, etc.

— *Now, how about* this : *you write a letter to him and...*
— *Well,* this *is interesting, because...*
— *This is what I thought. We have to have fun* (ligne 3, Texte C, Première partie).
— *That's enough.*
— *You know what* that *means, don't you ?*
— *That'll do.*
— *That's it* (i.e. : *you're right / it's over,* etc.)
— *This is it* (i.e. : — *Now we come to the crux of the matter.* — *What I told you about*).

Parcours

Le parcours est une opération de détermination et de ce fait concerne à la fois la notion et la relation prédicative envisagée comme notion complexe. On peut donc parler de parcours dans la détermination des substantifs aussi bien que dans le mode de repérage de la relation prédicative par rapport à une situation qui la valide et par rapport à l'origine énonciative. Il s'agit d'une opération abstraite que l'on peut caractériser comme un « **trajet de point à point** » (l'expression est de A. Culioli) **sans qu'il soit possible** (on ne peut pas ou on ne veut pas) **de s'arrêter à une valeur unique et stable** que l'on isolerait. Le parcours se fait sur une classe d'éléments (qu'il s'agisse de classe d'occurrences de situations ou d'une classe d'occurrences de la notion p) : il n'y a pas de « premier » ni de « dernier » élément puisqu'il s'agit d'un **ouvert**.

En tant qu'opération de détermination, le parcours fait intervenir **le qualitatif** et **le quantitatif**, dans la mesure où il envisage les occurrences une à une (quantification) et ne s'arrête à aucune parce que toutes se valent (qualification). Il va sans dire que le parcours ne peut se faire que sur du **discontinu** (ou sur **continu** « discrétisé » par un quantifieur : cf. en anglais *piece of.., slice of..* ou *type of..*).

Le parcours sur les situations de validation d'une relation prédicative peut déboucher sur l'**itération**, l'**habitude** ou la **propriété** (énoncés génériques au présent simple par exemple). Dans ce cas le repérage de la relation prédicative ainsi déterminée n'a ni la valeur « identique » (=) ni la valeur « différent » ($\neq$, ou localisé) par rapport à une situation particulière : nous aurons donc la valeur ω du repérage. La relation prédicative est alors **validable pour toute situation repère**.

Dans un énoncé **générique**, parcours sur les situations et parcours sur les **domaines notionnels** mis en relation par la prédication vont souvent de pair.

Au plan des pronoms personnels par exemple, « *on* » (Fr.) « *one* » (Angl.) renvoient à un représentant de la classe des humains, quel qu'il soit.

Pour les déterminants de substantif, *any* est le marqueur par excellence du parcours[23], dans la mesure où il refuse d'introduire toute propriété distinctive et particulière permettant de singulariser un élément par rapport aux autres : toute occurrence est « bonne » pourvu qu'elle appartienne à la classe. On parlera alors de **parcours-lissage** à **effet qualitatif**. On gardera l'expression de **parcours rugueux** lorsque l'opération conserve l'individuation, c'est-à-dire une **extraction « symbolique »** d'un élément, mais seulement en tant que représentant de la classe.

Ainsi au lissage opéré par :
Any schoolboy knows that
on comparera l'extraction symbolique dans :
Anyone interested can contact me in the evenings.
(*Suppose there is* a person *interested, then...*)

De même l'extraction qualitative, dont « *a* »/« *an* » peut être le marqueur, relève du parcours rugueux :
A koala is a mammal.

En résumé, on retiendra du parcours son caractère ambivalent et chronologiquement ordonné en deux étapes :
— comme trajet de « point en point » il suppose une **quantification** préalable (des occurrences p_i, p_j.. de la notion par exemple).
— mais comme refus de s'arrêter sur une occurrence particulière, il débouche sur la reconnaissance d'**une même propriété** à toutes les occurrences et devient donc une opération **qualitative**.

Temps

Il n'est pas de domaine dans l'étude d'une langue où il soit plus facile de mêler ce qui est structuration cognitive appréhendée à travers le langage et le continuum physique scandé par les horloges. Cette confusion apparaît constamment lorsqu'on laisse le vocabulaire quotidien analyser les formes verbales, par exemple : « c'est fini », « cela dure encore », « c'est du déroulement », etc.

Nous citerons d'abord E. Benveniste[24] pour préciser l'incidence du temps sur le langage : « On pourrait croire que la temporalité est un cadre inné de la pensée. Elle est produite en réalité dans et par l'énonciation. De l'énonciation procède l'instauration de la catégorie du présent, et de la catégorie du présent naît la catégorie du temps ».

On aura donc intérêt à bien distinguer tout d'abord ce que l'anglais appelle « **tense** » et « **time** ».

TENSE : concerne la **morphologie** des prédicats, avec les marqueurs linguistiques spécifiques qui varient d'une langue à l'autre. Pour l'anglais ce sera :
— ∅ , + S de 3ème personne du singulier pour le présent.
— + ED (et ses variations selon l'« irrégularité » des verbes) pour le passé.

---

23. Voir M. Strickland (1982).
24. Voir E. Benveniste (1970) et aussi P.L.G. tomes I et II (1966 & 1974). Pour développer ce qui suit de façon plus théorique, on pourra consulter : J.L. Gardies (1975), J.P. Desclés et Z. Guentcheva (1978), A. Culioli (1978a) et J.P. Desclés (1980).

Ces derniers se composent avec les marqueurs d'**aspect*** dans le « present perfect », le « present continuous », le « past perfect », etc.

TIME : c'est une construction abstraite, **langagière**, celle que E. Benveniste appelle « temporalité » et qui résulte d'un **calcul de repérage** de l'« événement » ou « état de choses » décrit par rapport à l'« événement » que constitue **le fait d'énoncer**.

Cet événement est appelé par abus de langage « moment d'énonciation » : de fait cette étiquette reflète bien la position intermédiaire de l'énonciateur : il est **sujet d'énonciation** dans un système abstrait distinct de la **réalité chronique** mais il est également inscrit dans cette réalité. Nous dirons donc, après J.P. Desclés[25] que : « l'acte énonciatif caractérise l'origine qui est un repère pour toute la construction métalinguistique ultérieure. Par rapport à tout autre système référentiel externe à l'énonciation (par exemple un temps chronique mesuré par une horloge ou des mouvements astronomiques), $\mathcal{T}_0$ apparaît comme un « point courant » [$\mathcal{T}_0$] animé d'un certain mouvement et non pas comme un point fixe qui séparerait un avant (chronique) d'un après (chronique). Par contre, en tant qu'origine du système métalinguistique des coordonnées énonciatives, $\mathcal{T}_0$ est fixe » :

←--[-x $\mathcal{T}_0$
--⌐ $\mathcal{T}_e$--→

Temps chronique

Cette distinction permet de comprendre que l'organisation de la temporalité au plan linguistique n'est pas une affaire de calendrier ni de chronomètre (bien que l'on puisse utiliser ces référents pour repérer les procès dans les énoncés) mais une affaire de **point de vue construit à partir de** $\mathcal{T}_0$: la temporalité est donc partie intégrante des catégories plus générales que sont l'**aspect*** et la **modalité***. En effet, les « événements » auxquels renvoient les énoncés construits par un sujet énonciateur origine dépendent, pour leur détermination, des opérations de **quantification** et de **qualification** opérées, entre autres, **sur les procès**.

De ces opérations découlera le fait que l'on envisage un procès comme unique par exemple, et repéré par rapport à un repère de type chronologique (datation, relation prédicative construite comme repère chronologique, etc.) :

Peter had an accident on the way back from the factory yesterday.

Ce cas de figure est le plus propice à une interprétation « temporelle » de la détermination. Néanmoins, dès que l'on sort de la correspondance, trompeuse, entre un événement et un repère temporel, on s'aperçoit que le point de vue de celui qui prend en charge la relation prédicative filtre nécessairement l'interprétation de l'événement qu'elle construit, y compris lorsqu'il s'agit d'un exemple comme celui cité plus haut.

Nous dirons donc que la temporalité n'est que le sommet de l'iceberg dans la mesure où le sujet d'énonciation n'est pas seulement point de vue abstrait mais construit des **valeurs référentielles** (voir **Notion***) qui ne sont pas sans lien avec la réalité chronique; que la détermination des procès fait aussi intervenir :

— des **opérations de quantification et de qualification sur la notion** prédicative (procès envisagés comme états ou processus, construction de classe d'occurrences de procès, extraction ou fléchage d'une occurrence, etc.).

---

25. Voir à la fois J.P. Desclés et Z. Guentcheva (1978) et J.P. Desclés (1980).

— des **opérations de représentation** (abstraite) **des procès selon des intervalles** ce qui suppose que l'on opère « avec deux espaces topologiques : l'un dérivé de la notion, au sens sémantique du terme... l'autre dérivé du domaine des t sur lequel on a construit la classe d'occurrences des instants »[26].
— des **opérations de quantification et qualification dans la prise en charge** de la relation, ce qui fait intervenir le domaine de la **modalité**.

Ces considérations permettront de mieux comprendre des phénomènes relativement communs tels que, entre autres (pour l'anglais) :
— la nécessité de repérer un « simple past » par rapport à un **repère** (ou réseau de repères) détaché du moment d'énonciation.
— le fait que l'on puisse avoir des « formes » temporelles (telles que le « past » justement ou le présent) avec des **valeurs modales** (hypothèse, souhait...) ou **aspectuelles** (classe d'événements de même nature, propriétés, etc.).
— le fait que le **futur n'est pas un temps** mais procède d'un repérage particulier par rapport au plan d'énonciation qui lui donne des propriétés modales et aspectuelles (visée d'une relation non encore validée, etc.).

Nous renvoyons donc le lecteur aux entrées **Aspect***, **Modalité***, **Aoristique*** qui reprennent ces questions.

Aspect

Il est nécessaire de distinguer tout d'abord l'aspect dit « **lexical** » d'un procès, de l'aspect **grammatical** produit d'un repérage.

L'aspect lexical est lié aux propriétés de la **notion* prédicative** à partir de laquelle est construit un domaine notionnel : par exemple on distinguera dans les procès, les **processus** (où l'on peut distinguer un début et une fin, même s'ils sont confondus dans le cas des processus ponctuels) et les **états** (sans premier ni dernier point).
Ainsi :
— *tenir* (duratif), *attraper* (ponctuel) auront un fonctionnement de **processus**.
— *être rouge, contenir (du vin), avoir (dix ans)* auront un fonctionnement d'**état**.

En termes de qualification/quantification de la notion, ces distinctions sont dues au fait que l'on peut ou ne peut pas distinguer des occurrences de la notion[27]. Les appellations de résultatif, inchoatif, sémelfactif, itératif, etc. sont également à rattacher à l'aspect lexical - on parle également de **types de procès**.

L'aspect, en tant que **catégorie grammaticale**, fait intervenir des opérations portant sur la notion prédicative, opérations qui peuvent avoir, selon les langues, leurs marqueurs spécifiques en surface : c'est le cas par exemple en anglais avec BE + ING, HAVE-EN ou le marqueur Ø (comme il y a un Ø en détermination des substantifs).

---

26. A. Culioli (1978a).
27. Du fait de l'origine commune (la **notion*** prédicative) aux **procès** et aux actants de ces procès (les **substantifs**) on ne sera pas étonné de constater une similitude de fonctionnement entre les deux : le **compact** et le **dense** ont leurs représentants chez les prédicats comme chez les substantifs, le **discret** également. Les opérations de détermination portant sur les prédicats et sur les substantifs auront chacune leurs marqueurs propres mais elles reviendront toutes à **distinguer (ou ne pas pouvoir distinguer) des occurrences** (voir plus haut p. 148).

Les opérations portant sur la notion prédicative peuvent être étudiées grâce à différents concepts linguistiques tels que :

— le concept d'**intervalle** :

intervalle **non borné**

intervalle **borné et ouvert** [---

intervalle **borné et fermé** à droite [---]

le **point** : qui peut se ramener à un intervalle borné-fermé dont les deux bornes sont confondues. On parle alors parfois de « globalisation ».

— la catégorie des **instants** dont on construit la **classe d'occurrences** (tout comme celle de la notion prédicative) : il s'agit des instants $\mathcal{T}$ pour les repères énonciatifs, T pour les repères prédicatifs et de façon générale t pour définir de façon arbitraire (dans la mesure où la classe des instants a la puissance du continu)[28] **une occurrence de procès par rapport à un repère chronologique donné.**

Cette façon de représenter les procès ne doit pas être assimilée à un outil strictement mathématique dans la mesure où il s'agit d'une part de **quantifier des notions** (distinguer des occurrences de la propriété P, construire la classe de ces occurrences, définir le complémentaire linguistique, etc.. - Voir **Notion***) et d'autre part de travailler avec une **représentation linguistique du temps***.

On pourra donc distinguer un « avant » (pas encore), un « pendant » (en cours) un « après » ou état résultant sans qu'il soit question d'un chronométrage des « actions ».

Le repérage des intervalles par rapport à un **repère privilégié** (ou **point de vue**) fait également intervenir les catégories grammaticales du **temps** et de la **modalité**. En effet le repère privilégié peut être énonciatif et l'on aura le choix de repérer par rapport à l'actuel un intervalle ouvert ou fermé, ce qui en anglais par exemple donnera respectivement le **non accompli de présent** ou l'**accompli de présent**.

Le repère privilégié peut être constitué par un moment spécifié **dans le contexte** (soit par une datation, soit par la construction d'une relation prédicative située : **when..**, **as..** etc., en anglais) ou encore ce repère peut être la **translation d'un repère énonciatif** (dans les cas de discours rapporté par exemple). Le non-accompli ou l'accompli sera alors repéré par rapport à ces repères différents, pour ne pas dire **décrochés**, du repère énonciatif-origine (voir le « *past* + *be+ing* » et le « *past perfect* » de l'anglais).

Dans les cas de figure envisagés jusqu'ici, on peut aussi constater que l'ouverture ou la fermeture de l'intervalle est liée à la nature du repérage par rapport au repère privilégié, qui peut être **interne** à l'intervalle et **identifié (=) par rapport à un instant de cet intervalle**, ou **externe** à l'intervalle (on aura alors une **localisation** de l'intervalle par rapport au repère : valeur $\neq$).

Si l'on considère à présent le cas de **l'absence de repère privilégié** intervenant sur l'intervalle, on remarque les propriétés suivantes : le marqueur, en anglais par exemple, est ∅ ; il n'y a **ni intériorité ni extériorité** possible par rapport à l'intervalle qui est **non sécable** (il est **compact**, on ne peut envisager les occurrences d'instants où la propriété p de notion prédicative se trouve vérifiée).

---

28. Pour plus de précisions théoriques, se reporter à A. Culioli (1978a) et J.P. Desclés & Z. Guentcheva (1978).

On aura alors **un repérage en rupture** (ω) par rapport au moment-origine d'énonciation, ce qui déclenche un autre type de repérage, par rapport à une **chronologie** (le prétérit anglais par exemple), ou **dans une classe d'occurrences** de la notion prédicative, (le présent simple dit « de généralité » en est une illustration). Pour ce type de repérage voir à **Aoristique***.

Il convient de signaler également les rapports entre aspect et modalité : la **visée**[29] par exemple porte sur un construit notionnel (p est distingué dans (p,p')) et l'**intervalle** associé au procès visé est **compact**. On peut néanmoins viser un accompli ou un non-accompli **notionnel** (infinitif en BE+ING ou HAVE-EN) pour un repère à venir : la relation n'étant pas encore validée, l'intervalle (fermé ou ouvert) associé au procès n'est pas repéré par rapport au moment origine de la même façon que dans le cas de l'aspect accompli ou non-accompli du validé.

La **négation forte** (en tant que modalité à la fois de rang un et de rang quatre, assertion et rapports inter-sujets) peut également se combiner à l'aspect (voir le cas typique de l'anglais avec **négation + be+ing**) sans pour autant y associer un intervalle repéré sur le même plan que le moment origine d'énonciation.

> *I wasn't having the woman in "my" house*
> (Texte F, l.11)

Enfin l'aspect doit être étudié en liaison avec les **opérations prédicatives** portant sur la **notion source** (problème de l'**agentivité** et de l'**intentionalité**) et sur la **notion but** (problème de la **transformation de l'objet**) ce qui permet de voir les rapports entre l'aspect et la **voix** (notamment entre l'accompli, l'état résultant et l'état de l'objet « affecté » par le procès accompli).

Aoristique

Ce concept est utilisé dans l'analyse de la catégorie grammaticale de l'**aspect**. Il a été construit sur la base d'observations afférant à l'aoriste (l'aoriste grec entre autres) à cause de certaines de ses propriétés : on peut dire dans cette mesure que l'aoriste est « spécialisé dans le fonctionnement aoristique » (l'expression est de J. Boulle).

Toutefois, dans la terminologie de A. Culioli, les caractéristiques de l'aoristique ne sont plus uniquement liées à l'aoriste. Le concept vise :

— un procès qui n'est **pas défini par rapport à une origine relais** (situation-repère, point de vue, etc.)

— un **aspect** qui peut être associé à un **intervalle disjoint de tout autre**.

Plus précisément, l'aoristique, en tant que phénomène aspectuel, concerne plusieurs domaines :

— celui de la **notion*** prédicative ;
— celui des **types de procès** (voir **Aspect***) ;
— celui de la **modalité*** ;
— celui du **repérage des instants** de validation des relations prédicatives par rapport au repère-origine d'énonciation.

En effet, il est associé à des opérations de **quantification** et **qualification** sur la notion prédicative à laquelle renvoie le verbe : cette dernière est associée à un

---

29. Voir **Degrés de détermination verbale***, note 8, p. 150.

intervalle **borné fermé** : [ ] (la borne de droite étant fermée). Cet intervalle est **compact**, c'est-à-dire insécable (voir le continu dans le fonctionnement des substantifs, construits de la même façon à partir de la notion) : on ne peut envisager d'instant individualisable, de début, de « milieu » ou de fin.

Il n'y a donc pas de dernier point et **pas de complémentaire linguistique** (voir **Notion***) construit qui lui serait adjacent (au sens où comme dans le perfect, on aurait un état résultant construit par la fermeture de la borne :]⧸⧸⧸. On a donc **discontinuité** entre les événements dont les procès sont envisagés en repérage aoristique : [ ] [ ] [ ]

On comprend alors que cette opération de quantification/qualification revient à « **ponctualiser** » les événements puisque la notion de « durée » (entre les deux bornes) n'est pas pertinente, même si elle peut être explicitée indépendamment, pas plus d'ailleurs que celle d'« accompli » (ou de « non accompli »). Ceci est lié également au type de repérage par rapport au moment-origine énonciatif, nous allons y revenir.

L'aoristique représentera donc les procès soit comme des « **points** » isolés, soit comme une **succession de points** appartenant à une classe d'occurrences que l'on pourra parcourir. L'aoristique pourra servir à représenter des procès révolus, sans « lien » avec le moment d'énonciation (voir le prétérit anglais par exemple) ou des procès itérés dans le cas de l'habituel, du générique, etc. (voir le présent simple).

Ce qui a été dit plus haut sur l'absence de complémentaire est à rattacher au type de repérage introduit par l'aoristique : $\subseteq$ **prend la valeur** « ω » (i.e. ni = ni $\neq$) c'est-à-dire qu'il y a rupture de repérage entre la situation validant le procès à repérer et toute autre situation, y compris la situation d'énonciation-origine (Sit_0). C'est en cela que l'opposition aspectuelle accompli/non accompli n'est pas pertinente puisque nous n'avons **pas introduction d'un point de vue** (assertif/énonciatif) sur cet accompli/non accompli du procès.

Dans les deux énoncés suivants :

John worked as a bricklayer 3 years ago.

John came to see me 3 days ago.

les procès *work* et *come* sont donc présentés sur un plan d'égalité, « ponctualisés » comme événements révolus : la « durée » n'est introduite que par l'aspect lexical (ou objectif) des procès, l'aspect « fini » n'est déduit que de la rupture introduite par le repérage (ω).

Les exemples donnés pourraient faire penser que le prétérit anglais est l'aoristique. Il n'est en fait **qu'une forme d'aoristique**, ayant des propriétés aoristiques. Le présent simple a également un fonctionnement aoristique. De même le futur qui présente à la fois une identification (valeur « = » de $\subseteq$) au niveau des moments (moment d'énonciation et moment d'assertion du point de vue à partir duquel on « prévoit ») et une rupture entre le moment d'énonciation et le moment pour lequel la relation prédicative sera validée (valeur « ω » de $\subseteq$). Ce décalage (ω) aoristique entre situation d'énonciation et situation de validation « différée » produit l'effet de **visée** : on peut ainsi « viser » une valeur privilégiée, par exemple p, par la relation prédicative non encore validée (ni située) qui reste donc un **construit notionnel** (p,p') (Voir ce terme à **Notion***).

Modalité

Modaliser c'est, pour un sujet énonciateur, effectuer des **opérations d'assertion** (au sens large d'une prise en charge d'un contenu propositionnel, prise en charge « qualifiée », « pondérée » ou non), à partir d'une relation prédicative constituée (c'est-à-dire orientée et organisée autour d'un terme de départ) mais non encore repérée par rapport à une situation [30].

Précisons tout de suite que c'est à ce niveau que se situent également les opérations de **détermination** - sur les éléments nominaux aussi bien que verbaux (temps et aspects). La modalité participe par conséquent des opérations plus générales de **qualification et quantification** effectuées sur la lexis. On ne s'étonnera donc pas d'avoir à tenir compte du caractère déterminé ou non déterminé du complément de rang zéro par exemple, des marques (ou de l'absence de marques) aspectuelles sur le prédicat, des repères temporels explicites ou implicites afin de rendre compte correctement des phénomènes modaux.

Lorsqu'on analyse la modalité, il faut tenir compte de deux facteurs essentiels :

— les **domaines** autour desquels s'organise la modalité ;
— l'**objet construit** (il s'agit d'une relation prédicative) sur lequel elle porte.

I — Rappelons brièvement les **quatre grands types** de modalité (pour plus de détails, se reporter aux paragraphes d'introduction aux analyses, Première partie).

1er type : concernant la vision ou la **croyance** d'un énonciateur (ce qu'il croit être vrai : la relation est/n'est pas validée)[31], l'absence de prise de position (interrogation) ou encore le jeu sur l'assertion ou prise de position simulée (« que la relation soit/ne soit pas » c'est-à-dire l'injonction ; « supposons que la relation soit... » c'est-à-dire l'hypothèse).

2ème type : concernant un **gradient d'évaluation** avec impossibilité de choisir une valeur et une seule (p ou-exclusif- p̄) ; l'énonciateur n'exclut aucune valeur de façon définitive mais oscille entre le certain, le probable, l'improbable, le contingent. On a donc un domaine constitué par les valeurs (p,p'), avec un centre attracteur (construit par l'énonciateur comme étant **selon lui** la vraie valeur par rapport à laquelle l'évaluation se situe), une frontière (le « pas vraiment »), un extérieur (le « vraiment pas »).

3ème type : concernant une assertion (appréciative) **portant sur une proposition** (c'est-à-dire une relation déjà constituée - préconstruite) : la modalité porte alors sur le bien fondé, le caractère souhaitable, bizarre, bon ou mauvais de la relation dans son entier ; son objet n'est pas ici la prise en charge ou la non prise en charge de la proposition, mais sa **qualification**.

---

30. Autrement dit, on peut résumer ces opérations, qui sont donc **énonciatives** sous la forme : $\lambda \in$ Sit où λ est une lexis, ou contenu propositionnel (générateur d'énoncés) et où Sit est la représentation compacte de l'enchaînement des repérages entre : situation-repère de l'événement, situation-repère de l'événement de locution et situation-repère de l'origine énonciative (voir **Opérations constitutives d'un énoncé*** § V). Nous n'entrerons pas ici dans le détail des opérations et de leur représentation métalinguistique. Nous renvoyons en particulier à E. Gilbert (1986) que nous remercions pour sa relecture et ses suggestions.

31. Nous avons alors une assertion **au sens strict** : « l'énonciateur est en mesure de déclarer vraie une proposition, que celle-ci soit de forme affirmative ou négative, à l'exclusion des autres modalités » (A. Culioli, 1971b).

4ème type : concernant les relations **inter-sujets** (c'est-à-dire inter-agents « déclencheurs » de processus) et explicitant donc les rapports de causation, de volonté, de contrainte, etc. **sur** un sujet, émanant d'une source déontique explicite ou non.

Soulignons qu'il ne s'agit pas, avec ces types de modalité, de « tiroirs » de classement mais de zones sémantiques pouvant se composer entre elles, par exemple : l'injonction, la question font intervenir le 1er et 4ème type; on peut asserter une nécessité ou une possibilité (1er et 2ème type étant **partiellement** liés, de même que le 1er et le 4ème type). MAIS on ne peut **à la fois** travailler dans le 1er (p **ou** p̄) et le 2ème type (p,p'), c'est-à-dire asserter de l'incertain (contingent, probable) par exemple.

II — Nous allons à présent insister davantage sur l'**incidence** de ces domaines **sur** la relation prédicative en précisant tout de suite qu'il serait inexact d'analyser cette incidence comme celle d'opérateurs logiques univoques. Nous ne parlerons donc pas de modalités épistémiques, aléthiques, déontiques etc. pour analyser des phénomènes **langagiers** (s'appliquant au fonctionnement des langues naturelles) :
a) d'une part le « jugement modal » est une construction de valeurs référentielles selon des critères physico-culturels et subjectifs, de sorte que le « réel » linguistique construit par les énonciateurs n'est ni vrai ni faux, ni nécessaire ni possible **en soi**;
b) d'autre part l'**objet** du « jugement modal » est lui-même composite (mise en relation d'arguments et de prédicats), ce qui l'empêche d'être affecté uniformément par la prise en charge de l'énonciateur comme s'il s'agissait d'un « donné » global sur lequel l'énonciateur ne ferait qu'appliquer un opérateur. Il est sur ce point intéressant de remarquer que la plupart des raisonnements modaux en logique se présentent sous la forme : *il est nécessaire que p, il est possible que p*, etc. où l'on voit qu'il n'y a **pas repérage** de la modalité par rapport à une source énonciative déterminée (**un asserteur**)[32] et où le « jugement » se rapproche de celui d'une modalité de rang trois, dans sa forme tout au moins : l'objet n'est jamais « détaillé » mais homogène, traité « en bloc ».

II.1. — Si nous avons défini au départ la modalisation comme une **prise en charge** c'est que nous voulons donc insister sur le **repérage** (impliquant l'opérateur $\in$) qui intervient dans ces opérations. En effet repérer consiste à éliminer de l'indétermination. L'opérateur est donc la représentation « symbolique » d'une relation entre un élément à repérer et un élément repère qui détermine le premier (voir « **Repérage*** »). La prise en charge sera donc un repérage qualifié et quantifié en fonction d'une origine énonciative.

Exemple :

Peter came yesterday.

La prise en charge de cet énoncé consiste pour l'énonciateur à asserter (juger comme validée) pour le repère « yesterday » la relation ⟨ *Peter-come* ⟩ qui est elle-même une construction par repérage d'un agent (« *Peter* ») par rapport à un

---

32. Nous soulignons que le terme « asserteur » n'est pas employé au sens strict seulement (voir remarques précédentes) mais au sens général de support-origine des modalités (certitude, doute, ordre, etc.) qui affectent l'énoncé. Ainsi : *He would be back as soon as possible, but could someone, please, look after the plants while he was away*, nous invite à poser un asserteur (rapporté dans le cadre d'un discours indirect libre par exemple), support des modalités affectant les énoncés, différent de l'énonciateur-origine.

processus (« *come* »). Nous aurons à considérer que la prise en charge concerne au moins *trois repérages* (∈) :

Niveau 1 : le repérage **dans** la relation ⟨ *Peter - come* ⟩ elle-même.

Niveau 2 : le repérage de la relation par rapport à un repère (celui de l'événement construit auquel on réfère).

Niveau 3 : le repérage de cette nouvelle construction **par rapport à la situation d'énonciation**.

Nous voyons que le repérage intervenant au niveau 1 (ou prédicatif) est **déterminant** pour les repérages qui suivent.

Comparons :

    a) *Peter came yesterday*

    b) *Peter comes every Thursday*

En a) nous avons un procès ponctuel (dont « *Peter* » est l'agent) repéré (« *yesterday* »). La nature du repérage de l'événement ainsi construit (voir **Aoristique***) par rapport à la situation d'énonciation permet en fait plusieurs hypothèses :

a') — il s'agit d'un événement constaté « en bloc », repéré par rapport à ses coordonnées de validation. Il n'y a pas de distinction de terme de départ au niveau 1. Au niveau 2, « *yesterday* » fonctionne donc comme repère pour toute la relation ⟨ *Peter - come* ⟩.

a'') — il s'agit d'une réponse à la question : *Who came yesterday ?* ou l'énoncé s'inscrit dans un contexte où il est question des « personnes qui sont venues »; l'accent contrastif sur « Peter » permettra alors de voir que c'est autour du procès que s'organise la relation. Nous dirons qu'il a été choisi comme **terme de départ** de la relation (au niveau 1) et que c'est de **lui** qu'il est question dans l'assertion de son repérage par rapport à « *yesterday* »[33].

a''') — il peut enfin s'agir d'une prédication organisée autour du terme de départ « *Peter* » (ceci serait encore plus évident avec une reprise par le pronom anaphorique « *he* »), l'argument nominal déjà déterminé étant, en français comme en anglais, le terme qui se trouve « naturellement » choisi comme terme de départ d'une relation prédicative, sans marques supplémentaires. On se trouve alors, au niveau 2, avec un repérage qui qualifie la relation entre /*come*/ et le terme de départ, ce qui n'est en fait ici pas très différent de ce que nous avions en a'.

En b) nous avons un procès ponctuel repéré par rapport à une **classe de repères** (« *every Thursday* »). Nous ne traitons plus d'un événement unique. Nous construisons une **propriété** (sur la base d'une itération d'événements) autour de l'autre terme de la relation (« *Peter* »). Nous dirons dans ce cas que c'est « *Peter* » qui a été choisi comme terme de départ de la relation prédicative : c'est à propos de lui qu'est prédiquée la propriété.

Remarquons que le repérage du niveau 2 (« *yesterday, every Thursday* ») est lié au

---

33. Pour être précis, nous dirons après A. Culioli (1982 - Voir **Opérations Constitutives d'un énoncé*** III,ii) qu'il s'agit ici de prendre comme terme de départ le **second membre** de la relation, c'est-à-dire le prédicat **et** les arguments autres que l'argument source, représentés par ⟨ **( )rb** ⟩, une relation de repérage étant toujours **binaire**. Nous avons pris ici comme exemple la diathèse **active** (le choix du terme de départ se fait ensuite entre a et ( )r b). Au passif, le choix serait entre b et le reste de la relation (( )r( )).

type de repérage effectué au niveau 1, c'est-à-dire au choix du terme de départ (repère de la relation).

Dans l'énoncé a) le repère de niveau 2 pouvait constituer (hypothèse a″) une définition, ou une détermination, pour le terme de départ qui était alors le procès (choisi au niveau 1) : c'est pour cela qu'au niveau 3 l'assertion portait sur cette définition.

Dans l'énoncé b) le repère de niveau 2 (« *every Thursday* ») empêche que le procès ne soit situé par rapport à un repère particulier. Cette opération de **parcours** oriente donc la prédication vers celle d'une propriété (ou qualification) : *Peter is a « Thursday-comer »*. Dans ce cas on constate que le repère de niveau 2 n'est pas décisif pour le procès lui-même mais l'est éventuellement pour ce qui est dit du terme de départ - « *Peter* ». Dans la même famille d'énoncés que b) on pourra d'ailleurs ne pas le prendre en considération, par exemple :

Peter likes chocolate wafers (pour toute situation repère donnée au niveau 2).

On rappellera enfin que les opérations de détermination nominale sont étroitement liées à celles que l'on effectue sur la relation prédicative et vont donc avoir leur importance pour analyser ce qui se passe aux niveaux 2 et 3.

Nous avons pris jusqu'ici un exemple avec un nom propre, donc un argument auto-déterminé. Si l'on considère par contre les cas où nous avons, en complément de rang zéro, un **générique** (par exemple « *one* ») ou un **parcours*** sur les éléments pouvant instancier cette place (par exemple « *anyone* »), on constate que ces termes ne peuvent être déterminés ni par rapport à un événement spécifique (cas où le procès serait pris comme terme de départ repéré par une situation particulière) ni de façon externe (par anaphore d'un élément introduit dans le contexte - voir **Détermination nominale***). On ne peut avoir par exemple :

*Anyone came yesterday.

*One came yesterday (sauf si bien sûr « *one* » est un élément extrait d'un ensemble défini auparavant).

Il s'agira alors de renvoyer à une classe (les animés humains dont l'énonciateur fait partie) à travers un représentant quelconque qui en a les propriétés. C'est autour de ce représentant que va se construire la prédication dans le sens d'une qualification ou d'une propriété attribuée au terme de départ :

One usually likes rock music when one is a teenager.

Anybody with a bit of common sense commutes by train these days.

II.2. — Comparons à présent les deux énoncés suivants, comportant une modalité autre que l'assertion simple :

c) *Peter must have come (yesterday).*

d) *Peter must come (tomorrow).*

L'explicitation du repère de niveau 2 n'a pas la même signification dans les deux cas :

— Dans le cas c) : comme toutes les formes aspectuelles (voir **Aspect***), /*have come*/ est repéré par rapport à un repère-point de vue qui donne valeur d'accompli. Ce repérage n'est ici que **potentiel** car il s'agit d'un infinitif parfait, donc d'une « notion d'accompli » : elle a donc **valeur** d'événement accompli, mais elle n'est pas assertée (au sens strict : validée/non validée) par son repérage par rapport à la situation d'énonciation (comme le serait un « present perfect » avec une assertion - modalité de type un). La prise en charge est « **qualifiée** » par « *must* » : le repérage de niveau 2 peut être explicite (« *yesterday* »)[34] ou implicite, il sera évalué au niveau 3 par le **point de vue de l'énonciateur** (repère point de vue et repère énonciatif sont alors confondus). La modalité portera alors **sur le repérage du procès** (« *have come* ») **par rapport à un repère** (par exemple « *yesterday* ») de toute façon antérieur au moment d'énonciation. Il s'agit bien ici d'une modalité portant sur la détermination du procès par rapport à un repère, car c'est le procès qui a été choisi comme terme de départ **à propos duquel** on évalue ce repérage.

— Dans le cas d) : ***Peter must come*** (*tomorrow*), la forme /*come*/ est envisagée comme ni accomplie, ni inaccomplie : il s'agit donc de la notion du procès, forme non finie, qui devra recevoir son repérage de l'opération effectuée au niveau 3. Ce qui distingue ce cas du précédent, c'est que le repère de niveau 2, s'il est explicite (par exemple, « *tomorrow* ») est en fait lié à l'opération de repérage effectuée au niveau 3 ; ici il est pris comme **repère-support de l'opération modale intervenant entre** /*Peter*/ **et** /*come*/. En bref, il ne situe pas le procès lui-même comme dans le cas de c), il ne peut servir de repère à « *Peter* », qui est lui le terme de départ repéré par rapport à la situation d'énonciation (**à propos duquel** l'énonciateur prédique « *must come* ») ; il sert de repère à l'opération modale elle-même (« *must* »). Nous dirons alors que l'opération modale porte sur le repérage ($\subseteq$) du reste de la relation prédicative par rapport à son terme de départ, qui est ici l'argument /*Peter*/, lui-même repéré par rapport à la situation d'énonciation. Cette opération modale « évalue » comme nécessaire la relation ⟨ ***Peter - come*** ⟩ : cette nécessité peut être interprétée comme un ordre, une obligation si la source en est identifiée (comme ici, puisqu'il s'agit de l'énonciateur, donc modalité de type 4). D'autre part il s'agit d'une **assertion** de « *must* » (au sens d'une modalité de type un) pour un repère-point de vue identifié à « *Now* » lorsqu'il n'y a pas d'autres repères explicites, ou d'une **assertion différée** (décrochée par rapport à « *Now* » - nous avons alors une **visée**[35], pour un repère explicite (par exemple, « *tomorrow* »). Nous vérifions dans l'énoncé d) notre remarque antérieure : avec « *must* », il s'agit d'une composition de valeurs modales, avec assertion différée (ou visée) de la valeur p du procès repéré par rapport à /*Peter*/ (pour un repère de type « *tomorrow* ») mais aussi assertion différée d'une **nécessité** (ou obligation) de type 4, existant pour le terme de départ /*Peter*/.

II.3. Examinons à présent un autre groupe d'exemples (à comparer aux cas c) et d)) afin de préciser ce qui a été vu jusqu'ici sur la portée de l'opération modale en fonction des repérages effectués aux niveaux 1 et 2.

e) *Peter must have read Shakespeare's historical plays before his exam.*

f) *Peter will have read Shakespeare's historical plays before his exam.*

g) *Peter may have read Shakespeare's historical plays before his exam.*

h) ***Applicants may have completed their national service in industry instead of in the armed forces.***[36]

---

34. Notez bien ici la possibilité d'avoir à la fois une détermination (« yesterday ») **et** un perfect, puisque justement ce repérage est conditionné par le repérage suivant, au niveau de la modalité du non certain (on sort de la modalité de type 1). Voir C.R.G.A. Tome 2, « Modalités + Have-en ».

35. Voir A. Culioli (1978b) et **Degrés de détermination verbale***, note 8, p. 150.

36. Exemple emprunté à E. Gilbert (1986) et P.S. Tregidgo (1982).

171

Il s'agit de configurations proches de l'exemple c) mais l'opération modale effectuée n'est pas toujours la même. Voyons pourquoi :

A) Au niveau 2 des repérages, nous avons mention d'un repère explicite et unique pour la relation (exemples e), f), g) ou implicite et multiple - une classe de repères (exemple h : « *when(ever) they apply* »). Un repérage de type « *before* » pose une **antériorité** du procès par rapport au repère posé, ce que ne font pas « *when* » ou « *whenever* » (ou tout autre repère ponctuel ou itéré). Cette différence permet de distinguer le repérage aspectuel posé entre un accompli de procès et le repère (exemples considérés) de celui posé entre une notion de procès (forme verbale simple) et le même repère comme dans :

e') *Peter must read Shakespeare's plays before (while) taking his exam*

B) Tel qu'il est posé dans les exemples e) à g), le repérage de niveau 2 est ambigu :

1) Soit il n'est pas qualitativement différent de ce que nous avons vu dans l'exemple c) et nous allons retrouver, au niveau 3 de la prise en charge modalisée, les mêmes opérations sur le repérage par rapport à **un repère antérieur au moment d'énonciation**. L'énonciateur évaluera dans ce cas sur un gradient la validité du repérage de /have read Shakespeare's plays/ par rapport à /before his exam/. Il s'agit bien alors du choix du prédicat (au sens large) comme terme de départ (au niveau 1).

2) Soit il peut fonctionner comme **repère décalé**, à venir, par rapport au moment d'énonciation : il constitue donc pour l'énonciateur un point de vue distinct par rapport auquel va se déterminer l'opération modale (niveau 3). Pour le rendre univoque il faudra alors le compléter : « *before his exam next Monday* » par exemple. C'est sur ce deuxième cas de figure que l'on peut alors faire les remarques qui suivent :

— L'opération de modalisation (de niveau 3) n'est pas la même dans les énoncés proposés : si l'on peut dire que la nécessité (« *must* ») ou la prédiction (« *will* ») privilégient la valeur p par rapport à la valeur p' qui se trouve écartée (voir le rappel sur les modalités de type 2), il n'en est pas de même pour la contingence (« *may* ») qui ne tranche pas entre p et p'. On aura donc dans le premier cas (énoncés e) et f)) **une visée de p** (distingué) repérée par rapport au point de vue (niveau 2) que nous venons d'analyser; dans le deuxième cas (énoncés g) et h)) il y aura, **au niveau de « may », impossibilité de trancher** entre les deux valeurs p et p'.

— **Cette valeur de visée est déterminante pour le nécessaire (« must »)** mais non pour la prédiction (ce qui permet de vérifier que les valeurs modales de « *will* » sont souvent ambiguës - voir analyses, Première partie). Que la nécessité soit repérée par rapport à une source identifiée (l'énonciateur par exemple) ou pas, visée **et** nécessité portent sur le sujet de la relation, terme de départ choisi par lequel l'énonciateur passe pour effectuer l'opération modale de niveau 3[37]. Nous voyons alors qu'au niveau 1, c'est autour de « *Peter* » (dans l'énoncé e)) que se constitue la relation prédicative. Le repère de niveau 2 est alors le support de l'opération modale intervenant entre /*Peter*/ et /*have read*/.

— **Dans le cas de l'énoncé f)**, la visée peut ou non cohabiter avec une autre valeur; mais lorsqu'il y a cohabitation, la seconde valeur ne dépend que du **sujet** de la relation prédicative et n'implique donc pas une contrainte issue de l'énonciateur.

---

37. Ces opérations sont souvent confondues en une et représentées comme $\mathscr{S} \to$ S alors qu'il faudrait distinguer la visée de la pression sur S : ($\to$ S).

Nous aurons donc ambiguïté sur l'opération modale :

a) soit le repérage de niveau 1 s'effectue par rapport au terme de départ /*have read Shakespeare's plays*/ et nous avons une valeur modale de prédiction (**visée simple** ou « futur ») par rapport au repère de niveau 2 déterminant le repérage du procès ;

b) soit le repérage de niveau 1 s'effectue par rapport au terme de départ /*Peter*/ et nous avons une valeur de **volonté** (de « *Peter* ») ou une valeur de **prédictabilité-propriété** (de « *Peter* »). Nous retrouvons alors une opération modale (niveau 3) qui est une **composition de valeurs** (voir analyse de l'exemple d)) dans la mesure où elle ne concerne pas la validité du prédicat : on a à la fois assertion - différée, par rapport au repère de niveau 2 - et valeur de volonté ou de propriété (construite à propos de /*Peter*/) sur laquelle porte cette assertion.

— **Dans les énoncés g) et h)** l'opération modale effectuée **par** « *may* » ne comporte pas de visée (voir plus haut) : nous n'aurons pas la première possibilité offerte avec « *will* ». Comme il s'agit essentiellement d'une équipossibilité de validation avec /*have read*/ mis sur le même plan que /*not have read*/ (pour g) par exemple), la pondération ne peut se faire que par un accent contrastif sur « *may* » ou l'ajout de « *well* » par exemple : on souligne la valeur p (possible). Mais on a remarqué plus haut que le repérage de niveau 2 n'est pas le même en g) et en h) :

— repère explicite et unique pour g) ;

— repère implicite compris comme une classe de repères pour h).

On peut expliciter la nature de l'opération modale de niveau 3 en considérant ce qui se passe au niveau 2 :

a) Si nous avons, comme en g), un repère décalé (« *before his exam next Monday* »), il ne peut jouer le même rôle qu'en e) ou f) **du fait de l'absence de visée** ; de sorte qu'un énoncé du type :

You may have done the washing-up when I come back, you know

paraît hautement improbable parce qu'il essaie de faire fonctionner le repère de niveau 2 de la même façon que dans l'énoncé e). La valeur « autorisation » ou encore « absence de contrainte » repérée par rapport à une source déontique (dans ce cas l'énonciateur) peut certes s'accommoder d'un repère de ce type, mais ce dernier sera, comme en c), le repère support d'une opération modale intervenant entre l'argument-terme de départ et le prédicat :

You may do the washing-up before I come back.

En g), le repère décalé sera donc repère-point de vue potentiel qui donne au procès /*have read*/ une valeur d'événement accompli (voir exemple c)). C'est donc sur la détermination du procès, choisi comme terme de départ, que va porter l'opération modale de niveau 3 : il y a évaluation (« *may* ») avec une valeur de contingence, même si on peut envisager des cas où cette contingence est pondérée (avec « *well* » par exemple).

b) Si nous avons, comme en h), une classe de repères (« *when they apply* »), il ne s'agit plus d'un événement unique évalué par rapport à une échelle de probabilité ; le procès ne se trouve plus repéré (potentiellement) par rapport à une situation donnée. Le repérage de niveau 2 devient alors support de l'opération modale intervenant entre le terme de départ « *Applicants* » (représentant une classe lui aussi, avec ses propriétés) et le reste de la prédication (voir exemples b) et d)). Nous avons alors composition d'opérations : assertion (modalité du 1er type) d'une **possibilité** (valeur positive de « may »)[38] et non d'une contingence. La valeur de possibilité peut quelquefois laisser place à une valeur déontique dans la mesure où cet énoncé appartient à un règlement :

It is possible for applicants to have completed

ou

Applicants are allowed to have completed

II.4. Terminons enfin avec un dernier type d'énoncés, globalement identifiés comme « appréciatifs » :

i) *It is ridiculous that Peter should ask his brother for a loan.*

j) *I am glad that he should acknowledge his mistake.*

k) *Peter finds it amusing that you should ask for a sabbatical year.*

Remarquons d'abord qu'il existe de nombreuses périphrases modales fonctionnant sur une structure similaire : nous retenons ici celles qui sont **spécifiquement appréciatives** tout en signalant la possibilité d'avoir des compositions de valeurs modales ici aussi :

— « *it is obvious, it is clear that..* » sont davantage des modulations d'assertion de type un ;

— « *it is likely, it is possible* », etc. ont des liens indéniables avec les modalités de type deux mais également de type quatre si l'on considère les variations suivantes :

John is likely to...

It is possible for John to...

où l'on retrouve nos considérations sur le choix du terme de départ. De même avec des tournures du type : « *it is necessary that..., it is essential that..., Mr X demanded that...* ». Nous considérerons que ces exemples sont des périphrases plus ou moins explicites pour faire apparaître :

— le type de modalité en jeu

— le repérage par rapport à une source modale identifiée

— l'incidence de la modalité sur le repérage intervenant dans la relation (niveau 1)[39].

Ces périphrases sont d'ailleurs aussi utilisées dans les analyses linguistiques sur la modalité.

Si nous revenons sur les cas véritablement **appréciatifs**, nous constatons que :

a) leur structure se présente sous une forme complexe, avec imbrication de deux relations : **jugement appréciatif + complétive**.

b) dans les exemples donnés ici, la complétive est introduite par « that » dont on peut dire qu'il est à la fois le **relateur** - dans le sens où il établit un lien entre une relation prédicative et une prise en charge modalisée (qualifiée) - et **anaphore** de la relation prédicative qu'il introduit ; dans les exemples i) et k) on peut même

---

38. Voir pour plus de détails et une présentation légèrement différente : E. Gilbert, Thèse (1986).

39. Pour une analyse détaillée de ces phénomènes dans l'optique des opérations énonciatives, voir C. Rivière (1983).

remarquer que ce « *that* » a lui-même son image dans la première relation, sous la forme de « *it* ». On peut encore dire que dans sa fonction de relateur il **« rapporte » la relation-objet de l'appréciation** (par exemple : « *that Peter should ask his brother for a loan* ») **à une source de modalisation**, quelle qu'elle soit : en ce sens il est le marqueur d'une prise en charge **« différée »** que l'on retrouve dans les énoncés rapportés : « *Paul thinks that.., Paul said that..* ». Lorsque les énoncés sont rapportés à l'énonciateur lui-même, assertion et énonciation sont **confondues** (à moins qu'il n'y ait décalage temporel ou reprise polémique), ce qui rend redondantes des structures du type :

I say that the weather is fine today

Par contre, dès que l'on quitte le domaine de la modalité de type un (assertion simple) et que l'on glisse vers une assertion modulée ou vers une modalité de type deux, on retrouvera les marqueurs explicites de la prise en charge. C'est bien sûr le cas que l'on rencontre avec « *do* » (marque chez l'énonciateur d'une impossibilité de trancher, d'une assertion négative ou d'une reprise contradictoire); c'est aussi le cas avec des prises en charge du type : « *I believe that..., I think that...* ». Or dans les exemples i) à k) nous avons affaire à un phénomène à la fois analogue et qualitativement différent. Analogue car il y a « **mise à distance** » de la relation-objet de la modalisation (« *that --* ») afin justement de pouvoir effectuer une prise en charge. Différent car il ne s'agit plus vraiment d'une prise en charge au sens que l'on donnait à ce terme pour les modalités de type un et deux par exemple : il s'agit bien ici, **quel que soit le degré de validabilité de la relation-objet**, de **qualifier cette relation**. C'est en cela que « *that* » (et « *it* ») sont qualifiés (cf. « *ridiculous* » en i), « *amusing* » en k)).

c) Nous signalons au passage que les exemples retenus, bien que représentatifs du phénomène, ne sont qu'un exemple d'imbrication parmi d'autres [40] :

It's perfectly normal for Peter's brother to turn down the offer.
His refusing to cooperate is quite significant.

Qu'il s'agisse d'un infinitif ou d'un gérondif, nous soulignons la possibilité de considérer la relation prédicative ainsi posée comme un **bloc** avec une relation sujet-prédicat spécifiquement marquée (« *for* » jouant, partiellement du moins, le même rôle que « *that* »).

d) Nous avons dit en b) que ce type de modalisation n'était plus une prise en charge (au sens d'une assertion) de la relation prédicative complétive. Que la modalisation se fasse par rapport à une « source » modale identifiée (exemples j) ou k)) ou implicite (nous avons alors un repérage par rapport à la situation d'énonciation, et à l'énonciateur en particulier, dans l'exemple i)), le fait de savoir si la relation modalisée est validée ou pas est **secondaire**. Secondaire ne veut pas dire qu'il est sans intérêt d'en analyser les implications [41] mais que l'opération modale (de niveau 3) n'est pas centrée sur ce point (comme le serait une modalité de type un ou deux), de sorte que **le repérage** de la relation par rapport à une situation qui la valide (niveau 2), s'il existe, **n'est pas concerné par la modalisation** : c'est là que l'on trouve le bien-fondé des paraphrases pour ce type d'énoncé :

The fact that... is ridiculous, surprising, etc.

---

40. Nous n'abordons pas ici le détail de ces constructions, ni les problèmes d'interprétations qu'elles posent. Voir à ce sujet P. & C. Kiparsky (1971), C. Rivière (1983), J. Chuquet (1986).
41. Voir à ce sujet P. & C. Kiparsky (1971), G. Leech (1971), M. Paillard (1986).

The idea that... is ridiculous, surprising, etc.

Remarquons enfin la présence caractéristique, mais non obligatoire, d'une modalité comme « *should* » qui permet en quelque sorte de « mettre à distance » (au sens d'un **décrochage** soit dans le non actuel parce qu'hypothétique, soit dans l'avenir) la relation prédicative ainsi modalisée. « *Could* » ou « *might* » ont également cette fonction, comme dans l'exemple suivant :

It is understandable that different manners might offend.[42]

Dans ce cas de modalisation, le lecteur l'aura compris, **l'opération modale porte sur le repérage de niveau 3 lui-même**, c'est-à-dire sur le repérage de relation prédicative par rapport à une origine énonciative; l'opération de repérage de niveau 2 n'est en effet pas en cause (nous l'avons déjà dit) et l'opération de repérage de niveau 1, si elle a lieu, se trouve de fait réajustée à un autre niveau : il s'agit bien plutôt de considérer que dans les énoncés i) à k) aucun terme de la relation n'est particulièrement distingué comme terme de départ. C'est donc **toute la relation qui est terme de départ**, à propos de laquelle l'énonciateur émet un jugement qualitatif.

III — Résumons l'incidence des quatre types de modalités sur les niveaux de repérage vus jusqu'ici :

III.1. **Modalisation de type « relation à prédicat ».**

L'opération modale de **prise en charge de l'énoncé** (opération de repérage de **niveau 3** - par rapport à la situation d'énonciation : Sit_0) s'applique au **repérage (niveau 1)** entre :

le terme de départ prédicatif (prédicat + arguments de rang 1, etc.),

et

une situation repère qui le détermine (Sit_2) (niveau 2).

Cette Sit_2 est construite par repérage par rapport à Sit_0. Elle peut être identifiable à Sit_0, en rupture par rapport à elle (construction aoristique, qu'il s'agisse du révolu ou de l'avenir visé). Etant donné le repérage $Sit_2 \in Sit_0$, l'opération de niveau 3 concerne donc l'**évaluation du repérage** (niveau 1) : **terme de départ (prédicat)** $\in Sit_2$. Cette évaluation peut fonctionner sur le « **tout ou rien** » : repéré (p)/non repéré (p̄) ou sur un **gradient** défini par le domaine (p,p'). Nous soulignons ici la nécessité de poser Sit_2, dans la mesure où **déterminer un procès c'est le repérer** en termes temporels, aspectuels et modaux **par rapport à une situation qui le valide**. D'un autre côté le prédicat qui renvoie à ce procès a une position particulière dans la relation prédicative, celle de « **pivot** » ou de **relateur** entre un terme « source » et un terme « but » : par exemple un prédicat renvoyant à un processus pourra mettre en relation un agent et un objet transformé. C'est ce qui a souvent fait dire que ce type de modalisation concernait la relation prédicative dans son ensemble dans son

---

42. Exemple emprunté à H. Chuquet & M. Paillard, (1987).

repérage par rapport à une situation[43]. Citons quelques exemples sur lesquels nous ne reviendrons pas :
- *John came yesterday.* (assertion simple)
- *John* **did** *come yesterday.* (assertion contradictoire ou ré-assertion)
- ***There*** **won't** *be any room left in the car.*
- *They* **may** or **may not** *come and connect the television on Saturday.*[44]
- *I mean there* **must** *have been an awful lot of hit and misses,* **mustn't there** ?[44]
- *And my mother was not drunk; several people in the house* **will** *have said that to you*[44].

III.2. Modalisation de type « relation à sujet ».

L'opération modale de **prise en charge** (niveau 3 - repérage par rapport à Sit_0) s'applique au **repérage (niveau 1) entre** :

la relation prédicative non saturée (= le second membre prédicat + argument de rang 1..),

et

son terme de départ -sujet (complément de rang zéro, quelle que soit la diathèse). En tant que terme de départ (et de par sa nature « argumentale »), ce dernier est repéré par rapport à l'origine énonciative : à la différence d'un prédicat, un argument nominal n'est pas « validé » ou « non validé » par rapport à une situation de type Sit_2 mais **directement par rapport à une source énonciative et par son repérage par rapport au prédicat** qui le définit en tant qu'agent, patient, etc. Lorsqu'il est repéré par rapport à une situation, c'est par le biais de son existence (voir les prédications d'existence effectuées par localisation : « il **était** une fois un prince..., il y **avait** une princesse... »). Dans ce cas de figure on peut donc dire que le terme de départ est « évalué » dans son rapport avec le reste de la prédication. Cette évaluation peut donc se faire indépendamment de tout repérage par rapport à Sit_2, puisque le terme de départ est « sorti » (ou « **distingué** ») de la relation prédicative. On pourra donc avoir une **composition de valeurs modales au niveau 3** de la prise en charge : assertion d'une propriété, d'une capacité ou propension du sujet, assertion différée d'une volonté du sujet, etc. On aura compris que cette opération modale complexe est **centrée sur le sujet*** : **sujet de l'énoncé** aussi bien que **sujet énonciateur** par rapport auquel le premier est repéré de façon privilégiée; les valeurs intersubjectives entreront bien sûr dans ce type d'opération. Enfin le repérage de niveau 2, s'il est construit, constituera de ce fait **un repère** non plus pour

---

43. Nous préférons tenir compte du détail des opérations de repérage intervenant au niveau 1. C'est pour ces raisons que nous distinguerons également entre : « *He is a teacher* » (assertion d'une propriété à propos de « *he* » sans repère de validation particulier et *He* **must** *be a teacher* (évaluation de la validité de « *be a teacher* » par rapport à un point de vue particulier, identifiable à la situation d'énonciation). Bien qu'il ne soit pas possible de repérer une propriété (se présentant comme du continu) par rapport à un moment particulier, il s'agit bien d'ici d'une opération modale portant sur le repérage énonciatif : l'énonciateur arrive à cette conclusion nécessaire après un raisonnement « sur preuves ».

44. Exemples empruntés à J. Coates (1983).

le prédicat mais **pour l'assertion modalisée de niveau 3** : ceci permet d'avoir l'assertion d'un ordre pour un repère à venir, la projection, ou visée, d'un événement qui ne se réalisera que par la volonté du sujet de l'énoncé ou par celle de l'énonciateur, ou encore l'assertion d'une propriété (ou caractéristique) pour une classe de repères. Nous redonnons ici quelques exemples :

— *He* will *leave the door on the latch when he goes to work.*
— *Modal auxiliaries* may *not be immediately preceded by another verb.*[45]
— *A blow to the head - which in professional boxing* can *impart a force a hundred times greater than gravity -* can *kill suddenly.* (New Scientist)
— *In order to do this a variable* must *have an intensional range.*[45]
— *He* must *come and see me tomorrow.*
— *You* may *have a week off.*
— *I don't say you owe him gratitude... but you* do *owe him respect.*[45]

III.3. Modalisation de type « relation à relation préconstruite ».

L'opération modale est essentiellement qualitative et s'applique au **repérage de la relation prédicative dans son ensemble par rapport à la situation d'énonciation**. Il s'agit donc d'une modalisation qui **qualifie** le repérage de niveau 3. Le repérage de niveau 2 n'est pas en cause et s'il est explicite, il situera la relation prédicative sans être pour autant l'objet spécifique de la modalisation. Le repérage de niveau 1 **ne distingue pas de terme de départ particulier** : la relation est donc présentée comme saturée, où tous les termes ont une place qui leur a été assignée par une construction « antérieure ». Le terme d'antérieur ne doit bien sûr pas être pris au sens chronologique, ni même nécessairement au sens où il s'agirait d'une assertion « antérieure » d'un autre énonciateur. Il s'agit plutôt d'un **préconstruit**[46] c'est-à-dire d'un « présenté-comme-déjà-construit », dont la construction n'est plus en cause (donc plus l'objet d'une prise en charge) : il a les caractéristiques d'une assertion sans en être une réellement. Ceci se traduit entre autres choses :

— par la mise de la complétive à une forme prédicative « **non finie** » (infinitif par exemple), de sorte que son repérage par rapport à une situation de validation se fait à partir d'un **repère fictif**[47].

— ou encore par une **modalisation** de la relation prédicative elle-même (par exemple avec « *should, might, could* ») qui a pour fonction essentielle de repérer la prédication par rapport à un **plan fictif** (voir le -ED dit « modal » sur les auxiliaires) avec des modalités qui ménagent elles-mêmes **les deux valeurs possibles** (p,p') pour une validation ou non validation de cette relation. Pour finir nous dirons que l'incidence de cette modalisation se fait sur un repérage par rapport à la situation d'énonciation et nous rappellerons que ce repérage est essentiellement **qualitatif** dans la mesure où ce qui est repéré est un construit notionnel (au sens d'une lexis désassertée ou à assertion suspendue) : on comparera cette modalisation à celle décrite en III.1. qui était une évaluation **quantitative** sur un repérage par rapport à une situation de validation. Nous donnons pour conclure quelques exemples

---

45. Exemples empruntés à E. Gilbert, Thèse (1986).
46. Voir « **Préconstruit** * ».
47. Voir J. Chuquet (1986).

représentatifs :

> — *There are many people in this country who think it* a disgrace that *President Suharto* should *be here to tour.* (BBC Radio 4)
>
> — *It's quite* inexcusable that *the British government* should *see it fit to receive this man* (ibid.)
>
> — *It seemed* suicidal for *the Liberal Democratic M.P.s* to join *in defeating their own Administration.* (Newsweek)
>
> — *It is* all very well *trying to wander romantically in the Tyrol.* (D.H. Lawrence)

Sujet(s) et niveaux d'énonciation

Regrouper ces deux concepts c'est essayer de faire le lien entre la « mise en fonctionnement de la langue » (dans l'optique mise en place par E. Benveniste et développée sur le plan théorique par A. Culioli) et sa manifestation spécifique dans les textes à support écrit tels qu'on les rencontre dans le commentaire linguistique. Il convient d'abord de distinguer le « sujet » de la grammaire traditionnelle, du sujet énonciateur.

Le sujet (par rapport au « complément ») correspond en fait à une place d'**argument**, la première, à partir de laquelle la relation prédicative est orientée : nous l'appellerons **complément de rang zéro** (C_0).

Le C_0 est construit en sélectionnant soit le terme source, soit le terme but de la relation primitive (voir **Opérations constitutives d'un énoncé***) selon le type de diathèse (active, passive entre autres) choisie. Le C_0 peut être (mais cela n'est pas toujours le cas) confondu avec le **terme de départ** (ou repère prédicatif) de même qu'avec le **repère constitutif** comme repère organisateur de l'énoncé (pour ces termes, voir **Opérations...***).

> **Paul** *has never been to England before*
>
> **This shirt** *has never been ironed*
>
> **Heavy rains** *fell on the South West during the week end*
>
> **My brother,** he's *the one to ask (if you want to know all the details)*
>
>   (Repère constitutif)   (C_0) [48]

Le terme de **sujet dans l'énoncé** en revanche, sera réservé aux cas où le C_0 est **agent** (donc animé humain), capable de déclencher intentionnellement le procès auquel le prédicat renvoie. Cette distinction a son importance pour analyser les phénomènes aspectuels et modaux (voir par exemple la possibilité d'avoir : *Paul is coming tomorrow* et non **Rain is falling tomorrow*). Complément de rang zéro et sujet d'énoncé sont donc les produits d'opérations prédicatives et énonciatives, le second

---

[48]. Il faut remarquer que la distinction, dans les énoncés de surface, entre le C_0 et les autres repères (prédicatif et énonciatif) n'est pas un phénomène courant en anglais. Dans l'exemple donné, il faut souligner le contraste (accent fort sur *he*) qui permet de dissocier *my brother* du pronom anaphorique. Le français est sur ce plan beaucoup plus riche en exemples. Voir : « *Mon frère, le steak, il l'aime saignant* » (moi, par contre, etc.) par rapport à « *Le steak, mon frère il l'aime saignant* » (mais le gigot...).

faisant intervenir des propriétés primitives qui relèvent de la constitution des notions.

Le sujet énonciateur, lui, n'appartient pas au même niveau d'analyse : il est langagier et se situe à la croisée du linguistique et de l'extralinguistique. Il n'est pas un donné physique identifiable à un individu particulier situé dans le monde extérieur; il est le **reflet construit** (par l'énonciation elle-même) de ce donné extralinguistique : toute « personne qui parle » construit un système de valeurs référentielles, repère ses énoncés par rapport à **une origine énonciative stable**. Cette origine énonciative participe donc de la constitution des énoncés comme mode de signification, elle est le centre organisateur de l'« événement » énonciatif ($\mathscr{E}$) repéré par rapport à un espace énonciatif (Sit) qui a pour paramètres $\mathscr{S}$ et $\mathscr{T}$ (sujet énonciateur et « moment » d'énonciation - voir **Temps***). Là encore, il convient de souligner que « le concept de situation d'énonciation est une abstraction opératoire dans la théorie et non un élément du monde réel »[49]. C'est par rapport à cette origine que sont calculés les pronoms dans les énoncés produits; c'est par rapport à l'origine temporelle $\mathscr{T}$ que sont définis les temps des énoncés.

Les **pronoms personnels** par exemple, incarnent les valeurs de l'opérateur de **repérage*** ($\in$) dans une opération pour laquelle l'énonciateur est origine et le sujet dans l'énoncé est repéré :

« **Je** » ne désigne pas « celui qui parle » mais une **identification** entre l'origine énonciative et la valeur référentielle du sujet dans l'énoncé (ou de l'énonciateur rapporté - voir plus loin).

« **Tu** » ne désigne pas l'autre de « celui qui parle » mais une **différenciation** entre l'origine énonciative et la valeur référentielle du sujet dans l'énoncé : « *tu* » explicite le repérage du co-énonciateur par rapport à l'énonciateur.

Le co-énonciateur est l'image de l'autre dans le discours de l'un. Ce concept est particulièrement utile pour expliquer, au sein d'un énoncé, tout ce qui marque la prise en compte de celui auquel la parole est adressée, fictivement ou réellement. Ainsi dans :

I think this also applies to...

la valeur de *I think*, du point de vue « informatif » est nulle. Mais ce segment introducteur indique :

— que « celui qui parle » envisage une objection possible de celui auquel il s'adresse (même si aucun pronom ne le désigne)

— que « celui qui parle » rejette partiellement l'idée que cette objection est valable.

De même dans un énoncé du type :

The Prime Minister is leaving tomorrow for the United States.

Le fléchage afférant à *The Prime Minister* est un fléchage de type « situationnel élargi » qui suppose que l'énonciateur prend en compte la communauté qu'il forme avec le co-énonciateur. Ou alors *The Prime Minister* est une expression inadéquate.

Il importe de conserver à l'esprit qu'énonciateur et co-énonciateur sont appréhendés tous deux par celui qui prend en charge les énoncés.

---

49. Citation empruntée à L. Danon-Boileau (1984).

Le sujet asserteur est plus précisément celui que nous venons de décrire comme **prenant en charge** les énoncés : c'est-à-dire qu'il est le support des modalités et des appréciations qui « qualifient » (au sens large) le contenu propositionnel (le « dictum ») des énoncés. Dans la plupart des cas, il est donc support **du point de vue** (donc il est sujet - point de vue) dans la mesure où il se situe par rapport à un « **lieu** » et adopte une « **manière** » de voir les événements (et en particulier les procès) auxquels renvoient les énoncés.

Selon les moments du développement de la théorie des opérations énonciatives et selon les auteurs, on rencontre pour le sujet asserteur les termes de **locuteur** (avec un sens spécifique donc, et pas seulement l'« émetteur de paroles » par rapport à un auditeur-récepteur) ou d'**énonciateur rapporté** (au sens où il s'agit d'une variable du sujet-énonciateur, « rapportée à » ce dernier et calculée par repérage).

La distinction entre sujet énonciateur et sujet asserteur intervient dès lors que le sujet énonciateur ne prend pas en charge (donc n'est plus l'asserteur) le contenu de ses énoncés mais **les rapporte à un autre** : c'est donc le cas du discours rapporté (direct ou indirect, indirect libre, voir plus loin) et des exemples de **décrochage** entre l'énonciation origine et une énonciation fictive (par exemple une assertion simulée qui évite de choisir entre la validation et la non validation de la relation prédicative - voir **Modalités***).

Exemple :

Le Président Mitterrand rencontrerait le premier ministre japonais le mois prochain.

(L'anglais explicitera davantage cette dissociation énonciateur-asserteur :

According to authorized sources, President Mitterrand is to meet...)

En dehors de ces cas de disjonction, énonciateur et asserteur ne sont pas distincts référentiellement dans les énoncés portant sur du **certain** : ce sont deux « fonctions » de la même « personne ».

La distinction entre **assertion** et **point de vue** mérite également quelques précisions : si les deux sont souvent confondus c'est que la prise en charge du contenu propositionnel d'un énoncé suppose un **sujet de la prise en charge** qui adopte une « manière de voir » (ici encore « voir » ne doit pas être pris au sens d'une perception physique bien sûr). Dans le discours sur du certain c'est effectivement le cas; dans le récit également : seule la disjonction éventuelle entre énonciateur et asserteur-point de vue est à envisager (voir plus haut). Mais il faut également poser un **paramètre T** pour l'assertion **et** le point de vue (comme nous avions un « moment » d'énonciation pour la situation d'énonciation). Or c'est sur la dissociation entre le T d'assertion et le T de point de vue que se greffent les phénomènes aspectuels : en anglais par exemple, le parfait de **présent** (present perfect) procédera d'une identification entre les deux T; le parfait de **passé** (past-perfect) repérera des procès par rapport à des repères (dates ou autres procès) disjoints du moment d'énonciation et **servant de points de vue** aux procès repérés, sans pour cela être couplés à un **sujet** de point de vue. Ce sont donc des points de vue d'où l'« on » pouvait voir (d'où « il » pouvait être vu que...).

Exemple :

When the train slid into the station, the water **had already** *reached the ballast.*
Point de vue pour ⟶

par rapport à :
> *The train* **has arrived**
>
> (Point de vue = Assertion = Enonciation)

Le français offre avec l'imparfait un bon exemple de repérage par rapport à un point de vue (T) **translaté** (au sens d'une translation de présent) :
— *Tout à l'heure, la neige tombait comme en plein hiver.*
— *Lorsque tu as téléphoné, Paul travaillait dans le grenier.*

Dans les énoncés portant sur du **non certain**, les phénomènes modaux (on sort alors de l'assertion stricte) se greffent en fait sur un phénomène de repérage inverse : c'est cette fois les **paramètres S** (de l'assertion comme du point de vue) qui **peuvent se dissocier** l'un de l'autre ainsi que du sujet énonciateur. En effet, l'énonciateur peut ne pas prendre en charge le contenu propositionnel de l'énoncé mais le repérer par rapport à un énonciateur-asserteur fictif (voir **Repérage***), comme dans l'exemple :
I wouldn't mind going to the pictures.

D'autre part l'asserteur, quel que soit son repérage par rapport à l'énonciateur, **peut** également être dissocié du sujet support de point de vue, ce qui, dans le domaine de la modalité ici envisagé, rend souvent explicites les **relations inter-sujets** (modalité IV); on comparera sur ce point les deux énoncés :
I will come to your party next week.

(**asserteur et point de vue identifiés** : valeur explicite de « volonté » du sujet-asserteur qui prédit - et pré-voit - que...).

I shall write to you as soon as possible.
What shall we do with a drunken sailor ?

(**asserteur et point de vue non identifiés** : dans les deux énoncés, l'asserteur se dissocie de la source du point de vue : « il » est prévu que (tu prévois, il prévoit, etc.).

On voit que la **visée** (au sens d'**un point de vue sur du non actualisé**) n'a pas nécessairement comme origine le sujet énonciateur et/ou asserteur. En revanche le **point** (paramètre T) à partir duquel s'**opère la visée est nécessairement identique à celui de l'assertion** dans la mesure où le moment de l'assertion **est l'origine** de la visée (comme changement de plan, passage du certain au non certain qui ne sont pas symétriques par rapport à l'actuel) [50].

Plans d'énonciation, niveaux d'énoncé

Ces distinctions théoriques sur les différents « écrans » du repérage de la relation prédicative par rapport aux coordonnées énonciatives vont s'avérer utiles pour l'analyse du texte en continu (et pas seulement des énoncés isolés). Depuis

---

50. Pour plus de détails sur tous les points évoqués dans cette première partie, nous invitons le lecteur à se reporter aux études suivantes : E. Benveniste (1966) Chapitre XX, (1974) Chapitre V, A. Culioli (1973), (1978a), J.P. Desclès (1976), C. Fuchs et A.M. Léonard (1979), J. Simonin (1975) et (1984a). Pour la visée, voir **Degrés de détermination verbale** *, note 8.

E. Benveniste, on sait que l'on peut distinguer deux façons de dire, deux **plans d'énonciation** : le **discours** d'une part, le **récit** (ou **histoire**) de l'autre.

Le **discours** est caractérisé par le fait que l'origine énonciative signe sa présence dans les énoncés par :

— l'emploi des **pronoms de 1ère et 2ème personne** et des « déictiques » (voir Deixis*) : *here, now*.

— l'emploi du **présent actuel** et du **parfait de présent** en anglais par exemple.

— l'emploi de nombreuses **modalités** autres que l'affirmation et la négation.

L'**histoire** au contraire est caractérisée par le fait que le sujet énonciateur-origine **efface les traces** de sa présence (et « vise à l'objectivité »). On y trouve :

— des pronoms de **3ème personne** (au sens où il y a « **absence de personne** » et non pas seulement la « non personne » extérieure à la situation d'énonciation dans le discours).

— des temps tels que le **prétérit** et le **past-perfect** en anglais.

— en revanche les modalités (en dehors de l'affirmation et de la négation) sont réduites au minimum.

Cette dichotomie repose chez E. Benveniste[51] sur l'analyse de l'énonciation « supposant un locuteur et un auditeur » opposée à l'« énonciation **historique** ». Cette dernière trouverait sa garantie d'objectivité dans le fait que les « événements semblent se raconter d'eux-mêmes » : les temps « passés » renvoient au révolu de l'histoire, au « passé réel »[52], il n'y a pas de place pour un repérage par rapport à la situation d'énonciation, si ce n'est qu'elle est chronologiquement ordonnée par rapport aux événements « mis en scène ».

En fait dans le récit historique et surtout dans le récit fictif[53] (où la construction de la référence « fait histoire »), aucun texte n'est le produit pur de cette façon de dire : **récit et discours sont deux pôles** plutôt que deux catégories étanches qui permettraient de tout classer. Entre l'effacement total et la constante référence à l'origine du discours, le texte écrit offre un « feuilleté » complexe dans lequel s'organisent les différents **niveaux d'énoncés**[54]. Cette complexité repose en grande partie sur le fait qu'il y a un continuum entre le reportage journalistique et la fiction littéraire et que le sujet énonciateur-origine, qu'il soit identifié ou anonyme, partie prenante ou narrateur (ou les deux) peut modaliser les énoncés du texte, qualifier (au sens large) les personnages et les événements mis en place, « installer » (ou non) des points de vue, attribuer (et le rapporter de façon variable) un discours aux personnages qui deviennent alors des sujets asserteurs à part entière. Nous laisserons à la critique littéraire le soin de parler du narrateur et de la focalisation par exemple[55], et nous garderons ce qui est pertinent à l'analyse linguistique et au

---

51. Voir E. Benveniste (1966) Chapitre XIX.
52. Expression empruntée à P. Ricœur (1984).
53. Au sens de « fictionnel » et non suivant la définition linguistique d'un repérage fictif (« * »).
54. Pour des analyses détaillées sur les niveaux d'énoncés, voir : J. Guillemin-Flescher (1981) et (1984), L. Danon-Boileau (1982), L. Danon-Boileau et J. Bouscaren (1984), J. Simonin (1984a) et (1984b) et l'analyse de "The Searchlight" proposée dans le présent volume.
55. En particulier les analyses de G. Genette (1972) et (1983). Pour une analyse plus linguistique de la « fiction narrative », voir également K. Hamburger (1986, éd. française).

concept de **repérage*** par rapport aux différentes instances (voir les « sujets ») dont il a été question plus haut.

Voici quelques exemples (simplifiés) qui permettent de dégager les problèmes essentiels liés aux niveaux d'énoncés (voir aussi 1ère partie, chapitre 3).

1 — *Peter picked the flowers because they were fresh and pleasant and gave them to Mary the next morning.*

2 — *Peter picked the flowers. They were so fresh and pleasant! He gave them to Mary the next morning.*

3 — *Peter noticed the flowers and said to himself : « How fresh and pleasant they look! They will make a nice bouquet to give Mary tomorrow morning ».*

4 — *Peter noticed the flowers and thought that they were fresh and pleasant. He had promised to see her first thing in the morning. He'd give them to her as a peace offering.*

5 — *How fresh these flowers looked! And how Peter would have liked to pick them for Mary! After all, he was seeing her tomorrow morning...*

Tout d'abord ces cinq « façons de dire » illustrent toutes le plan du **récit** :

— les « personnages » sont identifiés (noms propres) puis quelquefois repris par un pronom anaphorique de **3ème personne**.

— le **prétérit** (*picked, noticed, said, thought...*) instaure le **décrochage** (rupture aoristique du repérage en ω) par rapport à une origine énonciative-narrative. Les événements pourraient se raconter d'eux-mêmes.

L'exemple 1 est celui qui est le plus homogène sur ce point : les valeurs référentielles, les repérages, sont mis en place par rapport aux « événements » du récit. Le fléchage (**the** flowers) peut être considéré comme **anaphorique**, la définition de l'objet ayant été donnée antérieurement. Il peut être aussi une façon de mettre l'objet « **en situation de récit** » sans mention antérieure. Mais il peut difficilement être un fléchage déictique (il s'agirait alors de la **deixis*** de *Peter*) car aucun indice par ailleurs ne signale un discours dont *Peter* serait l'origine énonciative (au sens où nous avons défini le discours jusqu'ici). De même le fléchage « **the** next morning » est construit à partir du repère que constitue la première relation prédicative ⟨*Peter picked the flowers*⟩. La qualification portant sur *flowers* est introduite comme une justification, au niveau du récit (voir la conjonction *because*), de l'événement posé antérieurement. La qualification est donc ici le fait de la narration : il nous est dit que les fleurs étaient ainsi.

L'exemple 2 diffère du premier sur ce point particulier. La justification n'est plus argumentée au niveau du récit mais présentée en énoncé indépendant et **exclamatif** ; la qualification est devenue ambiguë et peut être repérée :

— soit **par rapport à l'énonciateur origine** qui, par une modalité du discours direct s'identifie comme asserteur (« effacé » dirons-nous).

— soit **par rapport à un asserteur rapporté** (dans ce cas : *Peter*) dont le discours serait livré au style indirect libre (voir plus loin, exemple 4).

L'exemple 3 reprend la même qualification mais l'**introduit dans un discours rapporté** sans ambiguïté : les « paroles » citées sont introduites (voir le verbe déclaratif : *he said to himself*), *Peter* devient, dans le récit, un énonciateur rapporté. On remarquera le **repérage déictique** par rapport à la situation d'énonciation ainsi construite : « *tomorrow morning* ». De même c'est à partir du moment du discours de *Peter* que s'effectue la **visée** : *they will make a nice bouquet*, etc.

L'exemple 4 reprend le discours de *Peter* et le repère d'abord de façon **indirecte** par rapport à son énonciateur : le subordonnant **that** explicite ce repérage par rapport à une **assertion rapportée** à l'intérieur d'une énonciation première. En ce sens il est l'**image**[56] de l'énonciation origine et entraîne un « réalignement », dans le discours rapporté, des repérages temporels (*they were fresh..*). Il en irait de même des pronoms : « *I'll give it to Mary* » deviendrait : (*He thought that*) *he'd give it*. Les deux énoncés qui suivent **ne sont plus repérés explicitement** par rapport à leur asserteur; néanmoins ils conservent les marques de cette assertion :
— repérage aspectuel par rapport à un **point de vue**, celui de l'asserteur : *had promised*.
— modalité de **visée** dont l'origine est le moment et le sujet de l'assertion : *he'd give.*.
— repérage d'**un moment à venir** par rapport à ce même moment d'assertion : ...*first thing in the morning*.

Par ailleurs ce ne sont pas non plus des assertions directes : les marques temporelles (*he had promised, he'd give*) et la 3ème personne en attestent. Nous identifierons donc ces deux énoncés comme du **discours indirect libre** (la distinction entre discours posant un co-énonciateur et monologue intérieur n'est pas pertinente ici).

L'exemple 5 enfin, illustre une ambiguïté supplémentaire : le dernier énoncé peut être qualifié de discours indirect libre pour les raisons données dans l'exemple 4. Ceux qui précèdent s'en rapprochent également. On remarquera néanmoins que la première exclamative pourrait être repérée **par rapport à l'assertion d'un narrateur effacé** (voir exemple 2). Elle peut également l'être par rapport à l'assertion de *Peter* (voir le fléchage déictique : *these*). La deuxième exclamative présente la même ambiguïté de repérage, tandis que l'asserteur présumé (*Peter*) a sa référence construite **sur le plan de récit**, donc dans l'énonciation primaire. De fait, tout se passe comme si le discours de l'asserteur n'était pas rapporté mais **mimé**[57] dans le cadre général du récit par l'énonciateur-narrateur primaire.

Pour résumer la question des plans d'énonciation et des niveaux d'énoncés, nous dirons donc qu'**il n'y a pas homogénéité** d'un énoncé à l'autre ni même à l'intérieur d'un même énoncé : l'étude de cette hétérogénéité passe par l'analyse des déterminations (donc des repérages) mis en place par rapport à une ou plusieurs origines.

---

56. Voir sur ce point A. Culioli (1973), C. Fuchs et J. Milner (1979).
57. Pour « mimé », voir L. Danon-Boileau (1982), pour un développement sur ce type particulier de d.i.l.

OUVRAGES DE RÉFÉRENCE

Abraham, W. (1978) — *Valence, semantic case and grammatical relations.* Amsterdam Studies in Language Companion Series, Vol. 1, J. Benjamins, Amsterdam.
Adamczewski, H. (1976) — « *Be+ing* » *dans la grammaire de l'anglais contemporain.* Thèse de Doctorat d'Etat, Paris III.
Adamczewski, H. (et C. Delmas) (1982) — *Grammaire linguistique de l'anglais,* Paris, Colin.
Atlani, F. (1984) — « *On* l'illusioniste » in A. Gresillon et J.L. Lebrave (Eds), *La langue au ras du texte,* Lille, PUL, p.13 à 29.
Bailly, D. (1975-76) — Charlirelle : fiches conceptuelles. *Behind the Words* 6ème et 5ème, OCDL.
Benveniste, E. (1966, 1974) — *Problèmes de linguistique générale,* Volumes I et II, Paris, Gallimard.
Benveniste, E. (1970) — « L'appareil formel de l'énonciation », in *Langages,* 17, pp. 12 à 18.
Bolinger, D. (1972) — *That's that,* The Hague, Mouton.
Bolinger, D. (1977) — *Meaning and Form,* London, Longman.
Boucher, P. (1984) — « Deixis et discours », *Ranam* XVII, Université de Strasbourg.
Boulle, J. (1978) — « Sur les opérations de déterminations des noms », Pre-publication copy.
Boulle, J. (1980) — « Procédés de renouvellement de l'expression de l'aspect ». *Actes du Congrès de la SAES* à Poitiers, Paris, Didier.
Bouscaren, J. et alii (1982-1984) — *Cahiers de recherche en grammaire anglaise,* Tomes I et II, Gap, Ophrys (C.R.G.A. I et II).
Bouscaren, J. (1987) — « Le silence et les opérations énonciatives », in *Cahiers Charles V,* n° 8, Actes du colloque Charles V, 1985.
Bouscaren, C., Davoust, A., Riviere, C. (1984) — *Testez votre compréhension de l'anglais et de l'américain,* Ophrys.
Boyd, J., et Thorne, J.P. (1974) — « La sémantique des verbes modaux » in *Langages* n° 34, Larousse.
Chalker, S. (1984) — *Current English Grammar,* Mac Millan.
Charlirelle (1975) — *Glossaire linguistique,* Paris, OCDL, Hatier.
Charreyre, C. (1984) — « Quand *might + have-en* peut se traduire par *c'était comme si* », in *Cahiers Charles V,* n° 6.
Chomsky, N. et Lasnik, H. (1977) — « Filters and Control », *Linguistic Inquiry,* 8-3, Cambridge, Mass., MIT Press, pp. 425 à 504.
Chuquet, J. (1984) — « If », in *Cahiers de recherche en grammaire anglaise,* Tome II, Gap, Ophrys, pp. 45 à 87.
Chuquet, J. (1986) — *To et l'infinitif,* Collection : C.R.G.A., Gap, Ophrys.
Chuquet, H. et Paillard, M. (1987) — *Approche linguistique des problèmes de traduction : anglais - français,* Gap, Ophrys.

COATES, J. (1983) — *The Semantics of the Modal Auxiliaries,* London & Canberra, Croom Helm.
COTTE, P. (1982a) — « Autour de TO », *Travaux du CIEREC* XXXV, Saint-Etienne, pp. 57 à 80.
COTTE, P. (1982b) — « TO, opérateur de dévirtualisation en anglais », *Modèles Linguistiques,* IV,2, Lille, P.U.L., pp. 135 à 149.
COTTIER, E. (1985) — *De quelques verbes causatifs anglais et français en tant qu'opérateurs.* Thèse de 3ème cycle, Université Paris VII.
CULIOLI, A. (1968) — « Les opérateurs de prédication », texte ronéotypé d'une conférence faite à Paris, pour l'ATALA, compte-rendu de C. Fuchs.
CULIOLI, A. (1971a) — « A propos d'opérations intervenant dans le traitement formel des langues naturelles », in *Mathématiques et Sciences Humaines,* 34, Paris, Gauthier-Villars, pp. 7 à 15.
CULIOLI, A. (1971b) — Articles de linguistique dans l'Encyclopédie ALPHA, Paris, Grange Batelière.
CULIOLI, A. (1973) — « Sur quelques contradictions en linguistique », *Communications,* 20, Paris, Seuil, PP.83 à 91.
CULIOLI, A. (1975-76) — *Recherche en linguistique : théorie des opérations énonciatives,* Transcription du Séminaire de DEA, Paris VII, D.R.L.
CULIOLI, A. (1975b, 1977) — « Notes sur 'détermination' et 'quantification' : définition des opérations d'extraction et de fléchage », *Projet interdisciplinaire de traitement formel et automatique des langues et du langage* (PITFALL), 4, Paris VII, D.R.L. et Rapport de l'ERA 642 du CNRS, pp. 1 à 14.
CULIOLI, A. (1978a, 1983) — « Valeurs aspectuelles et opérations énonciatives : l'Aoristique », *Actes du Colloque sur la notion d'aspect,* Metz et in FISHER, S. & FRANCKEL, J.J. (Eds), *Linguistique, énonciation. Aspects et détermination,* Paris, Editions de l'EHESS, p.99 à 113.
CULIOLI, A. (1978b) — « Valeurs modales et opérations énonciatives », *Le Français Moderne,* 46-4, pp. 300 à 317 et *Modèles Linguistiques,* I,2, Lille, P.U.L., pp. 39 à 59.
CULIOLI, A. (1981) — « Sur le concept de notion », *BULAG,* 8, Besançon, pp. 62 à 79.
CULIOLI, A. (1982) — « Rôle des représentations métalinguistiques en syntaxe », XIIIème Congrès International des Linguistes, Tokyo, D.R.L., Paris VII, pp. 1 à 30.
CULIOLI, A. (1983) — « A propos de QUELQUE », in FISHER, S. & FRANCKEL, J.J. (Eds), *Linguistique, énonciation. Aspects et détermination,* Paris, Editions de l'EHESS, pp. 21 à 29.
CULIOLI, A. (1983-84) — Transcription du Séminaire de DEA, Paris VII, D.R.L. et Poitiers.
CULIOLI, A. (1984) — Préface pour la *Langue au Ras du Texte* (A. Grésillon et J.L. Lebrave ed.) — Presses Universitaires de Lille.
CULIOLI, A., DESCLES, J.P., KABORE, J., KOULOUGHLI, D.E. (1981) — *Systèmes de représentations linguistiques et métalinguistiques. Les catégories grammaticales et le problème de la description de langues peu étudiées,* Rapport présenté à l'UNESCO, Paris, ERA 642.
CULIOLI, M.H. (1985) — « Essai de caractérisation de l'anglais médical », analyse de corpus, Mémoire de maîtrise, Paris VII.
DANON-BOILEAU, L. (1982) — *Produire le fictif,* Paris, Klincksieck.

DANON-BOILEAU, L. (1983) — « This, That, Which, What et la construction de références », *Travaux CIEREC XXXIX, Méthodes en linguistique anglaise,* Université de Saint-Etienne.

DANON-BOILEAU, L. (1984) — « That is the Question », in GRESILLON. A. & LEBRAVE, J.L. (Eds), *La langue au ras du texte,* Lille, P.U.L., pp. 31 à 55.

DANON-BOILEAU, L. (1987, à paraître) — *Enonciation et Référence,* L'homme dans la langue, Gap, Ophrys.

DANON-BOILEAU, L. & BOUSCAREN, J. (1984) — « Pour en finir avec Procuste » in *Langages* n° 73, Paris, Larousse, pp. 57 à 73.

DAVISON, A. (1980) — « 'Any' as Universal or Existential ? » in J. VAN DER AUWERA (Ed.) *The Semantics of Determiners,* Croom Helm, London.

DELMAS, C. (1983) — « Remarques à propos de of et 's », *Travaux CIEREC XXXIX, Méthodes en linguistique anglaise,* Saint-Etienne.

DESCHAMPS, A. (1984) — « *Infinitif et gérondif dans les complétives en anglais contemporain* », Thèse de Doctorat ès Lettres, Paris VII.

DESCLES, J.P. (1976) — « Représentation formelle de quelques déictiques français », *PITFALL,* n° 22, D.R.L., Paris VII.

DESCLES, J.P. (1980) — « Mathématisation des concepts linguistiques », *Modèles Linguistiques,* II,1, Lille, P.U.L. pp. 21 à 56.

DESCLES, J.P. & GUENTCHEVA, Z. (1978) — « Construction formelle de la catégorie grammaticale de l'aspect », *Actes du Colloque sur la notion d'aspect,* Metz, Klincksieck, pp. 195 à 237.

DUBOS, U. (1983) — « Le concept de situation dans l'explication grammaticale » in *Théories et pratiques linguistiques,* Ilfa, Paris XII.

DUCHET, J.L. (1973) — « Considérations historiques et théoriques sur le parfait anglais », *Actes du Congrès de la SAES* à Grenoble, St Joseph, Tarbes.

DUCROT, O. (1972) — Introduction à J.R. SEARLE, *Actes de paroles,* Herman, Paris.

FARZAMI, A. (1986) — « May et Might », mémoire de maîtrise, Paris VII.

FISHER, S. & FRANCKEL, J.J. (Eds) (1983) — *Linguistique, énonciation. Aspects et détermination,* Paris, Editions de l'EHESS.

FRANCKEL, J.J. (1984) — « Futur simple et futur proche » in *Le Français dans le Monde* n° 182.

FUCHS, C. (1979) — « Référenciation et paraphrase : variations sur une valeur aspectuelle » in *DRLAV* n° 21, Paris VIII, pp. 32 à 41.

FUCHS, C. & LEONARD, A.M. (1979) — *Vers une théorie des aspects,* Paris, Mouton.

FUCHS, C. & MILNER, J. (1979) — *A propos des relatives,* Paris, SELAF.

GARDIES, J.L. (1975) — *La logique du temps,* Paris, PUF.

GAUTHIER, A. (1976) — « Le Do anglais, la relation prédicative et la situation d'énonciation », *Les Langues Modernes,* 3/4, pp. 383 à 391.

GAUTHIER, A. (1980) — « Opérations énoncatives et appropriation d'une langue étrangère en milieu scolaire - l'anglais à des francophones », Thèse de Doctorat d'Etat, Paris VII, publiée in *Les Langues Modernes* (1981), Paris, APLV.

GENETTE, G. (1972) — *Figures III,* Paris, Ed. du Seuil.

GENETTE, G. (1982) — *Nouveau discours du récit,* Paris, Ed. du Seuil.

GILBERT, E. (1986) — « Modalités, opérations énoncatives et opérations prédicatives - May, Must & Can » Thèse de Doctorat de Linguistique, Paris VII. Version remaniée aux éditions Ophrys (1987) : « May, Must, Can et les opérations énoncatives » in *Cahiers de Recherche en Linguistique anglaise.*

GREENBAUM, S., LEECH, G., SVARTVIK, J. (Eds) (1980) — *Studies in English Linguistics,* Longman.

GRESSET, S. (1986) — « De May à Might », Mémoire de DEA, Paris VII, D.R.L
GROUSSIER, M.L. (1981) — « La préposition TO devant l'infinitif en anglais contemporain », in *Analyse des prépositions,* Troisième Colloque franco-allemand de linguistique théorique, Tübingen, Max Niemeyer Verlag, pp. 40 à 66.
GROUSSIER, M.L. (1985) — « A propos de l'ambivalence épistémique/déontique de must et may », in *Modèles Linguistiques* VII,2 (PUL).
GROUSSIER, M.L. (1986) — « Les grandes lignes de l'histoire des auxiliaires de modalité en anglais, du vieil anglais à la fin du 18ème siècle », Communication à la société des Médiévistes.
GROUSSIER, M.L. et G. & CHANTEFORT, P. (1973) — *Grammaire anglaise, Thèmes construits,* Paris, Hachette.
GUILLAUME, G. (1973) *Langage et Science du Langage.* Paris, Nizet et Québec, P.V. de Laval.
GUILLEMIN-FLESCHER, J. (1981) — *Syntaxe comparée du français et de l'anglais. Problèmes de traduction,* Gap, Ophrys.
GUILLEMIN-FLESCHER, J. (1984) — « Enonciation, perception et traduction » in *Langages* n° 73, Paris, Larousse.
GUILLEMIN-FLESCHER, J. (1984) — « Traduire l'inattestable » in *Cahiers Charles V* n° 6.
HAMBURGER, K. (1957) — *Logique des genres littéraires.* Traduit par Pierre Cadiot (1986). Le Seuil.
HUART, R. (1984) — « Composition nominale : opérations de repérage et accentuation », Thèse de 3ème cycle, Paris VII.
HUART, R. (1986) — « L'accentuation des génitifs dits 'génériques' ». Actes du 3ème Colloque de Villetaneuse sur l'anglais oral.
HUDDLESTON, R. (1984) — *Introduction to the Grammar of English,* Cambridge C.U.P. Textbooks in Linguistics.
JESPERSEN, O. (1914, 1927 & 1940) — *A Modern English Grammar on Historical Principles,* Parts II, III, V, London, G. Allen & Unwin Ltd.
JOLY, A. et FRASER T. (1979) — « Le système de la deixis » in *Modèles Linguistiques,* I,2, PUL.
JOLY, A. et FRASER T. (1980) — « Le système de la deixis - 2 » in *Modèles Linguistiques,* II,2, PUL.
KIPARSKY, P. et C. (1971) — « Fact », in STEINBERG, D. & JAKOBOVITS, L. (Eds), *Semantics,* Cambridge University Press, pp. 345 à 369.
KLEIBER, G. (1981) — « L'emploi « sporadique » du verbe POUVOIR, en français », in *Actes du Colloque de Metz sur l'aspect,* Klincksieck, 1983.
LAVEDRINE, J. (1978) — « Le débat de validité de la prédication. Les fonctions de l'auxiliaire Do en Anglais », *CIEREC XXII,* Saint-Etienne, p. 97 à 124.
LEECH, G.N. (1971) — *Meaning and the English Verb,* London, Longman.
LEONARD, A.M. (1980, 1983) — « A propos de quelques indéfinis en anglais », *Opérations de détermination - théorie et description,* Volume I, ERA 642, D.R.L., Paris VII, pp. 99 à 154 et in FISHER, S. & FRANCKEL, J.J. (Eds), *Linguistique, énonciation. Aspects et détermination,* Edition de l'EHESS, pp. 45 à 80.
LYONS, J. (1968) — *Introduction to Theoretical Linguistics,* Cambridge University Press.
LYONS, J. (1974) — « Remarques sur les phrases possessives, existentielles et locatives (1967) » in *Langages* n° 34, Paris, Didier-Larousse.

Mela, V. (1982) — « Commentaires sur la sémantique des constructions dites possessives en anglais », in J. Guéron, *Grammaire transformationnelle,* Encrages, Paris VIII.
Milner, J.C. (1978) — *De la Syntaxe à l'Interprétation.* Le Seuil.
Paillard, M. (1980) — « Remarques d'angliciste sur le subjonctif français », in SAES, *Actes du Congrès de Poitiers,* Paris, Didier, pp. 285 à 294.
Paillard, M. (1984) — « La question du subjonctif en français et en anglais contemporains », *Cahiers de Charles V - Linguistique comparée et traduction,* 6, Paris VII, pp. 59 à 82.
Picoche, J. (1983) — *Dictionnaire Etymologique du Français,* Paris, Le Robert.
Platteau, F. (1980) — « Definite and Indefinite Generics », in J. Van der Auwera (Ed.), *The Semantics of Determiners,* Croom Helm, London.
Ricoeur, P. (1984) — *La configuration dans le récit de fiction, Temps et récit* II, Paris, Editions du Seuil.
Riviere, C. (1981) — « Is should a weaker must ? » in *Linguistics* 18, CUP.
Riviere, C. (1983) — « Modal Adjectives : Transformations, Synonymy and Complementation », *Lingua,* 59, North Holland Publishing Company, pp. 1 à 45.
Riviere, N. (1979) — « Problèmes de l'intégration de l'impersonnel dans une théorie linguistique », *Le Français Moderne,* 47-4, pp. 289 à 311.
Riviere, N. (1981) — *La construction impersonnelle en français contemporain,* Documents de linguistique quantitative, n° 41, Jean Favard.
Rosenbaum, P.S. (1967) — *The Grammar of English Predicate Complement Constructions,* Cambridge, Mass., MIT Press.
Rothstein, P. (1980, 1981) — « Modalisation et distanciation. Un cas particulier : la notion grammaticale de subjonctif », *Sigma,* 5 et 6. CELAM, Montpellier III, pp. 1 à 38 et 140 à 157.
Simonin, J. (1975) — « Pour une typologie des discours », in Kristeva, J., Milner, J.C. & Ruwet, N. (Eds), *Langue, discours, société : pour Emile Benveniste,* Paris, Seuil pp. 85 à 121.
Simonin, J. (1984a) — « De la nécessité de distinguer énonciateur et locuteur dans une théorie énonciative », in *DRLAV,* 30, Paris VII, pp. 55 à 62.
Simonin, J. (1984b) — « Les repérages énonciatifs dans les textes de presse », in Gresillon, A. & Lebrave, J.L. (Eds), *La langue au ras du texte,* Lille, PUL, pp. 133 à 203.
Souesme, J.C. (1985) — « Do Something et ses diverses réalisations en anglais contemporain », Thèse de Doctorat, Paris VII.
Strickland, M. (1982) — « A propos de any et la valeur 'n'importe quel' en anglais », *BULAG,* 9, Besançon, pp.17 à 48.
Tregidgo, (P.S.) (1982) — « Must and May : Demand and Permission », *Lingua* 52, pp. 75 à 92.
Werth, P. (1980) — « Articles of Association : Determiners and Context » in J. Van der Auwera (Ed), *The Semantics of Determiners,* Croom Helm, London.

INDEX

Les numéros de pages en italiques renvoient au glossaire.
Les numéros de pages en caractères gras renvoient à une définition ou à une analyse plus précise.

Accompli **26**, 28, *164*
   — notionnel 38, 47, 69, *165, 170*
Activité 16, 28, 33, *151, 154*
Actualisation **16**, *159*
Agent(ivité) - voir Sujet-agent
Anaphore 17, **86,** 94, *141, 152,* **158**, *159, 160, 170, 174, 184*
   — non stricte 86, *141.*
Antériorité 39, *172*
Aoriste 123, *165*
Aoristique 10, 11, **25,** 109, 114, *133,* **165**
Appréciative (modalité) - voir Modalité de type 3
Argument *147*
   premier — *138, 140, 142*
   troisième — *136*
Arrivée *135*
Aspect **10,** 16, 25, 26, 28, 47, 67, *154, 155, 162, 163, 165*
   — lexical **11,** 20, *163*
   — grammatical **10**
Asserteur - voir Sujet
Assertion - voir Modalité

Base verbale *148*
Be **65**
Bénéficiaire *137*
Bilan **26**
Binaire (relation) *141*
Borne - voir intervalle
But 43, 45, 58, *134, 138, 165, 179*

Catégorie grammaticale *163*
   — notionelle *135*
Causalité 55
Causativité 31, 72, *137, 152*
Centre attracteur *146*
Certain 51, *181*
Chemin unique *140*
   — faiblement unique *140*
   — strictement unique *140*
Chronique *162*
Classes (d'occurrences) 84, 93, *134, 146, 164, 169, 173*
Coénonciateur - voir Sujet
Commentaire **10,** 30
Compact - voir Continu
C₀ (complément de rang zéro) 30, *138, 167, 179*
Complémentaire (linguistique) *134, 146,* 166
Compréhension - voir Intension
Concession 41, **46**

Constat 10, 48
Contenu de pensée - voir Dictum
   — notionnel *148,149,153*
Contingent **40,** 44, *173*
Continu
   — compact **83,** *146, 163, 164, 166*
   — dense **83,** *163*
Contrafactuel 69
Croyance *167*

Décrochage - voir Rupture
Déictique 17, **86,** *184*
Deixis **158**
Dense - voir Continu
Déontique 37, 39, 43, 47, 52, 54, 68, *168, 173, 174*
Départ *135*
Désactualisé 25, 38, 44, 51, 54, 62, 68
Détermination 81, *131, 157, 176*
   — verbale 66, *147*
Diathèse 40, *138, 179*
Dictum (ou contenu de pensée) 36, *136*
Différenciation (localisation) 11, 26, 30, 59, 67, 68, 94, *131, 133, 137, 151, 153, 159, 164, 180*
Discontinu (ou discret) **83**
Discours 109, 110, 111, *183*
Discours indirect 25, 35, **110**
   — (ou style) indirect libre 109, **111,** 121, *185*
   — indirect mimé *185*
Discours rapporté 118
Distance (mise à —) 57, *153, 157, 175, 176*
Do 36, 38, **65,** *175*
Domaine notionnel 66, 83, *133, 146,* 152, *167*

Enonçable *146*
Enonciation - voir Sujet énonciateur
Epistémique - voir Modalité de type 2
Epsilon **131,** *169, 171*
   — dual (miroir) *139*
Equipossible 40, 43, *173*
Ergatif *139*
Etat - voir Procès
   — résultant - voir Résultant
Etoile *131*
Evaluation *176*
Evénement 19, *169*
Extension 88, *134*
Extensité *147*
Extérieur *146*
Extraction - voir Prélèvement

193

Famille paraphrasique *136*
Fictif (assertion) - voir aussi Repère 39, 46, **131**, *182*
Fléchage 17, **85**, *141, 156, 157*
    — contextuel (anaphorique) 17, 86, *159*
    — situationnel (déictique) 17, 86, 120, 122, *159*
Focalisation *143*
Frayage *158*
Frontière **146**

Générique 12, **13,** 42, 81, 87, *132, 144, 160, 170*
Génitif **96, 97, 98,** *132, 151*
Gérondif **151**
Globalisé **156**
Gradient *167*

Have 30, **65**
Histoire *183*

Identification 11, 67, 68, 93, **131,** *164, 180*
    — stricte 93, *141*
Image *150, 155, 175, 185*
Imbrication 56
Impératif *148*
Inaccompli 16, **26,** 28, *164*
Indétermination 12, **13,** 66, 81, *149*
Infinitif **149**
Inférence 55
Injonction - voir Modalité
Instanciation *135*
Instant *147,* **164**
Intension (ou compréhension) 88, *133, 134, 146*
Intensité *147*
Intérieur **146**
Interrogation - voir Modalité
Intersubjectif (repérage, relation) 29, 36, 39, 43, 53, 55, 72, **153,** *168, 177, 182*
Intervalle 27, *163,* **164,** *165*
    — disjoint *165*
    — fermé **164,** *166*
    — non borné 19, 35, **164**
Intrication *136, 137*

Lexis **135,** *136, 144, 167*
Liées (formes —) 10
Localisateur *141*
Localisation - voir Différenciation
Locution *144*

Marqueur 7, 67
Métalinguistique *162*
Modalité 36, *148, 155, 162,* **167**
    — assertion **36,** 39, 49, 50, 52, 90, 117, *149, 156, 167, 171, 177, 181*
    — assertion contradictoire 67
    — assertion stricte *167*
    — injonction 37, *167*
    — interrogation 36, 49, 51, 67, *167*
    — négation 39, 48, 50, 51, 66, 91, *165*
    — type 1 **36,** *165,* **167**
    — type 2 **37,** 38, 40, 44, 47, 48, 50, 52, 60, *167*
    — type 3 **37,** *148,* **167,** *174*
    — type 4 **37,** 39, 42, 45, 47, 48, 52, 60, *153, 165,* **168**
    — pseudo-modalités **67**

Narrateur 30, 35, 59, 108, 110, 114, *159, 184, 185*
Nécessaire 47, 49, *171*
Négation - voir Modalité
Niveaux d'énoncé 113, *183*
    — d'énonciation **107,** *179*
Nominalisation *151, 155*
Non certain 51, 67, *182*
Notion *133,* **145**
    « renvoi à » la — 12, 23, 83, 99, 102, *149, 158*
Notion grammaticale *147*
    — prédicative *163*

Occurrence(s) 83, **134,** *146, 154, 155, 164*
    — de validation *149*
Oméga *131, 160, 166, 184*
Opérateur *135*
Opération(s)
    — énonciative(s) 9
    — prédicative(s) 9
Opérations constitutives d'un énoncé *133*
Opinion *153*
Orientation (de la lexis) **138,** *140*
Origine 28, *144, 145*
Ouvert *146, 151, 156, 160, 164*

Parcours 27, 33, 36, 41, 42, 61, 63, **90,** 93, 101, *152, 154,* **160,** *170*
    — lissage 91, **161**
    — rugueux *161*
Past (prétérit)
    — be -ing **26**
    — perfect (had -en) - voir Perfect
    — simple **25,** 114, 128, *163, 166, 184*
Perception *153*
Perfect **26, 29,** *181*
Performatif 15
Personne *132,* **180**
Point de vue - voir Repère
Ponctualisé *166*
Pondération 41, *173*
Possible 39, 42, 45, 49, 50, 51, *174*
Préconstruit 44, 57, 58, 68, *149, 152, 155,* **156,** *167, 178*
Prédicat 9, *138, 147*
Prédicat nominalisé **23,** 83, 85
Prédication **135**
    — d'existence 103, *142*
Prédictabilité 61, **63,** *173*
Prélèvement 17, **84,** 89, 92, *149, 157, 158*
Présent
    — be -ing **16**
    — simple **12,** 66, *166*
Present perfect (have -en) — voir Perfect
    — + be -ing **28**
Prétérit - voir Past
Prise en charge *145, 149, 156, 159, 163, 168, 175, 181*
Probable 47, 50
Procès (types de) 11, 45, 48, *163*
    — état **11,** 13, 20, *163*
    — processus **11,** 20, *163*
Processus (voir procès)
Propriété 13, 43, 52, *134, 158, 159, 161, 169*
    — physico-culturelle *145*
Prosodie *141, 142*
Qualification *167*

Qualitatif, quantitatif 19, 37, 83, 114, *145, 146, 147, 148, 152, 157, 159, 161, 162, 167, 178*

Radical - voir Modalité de type 4
Récit 25, 107, 114, 126, *183*
Référenciation *136, 146, 159*
Référentielles (valeurs) **145**, *158, 159, 162, 168*
Relateur 9, *141, 174, 176*
Relation
   — en boucle *137*
   — non réflexive *138*
   — non saturée *139, 177*
   — non symétrique *138*
   — ordonnée *134*
   paquet de — *139*
   — prédicative **9,** 66, *132, 146, 156*
   — primitive ***134***, *179*
   — réflexive *137*
Relative 86, 103, *156*
Remise en cause 67, *148*
Repérage ***131***, *139, 168*
Repère ***131***, *140, 156, 157*
   — constitutif 12, 35, ***143***
   — de l'évènement *144, 160, 176*
   — énonciatif 31, *144*
   — fictif 25, 73, 126, *145, 150, 178*
   — point de vue 9, 16, 29, 67, 111, 116, *153, 154, 162, 164, 166, 170, 173, 181, 185*
   — prédicatif ***140***
   — situationnel *142*
   — translaté 123, *145, 164*
Représentation détachée *156*
Représentation métalinguistique *139*
Résultant (état) 27, 116
Révolu 25, 33, 51, 63, 69
Rupture (décrochage) **25,** 30, 57, 64, 107, 114, 123, ***131***, *150, 165, 176, 181, 184*

Saturation *177, 178*
Schéma de lexis ***135***
Shifter *159*
Sens *145*

Signification *145*
Situation (ou plan)
   — d'énonciation (origine) 39, *132, 136, 159, 162, 169, 176, 178,* ***180***
   en/hors — 83, *159*
Source *134, 138, 165, 179*
   — modale *153, 172, 173, 174, 175*
Spécifique 12, **14,** 39, 81, *157, 170*
Sporadique 50
Sujet *172, 177*
   — agent 72, ***134***, *153,* ***179***
   — asserteur *145, 168,* ***181***, *182*
   — énonciateur 37, ***180***, *182*
   — énonciateur rapporté 30, *145, 159, 181, 184*
   — grammatical - voir C₀
   — locuteur *145, 181*
   — point de vue *145, 181*
Sujets et niveaux d'énonciation 107, *179*
Système référentiel ***136***

Temps *161*
Tense *161*
Terme de départ **9,** 12, 68, *140, 150, 153, 155, 156, 157, 158, 169, 171, 172, 173, 176, 177, 178*
Thématisation **12,** 13, 31, *137, 140, 143, 158*
Thématisé - voir Thématisation
Thème - voir Thématisation
Time *162*
Topologie ***134***, *135, 146*

Validabilité 62, 67, *150, 153, 160, 175*
Valider **12,** 36, 37, 38, 40, 71, *156*
Variable d'argument ***135***
Visée 34, 39, 43, 48, **52,** 54, 60, 61, 67, *133,* ***150***, *165, 166, 171, 172, 182, 185*
Voisinage *134*
Voix - voir Diathèse

Zéro
   Article — 81
   Auxiliaire — 66

TABLE DES MATIÈRES

AVANT-PROPOS	3
INTRODUCTION	7
Chapitre I : LE SYSTÈME VERBAL ANGLAIS	9
1.0. Considérations générales	9
1.1. Problèmes concernant l'aspect	10
1.1.0. Considérations générales	10
1.1.1. Le Présent Simple	12
A — Fonction du présent simple	12
B — Valeurs du présent simple	13
a) Valeur indéterminée (générique)	13
b) Valeur spécifique	14
1.1.2. La forme *be + ing*	16
A — Fonction	16
B — Valeurs	16
1) Valeur d'inaccompli	16
2) Valeur d'actualisation	16
3) Valeur de reprise	17
4) Valeurs annexes	19
ANALYSES D'EXEMPLES PORTANT SUR LE PRÉSENT SIMPLE ET LE PRÉSENT *be + ing*	21
1.1.3. Le prétérit	25
1.1.4. Le prétérit + *be + ing*	26
1.1.5. La notion de perfect	26
1.1.6. Le present-perfect (*have-en*)	26
1.1.7. Double aspect *have-en* et *be + ing*	28

1.1.8. Le past-perfect (***had-en***)	29
1.1.9. ***Have***	30

ANALYSES D'EXEMPLES PORTANT SUR LE PRESENT-PERFECT, LE PRÉTÉRIT, LE PAST-PERFECT (ET LEUR COMBINAISON ÉVENTUELLE AVEC ***be + ing***) 32

1.2. Problèmes concernant la modalité	36
1.2.0. Considérations générales	36
1.2.1. Les auxiliaires modaux : considérations générales	36
A — Modalité de type II	38
B — Modalité de type IV	38
1.2.2. ***May***	39
A — ***May***, Modalité de type II	40
a) ***May*** et les marqueurs de pondération	40
b) ***May*** et les marqueurs de parcours	41
c) ***May*** et les énoncés concessifs	41
B — ***May***, Modalité de type IV	42
a) ***May*** et l'expression du but	43
b) ***May*** et l'interprétation déontique : la permission	43
1.2.3. ***Might***	43
A — ***Might***, Modalité de type II	44
B — ***Might***, Modalité de type IV	45
a) Valeur de suggestion	45
b) Valeur de reproche	45
c) Valeur de permission	45
d) Valeur de but	45
1.2.4. ***Must***	47
A — ***Must***, Modalité de type II	47
B — ***Must***, Modalité de type IV	47
1.2.5. ***Need***	48
1.2.6. ***Can - can't***	49
1.2.7. ***Could***	51
1.2.8. ***Shall - will - should - would*** : considérations générales	51
1.2.9. ***Shall***	52
A — Relation entre l'énonciateur et toute la relation prédicative	52
B — Relation sujet-prédicat	52
C — Les diverses valeurs de ***shall***	53

1.2.10.	*Should*	54
	A — Déontique	54
	B — *Should* et *Must* dans l'argumentation	55
	C — *Should* dans les subordonnées en *that*	56
	D — *Should* après des marqueurs du type *so that* pour exprimer le but négatif	58
	E — *Should* après des marqueurs de type hypothétique	58
	F — *Should* vs *ought to*	59
1.2.11.	*Will*	60
	A — Relation qui établit un lien entre l'énonciateur et toute la relation prédicative	60
	B — Relation sujet-prédicat	60
	C — Diverses valeurs de *will*	60
1.2.12.	*Would*	62
	1) *would* à valeur hypothétique	62
	2) *would* à valeur d'atténuation (« *tentative use* »)	62
	3) *would* et la forme dite « fréquentative »	62
	4) *would* à valeur de commentaire	63
	5) *would* à valeur de volonté	64
1.2.13.	*be going to*	64
1.2.14.	Quelques remarques d'ensemble sur *do, be, have* : aspect et modalité	65
1.2.15.	Les pseudo-modalités : *be to, have to, ought to*	67

ANALYSES D'EXEMPLES PORTANT SUR LES MODAUX 70

Chapitre 2 : LA DÉTERMINATION NOMINALE 81

2.0. Considérations générales 81

2.1. Le fonctionnement des noms 81
    1) Le discontinu 83
    2) Le continu dense 83
    3) Le continu compact ou prédicats nominalisés 83

2.2. Les déterminants et les opérations énonciatives dont ils sont la trace ... 83
    2.2.1. Ø + nom singulier ou Ø + nom pluriel 83
        A — Hors situation 83
        B — En situation 83

2.2.2. a + nom singulier	84
A — Valeur spécifique	85
B — Valeur générale	85
2.2.3. *The* + singulier ou pluriel	85
1) *The* et le particulier	85
A — Justification contextuelle	86
B — Justification situationnelle	86
2) *The* et le général	87
2.2.4. Quelques remarques sur la valeur générique	87
2.2.5. *Some*	88
2.2.6. *Any*	90
1) *Any* et la désassertion	90
2) *Any* et la valeur qualitative	91
3) *Any* et la négation	91
2.2.7. *One*	92
a) *One*, déterminant	92
b) *One/ones* pronom	92
c) *One/ones* « prop-word »	92
d) *One* indéfini	93
2.2.8. *This - That - These - Those* : marqueurs de fléchage	93
1) En situation	94
2) *This/That* anaphoriques	94
2.2.9. *'s* - Le génitif déterminatif dit de « possession » et le génitif dit « générique »	96
1) génitif déterminatif	96
2) génitif à valeur adjectivale (dit générique)	96
3) génitif générique strict	98

ANALYSES D'EXEMPLES PORTANT SUR LA DÉTERMINATION NOMINALE	99

Chapitre 3 : ESSAI DE CARACTÉRISATION DES DIFFÉRENTS NIVEAUX D'ÉNONCIATION	107
1) récit au prétérit à la 3ème personne	107
2) récit au prétérit à la 1ère personne	108
3) texte de type « commentaire »	108

    4) récit au présent à la 3ème personne 109
    5) discours direct 109
    6) discours indirect explicite 110
    7) type de style hybride : discours direct/indirect 110
    8) style indirect libre 111

Analyse d'une nouvelle de V. Woolf 113

GLOSSAIRE ANALYTIQUE 131

    Repérage 131
    Localisation 133
    Opérations constitutives d'un énoncé 133
    Lexis 135
    Orientation de la lexis 138
    Terme de départ 140
    Repère constitutif 143
    Repérage énonciatif 144
    Notion 145
    Degrés de détermination verbale 147
    Préconstruit 156
    Détermination nominale 157
    Déixis - Anaphore 158
    Parcours 160
    Temps 161
    Aspect 163
    Aoristique 165
    Modalité 167
    Sujet(s) et niveaux d'énonciation 179

Ouvrages de référence 187

Index 193

louisjean IMPRIMEUR

59, Av. Émile Didier
05003 Gap Cedex
Tél. 04 92 53 17 00

Dépôt légal : 250
Juin 2007
Imprimé en France

TEXTES

TEXTE A

'Giddy ?'... He stopped and looked at her amusedly.
'Oh, I *am*.'
She threw out an arm blindly and he caught it and supported her.
'Come out on the verandah and get sober,' he said.
The spring night greeted them with a chill fragrance. Roddy's eyes were so bright that she could see them shining, brimming with amusement in the dim light.
'**What are you looking at,** Roddy ?'
'You.'
'**I can see** your eyes. Can you see mine ?'
He bent his head over hers.
'Yes, of course. They're like stars. Lovely dark eyes.'
'*Are* they ?... Roddy paying compliments, — how funny ! Roddy, **I remember you.** Do you remember yourself when we were children ?'
'Not much. **I never remember** the past. I suppose I'm not interested enough, — or interesting enough.'
She felt checked, and dared not ask the "What do you remember about me ?" which should have opened the warm little paths of childish reminiscence. Roddy had no desire to recall the uninteresting figures of himself and the little girl Judith : that trifling relationship had been brushed away as soon as it had ceased. She must realize that, for him, no long threads came dragging from the web of the past, tangling the present.
She stared into the dark garden, wondering what safe topic to propose.
'**When do you go back to Paris,** Roddy ?'
'Oh, — soon, I suppose.'
'**Do you work very hard there ?**'
'Terribly hard.'
'Drawing or painting ?'
'Some of both. Nothing of either.'
'I suppose you wouldn't show me some of your things ?'
'Couldn't. **I've nothing** here. **I'm having a rest.**' He twinkled at her.

R. Lehmann
Dusty Answer
Chatto & Windus (1927)
© Miss Rosamond Lehmann

TEXTE B

"Yes, Charley. **Aren't you trying** to tell me **you've decided** to go back ?"
"You mean, go back Home ?"
"Are you sure it *is* Home, still ?"
"Oh dear — **I'm not sure of anything** — but — now Fred doesn't *need* me any more — will you tell me, Geo, what am I doing here ?"
"You've got a lot of friends."
"Certainly I have. Friends. And they're real dears. The Peabodys and the Garfeins, especially, and Jerry and Flora, and I am very fond of Myrna Custer. But none of them *need* me. There isn't anyone who'd make me feel guilty about leaving them... Now, Geo, be absolutely honest — is there **anyone**, *anyone at all*, **I ought to feel guilty** about leaving behind ?"
There's me. No, he refuses to say it. Such flirting is unworthy of them, even when drunk. "**Feeling guilty's** no reason for staying, *or* going," he tells her, firmly but kindly. "The point is, do you *want* to go ? If you want to go, **you should go.** Never mind **anybody else.**"
Charlotte nods sadly. "Yes, I suppose you're right."
George goes into the kitchen, fixes another round. (They seem to be drinking up much faster now. This one really should be the last). When he comes out again, she's sitting with her hands clasped, gazing in front of her. "**I think I shall go back,** Geo. I dread it — but I'm beginning to think I **really shall** —"
"Why do you dread it ?"
"In a way, I dread it. There's Nan, for one thing —"
"**You wouldn't have to live** with her, would you ?"
"**I wouldn't have to.** But **I would. I'm sure I would.**"

C. ISHERWOOD
A Single Man
Methuen (1964)

TEXTE C

"Now **we come** to the most important thing. **I've been thinking.** I was thinking while we were climbing the mountain." He flashed a conspiratorial grin at the other two. "And on the beach just now. **This** is what **I thought.** We want to have fun. And we want to be rescued."
The passionate noise of agreement from the assembly hit him like a wave and he lost his thread. He thought again.
"We want to be rescued; and of course **we shall be rescued.**"
Voices babbled. The simple statement, unbacked by any proof but the weight of Ralph's new authority, brought light and happiness. He had to wave the conch **before he could make them hear** him.
"My father's in the Navy. He said there aren't any unknown islands left. He says the Queen has a big room full of maps and all the islands in the world are drawn there. So the Queen's got a picture of **this island.**"
Again came the sounds of cheerfulness and better heart.
"And sooner or later **a ship will put in here. It might even be** daddy's ship. So you see, sooner or later, we shall be rescued."
He paused, with the point made. The assembly was lifted towards safety by his words. They liked and now respected him. Spontaneously they began to clap and presently the platform was loud with applause. Ralph flushed, looking sideways at Piggy's open admiration, and then the other way at Jack who was smirking and showing that he too knew how to clap.
Ralph waved the conch.
"Shut up ! Wait ! Listen !"
He went on in the silence, borne on his triumph.
"There's another thing. **We can help them to find us.** If a ship comes near the island **they may not notice us.** So we must make smoke on top of the mountain. **We must make a fire.**"
"A fire ! Make a fire !"

William GOLDING
Lord of the Flies (1954)
© Faber and Faber Ltd

TEXTE D

HERE'S TO THE MEMORY OF THAT DEAD-END KID !

"**Did you ever suffer** the pangs of unrequited love, Mum ?" **Lizzie had just finished** her first, and therefore largely misunderstood, reading of Madame Bovary, and I'm afraid that because she's very young, she thinks the poor lady is rather a wet. I probably thought the same at 17.

But then Lizzie's question set me thinking—what about **that** German boy ? You see, there was a photograph in Picture Post that I cut out and kept under my pillow for months. Unrequited love ? Yes, perhaps...

I couldn't have been more than a young girl at the time, and the war had only been over for two years. Anyway, I found this picture of a boy in an old, uncensored copy of Picture Post. I remember it was an article about young Germans living rough in the bombed rubble of Berlin, or **it may have been Cologne,** and the term that had been coined for them and their British counterparts was dead-end kids. He was a 13-year-old dead-end kid. He was given no name and his was just a face in a sea of sullen, vacant faces. Yet something about him, or his expression, reached out and touched something in my as yet innocent and untried heart, and I can remember weeping for him.

I can't imagine what it was that was strong enough to move me to tears. But despite his pathetic thinness and the few rags that were tied around him, there seemed to be a sign of hopeful expectation on his face.

I know I thought him rather dashing with his long, tangled hair that flopped over his face in a very romantic way. His dark eyes looked right into the camera and out of the picture straight at me. I felt **as though he was trying** to tell me something. He seemed to have a very slight smile on his face, but it was probably in my imagination—after all, what did he have to smile about ?

I tried to get in touch
with him

I must have believed I was in love with him, for **what other reason could there have been** for keeping his picture under my pillow ?

One day, I wrote him a letter and I posted it, together with his photograph, which was by now somewhat the worse for wear, to Picture Post. I asked them if they would please forward the letter to the boy in the picture whose name I didn't know, and then would they return the picture to me.

Polly GRAHAM
Me & Mine
Woman's Own

TEXTE E

'You **must dance** with Roddy,' said Martin. 'He's ever so much better than I am.'

Roddy and Mariella were dancing in the porch now, not speaking or looking about them. The record came to an end, but they went on whirling while Martin sought a new tune and set it going; then they glided forward again.

Roddy had forgotten her: she was not up to his dancing.

At last Mariella stopped and disengaged herself.

'I want to dance with Martin now,' she said.

Roddy left her and strolled over to Judith.

'Been giving Martin a dancing-lesson ?' he said.

'Goodness no ! He's been teaching me. I didn't know how.'

'Oh ? — How did you get on ?'

'Quite well, thank you. It's easy. I *think* **I can dance** now.'

'Good !'

It was plain he was not interested; or else was incredulous. He thought she was just a stumbling novice; he was not going to dance with her or even offer to go on teaching her. Roddy would never have bothered to give her hints or be patient while she was awkward. He was so good himself that he could not condescend to incompetence. But Judith, still, though more doubtfully, exalted, said:

'Shall we dance ?'

He looked surprised.

'All right. Certainly. Just let me cool down a bit.'

He was not in any hurry. He sat on a table and watched Mariella's neatly moving feet.

'She's good at her stuff', he said.

'Do you adore dancing ?'

'Well, I don't know that I adore it. It's fun once in a way.'

'It seems funny not to be mad about a thing if you can do it so beautifully.'

He looked at her with amusement.

She must remember not to ask Roddy if he adored things. His secret life went on in a place where such states of feeling were unknown.

'**Shall we** ?' he said at last.

She was not going to be able to do it; the rhythm had gone out of her limbs. He was going to be too good for her and she would stumble and he would get disgusted and not dance with her any more....

After a few moments of anguish, suddenly **she could,** after all. Long light movements flowed from her body.

Roddy looked down.

'But you can dance,' he said.

'I told you **I could.** you didn't believe me.'

He laughed.

'You don't mean to tell me you've never danced before ?'

'Never'
'Swear ?'
'Cross my heart'
'But of course,' said Roddy, 'you couldn't help dancing, such a beautiful mover as you.' 50
He had really said **that** ! She lifted her face and glowed at him: life was too, too rich.

R. LEHMANN
Dusty Answer
Chatto & Windus (1927)
© Miss Rosamond Lehmann

TEXTE F

Jeff looked up from the letter. "She's gone back to Norhampton. Judging by what she says in her letter, she must have been there some time... she wants to see Sheryl ... she wants to come here ... she wants to stay with us." Jeff handed me the letter. Melissa **was taking** a few days' holiday from the factory where she now **worked** and would like to spend 5
it with Sheryl.
She suggested that she should come to Coventry since, naturally, Sheryl could not be taken away from school. The very idea made me squirm. I managed to calm down sufficiently to say, 'Sheryl will be having two weeks holiday at Christmas; she could visit her mother then.' 10
One thing for sure. **I wasn't having** the woman in 'my' house.

Woman's story magazine

N.B. Jeff : the narrator's husband,
Melissa : Jeff's ex-wife and Sheryl's mother,
Sheryl is now living with Jeff and his new wife.

TEXTE G

Later that winter, my mother began **to accompany** my father. **They would go out** two or three times a week. She **would clean up** quickly after supper and put Alex to bed...

Chaim POTOK
In the Beginning
Penguin Books (1976)

TEXTE X

SOUL AND UNDERSTATEMENT

Foreigners have **souls; the English** haven't.
On the Continent you find any amount of people who sigh deeply for no conspicuous reason, yearn, suffer and look in the air extremely sadly. **This** is **soul.**
The worst kind of soul is the great Slav soul. People who suffer from it are usually very deep thinkers. They may say things like this: 'Sometimes I am so merry and sometimes I am so sad. Can you explain why ?' (You cannot, do not try). Or they may say: 'I am so mysterious... I sometimes wish I were somewhere else than where I am.' (Do not say : 'I wish you were'). Or 'When I am alone in a forest at night-time and jump from one tree to another, I often think that life is so strange.'
All this is very deep: and just soul, nothing else.
The English have **no soul;** they have **the understatement** instead.
If **a continental youth** wants to declare his love to a girl, he kneels down, tells her that she is the sweetest, the most charming and ravishing person in the world, that she has *something* in her, something peculiar and individual which only a few hundred thousand other women have and that he would be unable to live one more minute without her. Often, to give a little more emphasis to the statement, he shoots himself on the spot. This is a normal, week-day declaration of love in the more temperamental continental countries. In England **the boy** pats his adored one on the back and says softly: 'I don't object to you, you know.' If he is quite mad with passion, he may add: 'I rather fancy you, in fact.'
If he wants to marry a girl, he says:
'I say... would you ?...'
If he wants to make an indecent proposal:
'I say... what about...'
Overstatement, too, plays a considerable part in **English social life.** This takes mostly the form of someone remarking: 'I say...' and then keeping silent for three days on end.

G. Mikes
How to be an Alien
© André Deutsch (1956)

TEXTE Y

THE SALVATION ARMY

So you think we're street preachers and tambourine hangers. We're proud of it.
We're also the largest independent social service organization in Britain. And nobody ought to be proud of that.
Why we're in the Social Service Business.
The fact is that the Welfare State just cannot reach far enough. There are **people** who have to rely on **charity** simply to live.
Not a pretty thought in this day and age, is it ?
There are **deserted wives' children** who just exist in appalling squalor. There are thousands of old people who have no one to look after them. There are unmarried mothers shattered by anxiety. There are misfits and alcoholics who would die in the gutter. Some do.
We know how hard it is to reach **a man's soul** if he's got an empty stomach. We've been saying that for a hundred years now. And for a hundred years we've been feeding and housing the edge of humanity : the people you never see, never hear about.
There are 193 social service establishments operated by the Salvation Army in Britain : sixty-one homes and hostels for men, thirty-one homes and hostels for women and girls, thirteen maternity homes and two maternity hospitals, thirty-eight old people's homes, **four children's homes,** and others.
That's just not enough. There are still people sleeping on the streets who would rather have a bed. There are still old people dying alone and unwanted, sometimes helpless and ill. Husbands desert wives every day. Criminals are released every day, roofless, friendless, jobless and homeless. New alcoholics hit bottom every day, more teenagers go wrong every day. The Salvation Army is better trained and better equipped than ever, but to our alarm, the need is actually increasing.
So over the next few months, we're going to show you the sort of people we help everyday, in the hope that their plight will persuade you to give us a pound.

(Leaflet from the Salvation Army)

THE SEARCHLIGHT

The mansion of the eighteenth-century Earl had been changed in the twentieth century into a Club. And it was pleasant, after dining in the great room with the pillars and the chandeliers under a glare of light to go out on to the balcony overlooking the Park. The trees were in full leaf, and had there been a moon, one could have seen the pink and cream coloured cockades on the chestnut trees. But it was a moonless night; very warm, after a fine summer's day.

Mr and Mrs Ivimey's party were drinking coffee and smoking on the balcony. As if to relieve them from the need of talking, to entertain them without any effort on their part, rods of light wheeled across the sky. It was peace then; the air force was practising; searching for enemy aircraft in the sky. After pausing to prod some suspected spot, the light wheeled, like the wings of a windmill, or again like the antennae of some prodigious insect and revealed here a cadaverous stone front; here a chestnut tree with all its blossoms riding; and then suddenly the light struck straight at the balcony, and for a second a bright disc shone — perhaps it was a mirror in a ladies' hand-bag.

'Look !' Mrs Ivimey exclaimed.

The light passed. They were in darkness again.

'You'll never guess what *that* made me see !' she added. Naturally, they guessed.

'No, no, no,' she protested. Nobody could guess; only she knew; only she could know, because she was the great-grand-daughter of the man himself. He had told her the story. What story ? If they liked, she would try to tell it. There was still time before the play.

'But where do I begin ?' she pondered. 'In the year 1820 ? ...It must have been about then that my great-grandfather was a boy. I'm not young myself' — no, but she was very well set up and handsome — 'and he was a very old man when I was a child — when he told me the story. A very handsome old man, with a shock of white hair, and blue eyes. He must have been a beautiful boy. But queer... That was only natural,' she explained, 'seeing how they lived. The name was Comber. They'd come down in the world. They'd been gentlefolk; they'd owned land up in Yorkshire. But when he was a boy only the tower was left. The house was nothing but a little farmhouse, standing in the middle of fields. We saw it ten years ago and went over it. We had to leave the car and walk across the fields. There isn't any road to the house. It stands all alone, the grass grows right up to the gate ... there were chickens pecking about, running in and out of the rooms. All gone to rack and ruin. I remember a stone fell from the tower suddenly.' She paused. 'There they lived,' she went on, 'the old man, the woman and the boy. She wasn't his wife, or the boy's mother. She was just a farm hand, a girl the old man had taken to live with him when his wife died. Another reason perhaps why nobody visited them — why the whole place was gone to rack and ruin. But I remember a coat of arms over the door; and books, old books, gone mouldy. He taught himself all he knew from books. He read and read, he told me, old books, books with maps hanging out from the pages. He dragged them up to the top of the tower — the rope's still there and the broken steps. There's a chair still in the window with the bottom fallen out; and the window swinging open, and the panes broken, and a view for miles and miles across the moors.'

She paused as if she were up in the tower looking from the window that swung open.

'But we couldn't', she said, 'find the telescope.' In the dining-room behind them the clatter of plates grew louder. But Mrs Ivimey, on the balcony, seemed puzzled, because she could not find the telescope.

'Why a telescope ?' someone asked her.

'Why ? Because if there hadn't been a telescope,' she laughed, 'I shouldn't be sitting here now.'

And certainly she was sitting there now, a well set-up middle-aged woman, with something blue over her shoulders.

'It must have been there,' she resumed, 'because, he told me, every night when the old people had gone to bed he sat at the window, looking through the telescope at the stars. Jupiter, Aldebaran, Cassiopeia.' She waved her hand at the stars that were beginning to show over the trees. It was growing darker. And the searchlight seemed brighter, sweeping across the sky, pausing here and there to stare at the stars.

'There they were,' she went on, 'the stars. And he asked himself, my great-grandfather — that boy : "What are they ? Why are they ? And who am I ?" as one does, sitting alone, with no one to talk to, looking at the stars.'

She was silent. They all looked at the stars that were coming out in the darkness over the trees. The stars seemed very permanent, very unchanging. The roar of London sank away. A hundred years seemed nothing. They felt that the boy was looking at the stars with them. They seemed to be with him, in the tower, looking out over the moors at the stars.

Then a voice behind them said:

'Right you are. Friday.'

They all turned, shifted, felt dropped down on to the balcony again.

'Ah, but there was nobody to say that to him,' she murmured. The couple rose and walked away.

'*He* was alone,' she resumed. 'It was a fine summer's day. A June day. One of those perfect summer days when everything seems to stand still in the heat. There were the chickens pecking in the farm-yard; the old horse stamping in the stable; the old man dozing over his glass. The woman scouring pails in the scullery. Perhaps a stone fell from the tower. It seemed as if the day would never end. And he had no one to talk to — nothing whatever to do. The whole world stretched before him. The moor rising and falling; the sky meeting the moor; green and blue, green and blue, for ever and ever.'

In the half light, they could see that Mrs Ivimey was leaning over the balcony, with her chin propped on her hands, as if she were looking out over the moors from the top of the tower.

'Nothing but moor and sky, moor and sky, for ever and ever,' she murmured.

Then she made a movement, as if she swung something into position. 'But what did the earth look like through the telescope ?' she asked.

She made another quick little movement with her fingers as if she were twirling something.

'He focussed it,' she said. 'He focused it upon the earth. He focussed it upon a dark mass of wood upon the horizon. He focussed it so that he could see... each tree... each tree separate... and the birds... rising and falling... and a stem of smoke... there... in the midst of the trees... And then... lower... lower... (she lowered her eyes)... there was a house... a house among the trees... a farm-house... every brick showed... and the tubs on either side of the door... with flowers in them blue, pink, hydrangeas, perhaps...' she paused... 'And then a girl came out of the house... wearing something blue upon her head... and stood there... feeding birds... pigeons... they came fluttering round her... And then... look... A man... A man ! He came round the corner. He seized her in his arms ! They kissed... they kissed.'

Mrs Ivimey opened her arms and closed them as if she were kissing someone.

'It was the first time he had seen a man kiss a woman — in his telescope — miles and miles away across the moors !'

She thrust something from her — the telescope presumably. She sat upright.

'So he ran down the stairs. He ran through the fields. He ran down lanes, out upon the high road, through woods. He ran for miles and miles, and just when the stars were showing above the trees he reached the house... covered with dust, steaming with sweat...'

She stopped, as if she saw him.

'And then, and then... what did he do then ? What did he say ? And the girl...' they pressed her.

A shaft of light fell upon Mrs Ivimey as if someone had focussed the lens of a telescope upon her. (It was the air force, looking for enemy aircraft.) She had risen. She had something blue on her head. She had raised her hand, as if she stood in a doorway, amazed.

'Oh the girl... She was my —' she hesitated, as if she were about to say 'myself'. But she remembered; and corrected herself. 'She was my great-grandmother,' she said.

She turned to look for her cloak. It was on the chair behind her.

'But tell us — what about the other man, the man who came round the corner ?' they asked.

'That man ? Oh, that man,' Mrs Ivimey murmured, stooping to fumble with her cloak (the searchlight had left the balcony), 'he I suppose, vanished.'

'The light,' she added, gathering her things about her, 'only falls here and there.'

The searchlight had passed on. It was now focused on the plain expanse of Buckingham Palace. And it was time they went on to the play.   140

Virginia WOOLF
*A Haunted House
and Other Stories*
Penguin Books
1973
© 1944
The Hogarth Press

IMPRIMERIE LOUIS-JEAN — 05002 GAP